Greift nach den Sternen!
Die Worte des P'taah zum Aufstieg 2012

P'taah/Gabriele Müller

Greift nach den Sternen!

Die Worte des P'taah zum Aufstieg 2012

ch. falk-verlag

Umschlaggestaltung: Dirk Gräßle, München
Satz: P S Design, Lindenfels
Druck: Druckerei Sonnenschein, Hersbruck
Printed in Germany

ISBN 978-3-89568-230-8

Inhalt

Danksagung

Ich danke den Altvorderen und der kosmischen Bruderschaft, die mich auf meinem Weg begleitet und geführt haben. Durch sie habe ich ein lebendiges Ägypten der ewigen Einheit erlebt, was mit Worten nicht ganz einfach zu beschreiben ist.

Es ist jetzt der Beginn der neuen Zeitqualität und P'taah[1] zeigt euch den Weg auf, den ihr gehen könnt. Lasst euch von seiner starken Energie berühren. Der Wegweiser in die neue Zeit ist gesetzt, und es ist ein Leichtes, ihm zu folgen. Die kosmische Bruderschaft steht dabei hilfreich zur Seite. Wichtig sind vor allem eure Wurzeln, die ihr euch wieder holen solltet. Nähere Angaben hierzu findet ihr auf

www.ptaah-tempel.de

Sie haben mir die brennende Fackel übergeben, mir der euer Licht entfacht wird, damit ihr den Weg findet. Folgt einfach eurem Licht.

OM
AKUL*

1 Begriffserklärungen finden Sie im Glossar, S. 266; weitere Begriffe, die im Glossar erklärt werden, sind mit * gekennzeichnet.

Mystische Begegnungen in Ägypten

Ich fliege über Kairo und bin ganz aufgeregt. Lange schon habe ich gespart, um mir diesen Traum zu erfüllen, diese Reise zu machen, und endlich ist es soweit. Das Flugzeug setzt zur Landung an. Etwas steif vom Sitzen sammle ich meine Gepäckstücke ein und gehe nach draußen. Ich bin in dem modernen Flughafengebäude von Kairo und sauge die Eindrücke ein wie ein Schwamm, der sich genau nach dieser Atmosphäre gesehnt hat, nur bisher in meiner Vorstellung, die jetzt Wirklichkeit geworden ist. Ich habe es geschafft, ich bin hier.

Der Bus, der uns in unser Hotel bringen soll, steht vor dem Flughafengebäude. Die warme Nachtluft umfängt mich und ich genieße es in vollen Zügen. Menschen laufen laut redend hin und her, und dazwischen stehen Polizisten, die so tun, als ob sie den Verkehr regeln. Als Mitglied einer Reisegruppe reihe ich mich in die Schlange ein und erwische einen Fensterplatz im Bus. Wir fahren ungefähr eine Stunde durch Kairo nach Giza*, bis wir unser Hotel erreichen. Unzählige Menschen sind auf den Straßen, und es ist ein chaotischer Straßenverkehr, der keine Regeln zu haben scheint. Mein Hotelzimmer gefällt mir, und laufe durch das Hotel, weil ich nach der Reise Bewegung brauche und um mir das Hotel genauer anzusehen. Draußen am Pool blicke ich auf die Pyramiden, die in der Nacht angeleuchtet sind und deren oberen Teil ich von hier gut sehen kann. „Willkommen zu Hause“, klingt es immer wieder, ich kann es genau hören. Es ist fast wie eine Melodie, die mein

Sein durchzieht, eine Vibration, die von den Pyramiden ausgeht und mich gefangennimmt.

Am nächsten Tag geht es nach Sakkara und Dashur. Unsere Reisegruppe kommt noch vor den anderen Touristen an, und wir haben die Möglichkeit, uns in Ruhe alles anzusehen. Wüste, Pyramiden, Hitze und der Himmel. Ich denke kurz an meine Stadt und bin froh, dass ich hier bin. Um mich herum reden Mitglieder meiner Gruppe. Versunken stehe ich immer noch an dem gleichen Platz, als plötzlich ein Zeitfenster aufgeht. Ein Ägypter steht vor mir in einem alten Gewand, wunderschön, und macht eine einladende Geste. „Ich bin der Baumeister. Imhotep ist mein Name." Dann weist er mit der Hand auf die Pyramiden und verschwindet wieder. Das laute Gerede der Menschen um mich herum dringt wieder an meine Ohren. Schade, das Zeitfenster hatte sich geschlossen, aber irgendwie ist ein Teil von ihm ganz nah bei mir. Ich kann ihn fühlen und wünschte, dass ich mehr Zeit gehabt hätte, ihn mir genauer anzusehen, sein weißes Gewand mit dem Gürtel und seine Kopfbedeckung in Blau-Weiß-Gold. Wunderschön und lächelnd. Ich konzentriere mich auf den Weg in die Pyramide, die man nach Jahren wieder betreten darf. Erst ungefähr dreißig Meter hinauf und dann tief hinab in das Gewölbe*. Der Mann, der an der Seite des Eingangs sitzt, lächelt mir zu, als ob er mir Mut machen wollte. Der Gang ist sehr schmal, sehr niedrig und geht tief hinunter. Die Luft ist stickig und muffig. Die Hitze treibt den Schweiß gnadenlos durch meine Poren, sodass die nasse Kleidung an mir klebt. Während ich in die Hocke gehe und vorsichtig so den Gang tiefer hinunterklettere, überkommt mich ein Gefühl der Panik. Ich fühle mich eingesperrt, ich muss hier raus. Dennoch gehe ich tapfer tiefer hinein, bis ich unten in der Dunkelheit die Kammer erreiche. Hier ist etwas mehr Luft. Weiter geht es in die nächste Kammer.

Wieder steigt die Panik in mir hoch. Das Gefühl der Enge, völlig eingesperrt und wie lebendig begraben zu sein, wird für mich unerträglich. Es ist nur noch ein Gedanke in mir: „Ich muss hier raus“. Ich laufe wieder zu dem schmalen, niedrigen Gang, der nach oben führt. Von weitem sehe ich das Licht von oben hereinfallen. Unten an der Seite des Ganges liegt ein schmaler Schlauch, der wohl etwas Luft in diese Pyramide bringen soll. Verächtlich blicke ich auf diese Konstruktion und bin wütend, denn Luft kommt hier unten wirklich nicht hinein. In dem Gang selbst überkommt mich wieder das Gefühl der Panik, gegen das ich mich nicht wehren kann. Ich verstehe es nicht und weiß nicht, warum ich so von der Angst umklammert werde. Vom Verstand her macht es auch keinen Sinn. Auf halber Höhe verlassen mich fast die Kräfte. Ich habe von der ungewohnten Haltung starke Schmerzen in meinen Oberschenkeln und ein Gefühl, als ob die Muskeln reißen. Mit vor Schmerz verzerrtem Gesicht mache ich eine kurze Pause und japse nach Luft. In mir erklingt immer wieder: „Ruhe, Ruhe, du schaffst das.“ Während ich ein paar Atemübungen mache, kommen mir Leute entgegen, die nicht warten können bis diejenigen, die unten sind, erst mal wieder herauskommen, sondern rücksichtslos reinklettern. Ich presse mich an die Wand, um die Ungeduldigen vorbeizulassen. Mit letzter Kraft oben angekommen, schaut mich der Mann an, der mich zuvor angelächelt hat, und reicht mir seine Hand. Er schiebt mich zur Seite auf einen Stein und gibt mir ein Zeichen, dass ich mich ausruhen soll. Mir ist schrecklich zumute. Vor lauter Keuchen kann ich nur in mich hinein fluchen. Nie wieder eine Pyramide von innen. Der Entschluss steht fest.

Am nächsten Tag fahren wir nach Tel El Amarna, die Stadt Echnatons. Am Abend zuvor hatte ich für mich entschieden, diese Tagestour durch die Wüste nicht zu machen. „Zwanzig Stunden im Bus ist viel zu anstrengend“, dachte ich, als ich plötzlich ein mir bekanntes Gesicht sehe. „Wir bitten dich zu kommen“, sagt er mit ernstem Blick.

„Du weißt nicht, was du von mir verlangst. Wie hält man zwanzig Stunden im Bus nur aus?“ Ich wirke wohl etwas theatralisch.

„Bitte, komm“, ertönt die Stimme erneut und das Gesicht Echnatons verschwindet wieder. Ich nicke nur: „Würde ich dir je einen Wunsch abschlagen können?“

Um drei Uhr morgens gibt es ein kleines Frühstück. Die Kellner sind übelgelaunt und lassen uns das spüren. Einer erklärt mir, dass es Frühstück erst ab sechs Uhr gibt, und wirft mir einen wütenden Blick zu. Dass ich auch gern noch länger schlafen würde, kommt ihm dabei nicht in den Sinn. Wir nehmen unser Esspaket für die Tagestour in Empfang und fahren mit dem Bus durch die Nacht dem Morgen entgegen. Ein roter Feuerball erhebt sich über der Wüste und verbreitet eine kraftvolle, feierliche Stimmung. Der Sicherheitskonvoi begleitet uns, und ein Soldat mit einer Kalaschnikow steigt in den Bus ein und fährt bei uns mit. Die anderen Autos fahren vor und hinter uns die Wüstenstraße entlang. Wir alle fühlen uns wohlbehütet, wobei meine Augen des öfteren zu dem Soldaten in unserem Bus wandern. Er steht vorn beim Busfahrer in seiner Galabia* mit einem Tuch um den Kopf gewickelt. Meine inneren Bedenken äußern sich in der Vorstellung, dass sich versehentlich ein Schuss lösen könnte. Diese und andere Visionen steigen auf. Ich lächle amüsiert und schlafe, denn wir werden Stunden durch die Wüste fahren ohne dass wir anhalten oder aussteigen dürfen.

Nach langer Busfahrt und ziemlich steif vom Sitzen stehe ich vor den wenigen Überresten der Stadt Tel El Amarna, die von Echnaton errichtet wurde. Eine dicke Glasscheibe trennt uns von seinem Relief, das ich so liebe, auf dem er mit Nofretete und den Kindern abgebildet ist. Sie beten die Sonne an, deren Strahlen mit dem Anch* enden. Ich sollte später noch mehr darüber erfahren, aber das wusste ich in diesem Moment noch nicht. Wieder erscheint Echnaton vor mir, diesmal lächelnd: „Danke, wir wissen es zu schätzen, dass du gekommen bist." Wir führen eine kurze Zeremonie durch.

Ich muss lächeln. Kein Wunder, dass die Priester ihn gehasst und verflucht haben. Sie haben versucht, ihn auszulöschen, aber es ist ihnen nicht gelungen.

Eine Frau neben mir spricht mich an und fragt, ob ich überhaupt in den Sandalen hier in der Wüste laufen könnte. Ihr abschätzender Blick gleitet von oben nach unten an mir herab und bleibt an meinen Sandalen haften. Mockiert und mit gespitzten Lippen sieht sie mich wieder an.

Ein Zeitfenster öffnet sich. Ich gehe barfuß über kühlen Sand. Ich tue das und genau das, was ich so unendlich liebe. Morgens, wenn der Sand noch kühl ist, barfuß zu laufen. Ich fühle ihn unter meinen Fußsohlen und dringe in ihn ein. Ein fast erregendes Gefühl. Mein Blick fällt auf den Nil und die Palmen. Es ist ungefähr dreitausend Jahre her. Das Zeitfenster schließt sich wieder. Die Frau neben mir redet wieder gehässig auf mich ein. Ich murmle etwas und lasse sie stehen. Muss sie mir die Stimmung verderben?

Am nächsten Tag fliegen wir nach Abu Simbel und checken in einem Hotel ein, das so wunderschön ist, dass ich beschließe, nicht mehr nach Deutschland zurückzukehren. Ich gehe nirgends mehr hin und bleibe einfach hier sitzen, genieße das Wetter und schaue auf den Fluss, der sich leicht an der Oberfläche kräuselt. Ich muss an Imhotep denken und den Frieden, den er ausgestrahlt hat. Dieses Gefühl überkommt mich auch hier, wenn ich auf diesen Fluss schaue. Wir müssen essen gehen, was mich aus meiner Stimmung reißt. Kellner mit brauner Haut, die leicht bronzefarben schimmert, bedienen uns. Nubien, du Goldene, kommt es mir in den Sinn. Ich fühle mich wohl und habe das Gefühl, das alles zu kennen. Wenn ich mich nur erinnern könnte.

Wir besuchen den Tempel von Abu Simbel, der durch die Überflutung des Nils in höhere Regionen verlagert worden ist, um ihn zu schützen. Ich blicke auf die Kolosse und mir ist klar, dass die ursprüngliche Schwingung nicht mehr vorhanden ist. Etwas ist durch das Umsetzen verlorengegangen. Unsere Besucher der alten Tage sitzen dort in Meditationshaltung, aber die aufgehende Sonne des Ostens, verbunden mit der einstigen Schwingung, erreicht die Anlage irgendwie nicht mehr. Hier wirken diese Titanen fast bedrohlich.

Es gibt abends noch eine Show hier, die nicht wirklich schön oder interessant ist. Ich blicke hoch zum Nachthimmel und fühle mich wie unter einem Zelt. Es ist eine nicht leicht zu beschreibende Stimmung, so, als ob man nur die Hand ausstrecken müsste, um nach den Sternen zu greifen oder die Sternenbrüder mal eben zu Besuch kämen.

Weiter geht es nach Assuan, wo die Kreuzfahrt nach Luxor beginnt. Das Schiff liegt vor mir. Es geht über drei Etagen und ist übersichtlich, die Zimmer haben ein hübsches Bad und einen kleinen Balkon. Alles, was das Herz begehrt. Ich stehe an der Reling und atme tief durch. Etwas weiter entfernt vom Anlegeplatz wird eine weiß schäumende Brühe in den Nil geleitet und am Schiff selbst werden die letzten Schweißarbeiten getätigt. Auf der Mauer sitzen Männer, die die Arbeiten begutachten. In Ägypten gibt es immer mindestens zwei nebeneinander, der eine arbeitet, der andere begutachtet und gibt Anweisungen, der Rest schaut einfach zu oder telefoniert pausenlos mit dem Handy.

Es geht los, die Fahrt beginnt. Ich sitze auf dem Balkon in der Sonne und gleite auf dem Nil dahin. Mein Körper vibriert und ein Ruck geht durch ihn. Ich habe das Gefühl, dass ich vor dreitausend oder fünftausend Jahren hier entlangfahre. Welche Zeit haben wir? Ist es Echtzeit, Sternenzeit, Parallelzeit? Ich kann es wirklich nicht sagen. Mein Verstand gehorcht mir nicht mehr, und im Grunde genommen ist mir das jetzt auch egal. Ich sehe eine junge, hübsche Ägypterin vor mir, die in einer Hütte in der Nähe des Nils lebt. Sie hat ein goldenes Band aus Metall um ihren Kopf und sieht mich eindringlich an. Dann verschwindet das Bild und ein Mann ist zu sehen. Es ist ein Wächter, ein Wächter der Erinnerungen. Ich werde ihn in Kairo wiedersehen, aber das ist mir momentan noch nicht bewusst.

Am nächsten Tag besteigen wir ein Motorboot und fahren zur Philae-Insel, um den Isis-Tempel zu besichtigen. Es ist Nacht, denn jede Tour beginnt zwischen drei und vier Uhr morgens. Ich kann anfangs vom Wasser aus nur schemenhafte Umrisse erkennen. Nachdem es heller geworden ist, sehe ich, wie beeindruckend der Tempel ist, und nehme seine Schwingung in mich auf. Die Gruppe ist relativ still, und wir alle genießen schweigend am Wasser stehend den Sonnenaufgang. Der Feuerball, die Sonne, wieder steigt so ein merkwürdiges Gefühl in mir auf, dass mir das alles sehr bekannt vorkommt. Heilige Isis, Tochter des Geb und Frau des Osiris, sei bitte mit uns. Eine Parallelzeit öffnet sich. Menschen sind im Tempel und damit beschäftigt, Feuer zu entzünden, Duftkräuter glimmen, Trommeln erklingen, monoton, aber weit hörbar. Hathoren machen sich bereit, ihre Arbeit aufzunehmen. Eine Taube fliegt an mir vorbei und ihr Flügelschlag bringt mich ins Hier und Jetzt zurück. Im Schein der rötlichen Morgensonne sendet der Tempel seine Schwingung in die Welt, immer noch lebendig. Ich betrachte die Hieroglyphen an der Wand und habe das Gefühl, sie zu kennen, sie zu verstehen. Wie komme ich auf solche Gedanken und Gefühle? Jede Zelle in meinem System vibriert.

Weiter geht es zum Kom Ombo-Tempel, dem Tempel der Heilung des Sobek, des Krokodilgottes und Horus', des Falkengottes. Gerade frage ich mich, warum die Ägypter damals diesen engen Bezug zu Tieren hatten und dies in alle Darstellungen einfließt. Ein Zeitfenster öffnet sich wieder und ich sehe die junge Ägypterin vom Nil. Über dem Eingang ihrer Hütte ist ein mumifiziertes Krokodil angebracht. Ich erinnere mich etwas. Damals ging man nur zu einem Heiler, der ein mumifiziertes Krokodil über seiner Eingangstür angebracht hatte. Ohne dieses Zeichen hätte man ihn niemals konsultiert. Sobek für die materielle Welt und Horus für die darüberliegenden Welten.

Eine allumfassende Heilung, die Ursache finden, so wie es erforderlich ist. Meine hübsche Ägypterin war also auch heilerisch tätig. Sie lächelt. Natürlich, jetzt ist mir auch klar, wieso die jeweiligen Tiere in Verbindung mit der Person dargestellt sind. Es sind die Krafttiere, mit denen sich die Götter verbunden haben. Sie teilen die Attribute und helfen den Menschen durch die geistigen Welten. Tiere stehen immer mit allem in Verbindung. Sie sind heilig. Jemand rempelt mich an. Ich ziehe mit der Gruppe weiter. Mein Blick fällt wieder auf das Anch und immer wieder auf die geflügelte Sonnenscheibe, die in jedem Tempel über jedem Durchgang angebracht ist. „Ich höre dich, ich sehe dich, du bist geheilt“, klingen noch die Worte des Reiseführers in meinen Ohren. Mein Blick fällt wieder auf die Hieroglyphenkartuschen und auf Thoth mit dem Ibishaupt.

Im Laufe der Reise sollte ich noch mehr damit zu haben, als mir jetzt klar ist.

Nachts besuchen wir den Tempel von Edfu, den Horustempel, Gemahl der Göttin Hathor. Die Falken aus Stein stehen am Eingang. Wir gehen nachts durch die beleuchtete Anlage. Während wir den Pronaos durchschreiten, lässt sich ein Falke auf meinem Kopf nieder und bleibt dort im hinteren Bereich. Automatisch fasse ich an meinen Kopf und fühle nur meine Haare und sehe trotzdem immer den Falken. Ich bin froh und dankbar, dass er sich bei mir niedergelassen hat, denn er ist auch eines meiner Krafttiere und ich liebe ihn sehr. Wir gehen weiter bis zum Sanktuarium. Mir ist, als ob ich die Düfte von damals rieche, die sich in Stein eingebrannt haben, und die Geräusche der in den Tempeln tätigen Menschen noch zu hören sind. Das ganze Treiben hier ist lebendig. Ich fotografiere und hoffe nur, dass meine Digitalkamera durchhält. Später sehe ich unendlich viele „Lichtkugeln" auf meinen Bildern, die ich im Horustempel gemacht habe. Nur hier in diesem Tempel erscheinen sie auf meinen Bildern. Wo kommen die wohl her?

Am frühen Morgen geht es nach Denderah zum Hathor-Tempel. Die lächelnden Gesichter der in Stein gemeißelten Hathoren lassen mein Herz überquellen. Wieder fühle ich mich zu Hause. Mir ist, als ob sich Energieplatten verschieben. Ich bin in der Tempelanlage umringt von Hathoren. Sie singen, einige halten den Ton und lassen ihn kreisen. Eine andere Göttin steht hinter mir und hält das Anch gegen meinen Rücken. Es tut sehr gut. Ich spüre die Energie und bin glücklich. Zwischendurch höre ich immer wieder: „Afrika lässt niemanden sterben." Der Satz kommt mir bekannt vor, doch ich erinnere mich nicht mehr. Noch nicht. Ich erfahre es später. Die Tempelanlagen vor mir sind alle farbig. Es ist beeindruckend. Als die alten Ägypter vor ihren Hütten standen, konnten sie schon von weitem die Tempel in ihrer Farbenpracht sehen, die über das ganze Land strahlten. Ich atme tief ein und bekomme einen Hustenanfall, der mich in diese Welt zurückbringt. Wieder legt sich eine Enge auf meine Brust und ich muss noch mehr husten. Es hört sich fürchterlich an. Die Panik ergreift mich wieder, die ich immer noch nicht erklären kann. Eine Frau unserer Reisegruppe macht eine blöde Bemerkung über meinen Husten. Ich kann noch nicht sprechen und winke ab. Wenn sie doch nicht so oberflächlich und voreingenommen wäre! Ich wende mich ab.

Weiter geht die Fahrt auf dem Nil nach Luxor. Ich freue mich schon auf den P'taah-Tempel von Karnak. Natürlich hat P'taah den größten Tempel. Wie so oft sehe ich sein Zeichen vor mir. Ein weiteres Zeitfenster öffnet sich. Ich sehe Nofretete neben mir. Sie bedeutet mir, ihr zu folgen, und schreitet voran. Es ist eine lange Allee, an der links und rechts Menschen stehen und Palmenwedel in der Hand halten. „Wir werden siegen." Mit dieser Mitteilung weiß ich im Moment nichts anzufangen und binde mir ein Tuch um den Kopf, um mich vor der Sonne zu schützen. In der unbeschreiblichen Hitze drängen sich Menschenmassen, um den Tempel von Karnak zu besichtigen. Unser Reiseleiter hält für unsere Gruppe seinen Vortrag. Aber so laut er auch spricht, es ist aussichtslos, ihn zu verstehen. Links, rechts, vor und hinter mir schreien Reiseleiter in verschiedenen Sprachen, und jeder versucht es lauter, um den anderen zu übertönen. Eingekeilt von Menschen, versuche ich trotzdem, etwas von der Geschichte mitzubekommen. Doch keine Chance. Ich betrachte die Hieroglyphen an den Säulen. Nicht alle sind von Kartuschen eingerahmt, also haben die Kartuschen eine besondere Bedeutung. Wir arbeiten uns durch die Massenansammlungen in das Allerheiligste vor, den heiligen Raum der Göttin Sachmet, die in voller Größe aus Stein mit ihrem Löwenkopf vor uns steht – natürlich nur mit Sondergenehmigung zu betreten. Auch hier in dieser Kapelle findet fern ab vom Trubel eine Zeremonie statt. Während ich die Augen schließe, um alles in mich aufzunehmen, erhalte ich von der Göttin Sachmet ein Mantra*. Ich erschrecke. Energien werden sofort freigesetzt. Trotzdem, ihre Nähe und Anwesenheit beglückt mich. Ich bin unendlich dankbar für das milde Lächeln und fühle ihre Liebe und Fürsorge, die mir zuteil wird. Der Ruf zum Verlassen des heiligen Raumes erschallt, und ich bin wieder mit der Gruppe. Sachmet war die Gemahlin des P'taah. Schon wieder P'taah. Wenn ich hier schon gewusst hätte, dass ich ihn näher kennenlernen werde, hätte ich mich wohl erst einmal setzen müssen.

Wir ziehen weiter. Ich denke an Imhotep, an die fremde, hübsche Ägypterin, an Horus, Isis, Thoth, Sachmet, P'taah. Die Bilder kommen und gehen. Alle haben auch etwas mit Heilung zu tun. An den Säulen entdecke ich eingemeißelte Bienen. Während sie im alten Ägypten heilig waren, werden sie bei uns rücksichtslos vernichtet. Die Menschen wissen nicht, was sie tun.

Wieder in Kairo, besuchen wir im koptischen Viertel der Altstadt die St. Sergius-Kirche, in der sich die heilige Familie auf der Flucht in der unten liegenden Krypta versteckt haben soll, wie unser Reiseleiter berichtet. Ebenholz und Elfenbein wurden hier verarbeitet. Wir setzen uns eine Weile auf eine der Bänke, um die Atmosphäre auf uns wirken zu lassen. Ich kaufe am Ausgang ein Bild von Maria mit Jesus im Arm und sehe zugleich Isis mit Horus. Ich fühle wieder diese Enge in meinem Brustraum und bekomme einen erneuten Hustenanfall. Wir gehen weiter durch enge Gassen zu einer der ältesten Synagogen, der Ben Ezra, und danach besuchen wir die Amr Ibn El Aass-Moschee. Alle lieben Gott, alle suchen ihn, nur jeder auf seine Art, und jeder behauptet, er hätte den einzig richtigen Weg. Ich hoffe inständig, dass dieser Fanatismus eines Tages aufhört und der Weg zu Brüderlichkeit und Toleranz frei ist. Mögen ihn alle in Frieden gehen und möge der Tag nahe sein!

Unsere Fahrt geht weiter zum Markt, wo wir uns Geschäfte ansehen, Gewürze kaufen und Kaffee trinken. Wir werden wenig von Bettelnden belästigt. Beamte in Zivil sind immer in unserer Nähe.

Am nächsten Tag besuchen wir das Ägyptische Museum. Aufnahmen mit der Kamera dürfen hier nicht gemacht werden. In der Eingangshalle schlägt mir wieder die heiße, stickige Luft entgegen. Mein nächster Hustenanfall setzt ein und ist weithin hörbar. Unser Reiseführer ist wieder sichtlich bemüht, die anderen Reiseführer zu übertönen, aber das ist auch hier nicht einfach. Die Akustik lässt ihm keine Chance.

Er führt uns zu einer Statue, die vor ungefähr fünftausend Jahren entstanden ist. Die Augen der Figur wurden ausgehöhlt, und stattdessen hat man Pupillen aufgemalt und Kristalle darüber eingesetzt, die heute noch immer den Eindruck von Lebendigkeit vermitteln, insbesondere wenn Licht darauf fällt. Man hat das Gefühl, die Augen sind direkt auf einen selbst gerichtet. Ich erschrecke, als ich diese Figur sehe, und erkenne den Wächter der Erinnerungen mit der extrem kurzen Kopfform wieder, den ich auf dem Schiff gesehen habe, zusammen mit der jungen, hübschen Ägypterin. Ich huste wieder, es klingt verzweifelt und inzwischen asthmatisch. Diese Enge und die heiße, stickige Luft, ich weiß nicht, wie ich das aushalten soll. Wir kommen zu den Grabbeigaben von Tut-Anch-Amun. Ich sehe ihn in seiner Wut vor mir, wütend darüber, dass man seine Schätze dem Grab entnommen und seine Ruhe gestört hat. Er wollte sein Eigentum wieder holen, wenn er zurückkommt. Ich stelle fest, dass ich frische Luft brauche, und verlasse hustend und röchelnd das Museum.

Am nächsten Tag fahren wir zur Oase von Fayoum. Der See dort ist fast so groß wie ein Binnenmeer. Erstaunlich, so etwas in einer Wüste vorzufinden. Wieder öffnet sich ein Zeitfenster und ein Mann steht vor mir und gießt mir Wasser über den Kopf. Seine Augen leuchten hell und klar. Diese Augen werde ich nie vergessen, denn ich habe das gleiche Bild schon vor ungefähr zwanzig Jahren gesehen und durchlebt. Wir ziehen unsere weißen Galabias an und gehen hintereinander zum Wasser. Die Einwohner der Oase beobachten uns aus der Entfernung und sind verwundert, was wir wohl dort machen.

Am späten Nachmittag fahren wir zur Großen Pyramide. Der Sphinx liegt majestätisch vor uns, den Blick auf das Löwentor gerichtet. Wieder eine Zeitverschiebung, in der ich den goldenen Sphinx mit einem Löwenkopf sehe und die Pyramide dahinter weiß leuchtet. Alles ist von Wasser umgeben. Davor gab es eine Zeit, in der hier Grünflächen waren. Ich werde angerempelt und gehe weiter. Seit Tagen überlege ich, ob ich mit den anderen in die Große Pyramide gehen soll, schließlich habe ich mir vorgenommen, keine Pyramide mehr zu betreten. Und immer, wenn ich diese Überlegungen anstelle, sehe ich Thoth vor mir und höre ihn sagen: „Komm“. Er hat das Ibis-Haupt und ruft. Was soll ich nur machen? Der Husten beginnt von neuem und geht mit einer ziemlichen Atemnot einher. Die herablassenden Seitenblicke einiger Mitreisender unserer Gruppe sind auf mich gerichtet, die sich auch mit bissigen Bemerkungen nicht zurückhalten können. Tapfer versuche ich weiterzugehen und schiebe meine Entscheidung noch hinaus bis zur letzten Minute. Das Areal ist voll von Menschen, Touristenpolizei, Kamelen, Autobussen, die allerdings nicht direkt in den abgesperrten Teil des Plateaus fahren dürfen, jedenfalls nicht ohne Ausnahmegenehmigung. Unsere Reisegruppe hatte viele Genehmigungen und darf auf das Plateau fahren. Die Sonne geht unter und die Hitze lässt etwas nach. Wir gehen zur Großen Pyramide, vor der ich zögernd stehenbleibe. Einige haben erzählt, dass es dort auch lange, niedrige Gänge gibt. Sollte mit den vielen Leuten darin dort Panik ausbrechen, wäre das Chaos perfekt. Warum soll ich mir das antun? Ich huste fürchterlich. Gedankenversunken gehe ich langsam weiter und lasse die anderen rechts und links an mir vorbei, bis ich direkt vor der Pyramide stehe. Mir ist, als ob sie vibriert und mich magisch anzieht. Ich kann nicht anders, sie wirkt freundlich und einladend, auch ich gehe hinein. Es ist dunkel, Kerzen werden angezündet, und hinter uns wird die Tür verschlossen. In dem Schein der Kerzen erkenne ich, dass ich von Steinen groß wie Felsbrocken umringt bin. Ich bekomme einen fürchterlichen Hustenanfall und werde weitergeschoben. Die Hitze, die Dunkelheit, keine Luft, die Enge, ich habe das Gefühl zu ersticken und japse nach Luft. Der Gang ist eng und niedrig, sodass ich noch zusammengekauert laufen muss. Ich habe das Gefühl, hier lebendig begraben zu werden, und dass meine letzte Stunde geschlagen hat, da bin ich sicher. Warum musste ich nur gegen jede Vernunft in diese Pyramide rein? Ich bin ärgerlich auf mich selbst und beschimpfe mich innerlich, während ich nach Luft ringe. Wir erreichen die Königinnen-Kammer. Es ist stockdunkel, und im Schein der flackernden Kerzen wird mein Blick auf eine Frau gelenkt. Sie sieht nicht gut aus, hält sich an der Wand fest und bricht fast zusammen. Sie wird zu einem Stein geführt, wo sie wenigstens sitzen kann. Während ich Atemübungen mache, sehe ich wieder Thoth vor mir, der mir gut zuredet. Weiter geht es zur Königskammer. Hier drinnen ist es so heiß, dass die Granitsteine feucht sind und das Wasser an ihnen herunterläuft. Ich lehne mich gegen den

Granit, der sich wundervoll anfühlt, und bin verzaubert von diesem Raum und fühle mich „zu Hause."

Nach zwei Stunden ist die Zeremonie, zu der wir hier eingeladen waren, beendet und wir gehen wieder hinaus. Alle warten im Inneren der Pyramide vor der Ausgangstür, dass sie aufgeschlossen wird. Während ich noch dankbar darüber nachdenke, wie diszipliniert sich die Gruppe verhalten hat, spüre ich, wie sich die kühle Nachtluft auf mein Gesicht legt, und atme diese tief ein. Dann klettere ich vorsichtig im Dunkeln die Steine hinunter und gehe über eine Ebene, bis ich zu einem kleinen Steinwall komme. Dort bleibe ich, schaue in den Nachthimmel und dann auf die Pyramide. Es ist, als ob sie mit Elektrizität erfüllt wäre und ihre Schwingungen weit in den Himmel hinaus trüge. Mir geht es durch und durch. Wieder sehe ich die junge, hübsche Ägypterin vor mir. Sie nimmt mich an die Hand und zeigt auf eine Wand. Wieder eine Zeitverschiebung? Was will sie nur von mir? Ich folge ihr. Es ist etwa drei- bis fünftausend Jahre her. Ich kann es nicht genau sagen. Sie ist eine Malerin der heiligen Wandbilder. Ich sehe vor mir verschiedene runde Tiegel, die mit verschiedenen Farben angefüllt sind. Sie mischt diese Farben für die Ewigkeit. Es ist faszinierend, ihr zuzusehen. Sie erhält den Auftrag, heilige Wandbilder an einen neuen Tempel zu malen. Sie ist erfreut und macht sich gleich an die Arbeit, um Vorbereitungen zu treffen. Sie braucht keine Vorlagen, sondern fragt den Stein, welche Bilder er ausstrahlen will. Und dann sieht sie diese Bilder vor sich und fängt an, diese direkt auf den Stein zu malen. Sie benötigt keine Vorlagen, also ist sie auch eine Seherin. Ich bin fasziniert von ihr. Eine neue Szene eröffnet sich. Die junge Ägypterin ist nervös. Während sie die Wand bemalt, blickt sie mal nach links und mal nach rechts, so als ob sie verfolgt oder beobachtet würde. Etwas macht sie nervös oder ängstlich. In einem anderen Bild führen sie zwei Männer zum Eingang des neuen Tempels. Diese sind hektisch und schieben die junge Frau in den Eingang hinein. Sie setzt ihre Arbeit fort. Plötzlich hört sie Geräusche, ein Knirschen und Krachen. Der Tempel stürzt über ihr ein. Holzbalken kippen um und Gesteinsbrocken fallen. Sie liegt begraben unter diesem Gestein und versucht, sich zu befreien. Sie ist nicht gleich tot, aber kann kaum schreien. Die Luft ist voll von aufgewirbeltem Sand und Staub. Sie muss husten, ringt nach Luft, röchelt und hat Angst zu ersticken. In panischer Verzweiflung versucht sie sich zu befreien und bleibt verletzt unter den Steinen liegen. Sie stirbt grausam und langsam. Ich sehe ein neues Bild von den beiden Männern, die für ihren Tod verantwortlich waren. Es waren Männer, die damals einen hohen Stand hatten. Sie zeigt mir, dass die Balken nicht richtig befestigt wurden, sodass der Tempel einstürzen musste. Als die Männer sie drängten hineinzugehen, wog das Gewicht der Steine schon so schwer, dass er einstürzen würde. Als die junge Ägypterin im Gang verschwunden war, haben die Männer nachgeholfen und sich gegen die Streben gelehnt, um sicherzugehen, dass sie den Tempel nicht mehr lebend verlassen würde. Sie war eine weise junge Frau und sollte um keinen Preis heilige Wahrheiten an die Tempelwand malen. Die Männer hatten Angst um ihre damalige Position und ihren Einfluss. Also beschlossen sie, die junge Frau umzubringen.

Sie war eine junge Frau mit vielen Träumen und Wünschen für ihr Leben. Sie hatte noch viele, schöne Pläne, die sie leben wollte, und plötzlich war alles vorbei. Der Schock, die Verzweiflung und die Wut darüber, dass man ihr das Leben aus Machtgier genommen hatte, ohne dass sie ihr Leben verwirklichen konnte, waren das Letzte, woran sie dachte, bevor sie starb.

Ich sehe jetzt klar die Gesichter der beiden Männer vor mir und erkenne, dass es zwei Männer aus meiner Reisegruppe sind.

Da sagt die junge Ägypterin: „Ich bin du. Du kannst sehen, weil ich sehen kann, und meine Fähigkeiten sind in dir, weil sie in mir sind. Ich bin der Urahn deiner selbst oder die Altvordere der Blutlinie, die du erwählt hast für dieses Leben. Wir brauchen die Erlösung, denn ich habe diese Männer gehasst, die aus Machtgier getötet haben. Hass und Trauer sind zurückgeblieben. Erlöse das." Sie lächelt und geht weg. Ich bin geschockt, und mir wird in einem Moment klar, warum ich diese Hustenanfälle habe. Mir wird ebenso klar, wie sehr dieser Vorfall, dieser Gemeinschaftsmord, begangen in aller Hinterhältigkeit und Intriganz aus Macht und Gier, mein heutiges Leben beeinflusst. Dann denke ich in Liebe an die schöne Ägypterin. Sie hat meine Bewunderung und ich liebe sie aufrichtig. Ich atme tief durch, blicke auf die beiden Männer, die von all dem nichts ahnen. „Wenn ihr wüsstet", denke ich und gehe im Dunkeln zum Bus. Irgendwie weiß ich, dass ich den Husten wieder für immer loswerde und dass nichts dergleichen mein Leben mehr beeinflussen wird. Das war nun vorbei.

Wieder im Hotel angekommen, lege ich mich auf das Bett. Die Klimaanlage säuselt und ich mache den Fernseher an. Ich brauche Ablenkung. Ich verstehe zwar die Sprache nicht, weiß aber trotzdem, worum es in der ägyptischen Komödie geht. Meine Gedanken und Gefühle machen sich selbständig. Ich muss unbedingt zur Ruhe kommen. Bilder erscheinen vor mir und gehen wieder. Ich weiß noch nicht wirklich etwas damit anzufangen und bin zugleich fasziniert. Ein Land voller Geheimnisse. Afrika lässt niemanden sterben, wahrlich nicht. Ich sehe Wasser vor mir und wie sich das erste Land auf diesem Planeten aus diesem Wasser erhebt. Es war Afrika. Dann schlafe ich vor Erschöpfung ein.

Während des Rückflugs nach Deutschland denke ich immer wieder an die Vorkommnisse der Reise und versuche, die ganzen Eindrücke zu sortieren. Zu Hause besorge ich mir weitere Bücher über Thoth und meditiere sehr oft. Ich erhalte von ihm eine Therapie, die er in dem Tempel der Heilung von Atlantis schon durchgeführt hat und mit mir zusammen wieder durchführen will. Ich bin begeistert. Das Bild der geflügelten Sonnenscheibe steht laufend vor mir. Ich versuche ein Schmuckstück zu kaufen, auf dem die Sonnenscheibe abgebildet ist, finde aber keines und bin enttäuscht. Dafür erstehe ich einen wunderschönen Ibis, das Krafttier des Thoth.

P'taah, was für ein Kontakt! Ich bin total aufgeregt und weiß nicht warum. „Meditieren, das bringt Ruhe", denke ich und setze mich hin. P'taah erscheint mir und nimmt den ersten für mich bewussten Kontakt auf, den er in Ägypten schon andeutungsweise vorbereitet hat. Ich liebe sein Temperament, fühle mich dennoch verwirrt und gebe seine Worte an euch weiter.

Die Worte des P'taah

„Ich grüße dich im Namen der Sternenflotte. Lange haben wir auf diesen Moment gewartet, dass dieser Kontakt zustandekommt. Und nun ist es soweit und wir sind glücklich. Stell dir vor, es ist lange vor der Zeit, so wie du sie kennst, und folge mir in eine andere Galaxie. Reise mit mir an der Sonne vorbei und finde einen Planeten in leuchtendem Rot. Das ist unsere Heimat. Während du in Ägypten warst, hast du oft über die damalige Neter-Therapie* Ägyptens nachgedacht, über Thoth's Therapie sowie über den Tempelschlaf* und was das wohl bedeuten könnte. Nun, hier bist du mitten unter ihnen, den Netern* von Nibiru."

Er deutet mit dem Finger auf eine Raumflotte, deren Schiffe das Zeichen der geflügelten Sonnenscheibe tragen. Farbig leuchtet dieses Symbol und hebt sich von der Farbe der Schiffe ab.

„Dies war einst deine Flotte, und wenn du so willst, ist sie es immer noch." Wir gehen weiter. „Du warst Kommandantin einer Flotte, deren Auftrag es war und ist, Planeten zum Aufstieg zu verhelfen. Diese Sondereinheit bekam eine besondere Ausbildung und hatte die meisten Sonderrechte, was andere oft mit Neid erfüllte. Das Raumgeschwader gehörte dir und mit ihm hast du oft waghalsige Touren unternommen, die sogar mir manchmal einen Schrecken eingejagt haben. Den schwersten und größten Auftrag anzunehmen, musste ich dich überreden. Du hast gezögert, was ich anfangs nicht verstanden habe, bis ich herausfand, dass diese eine Inkarnation in Ägypten im Wege stand und noch in deinem System gespeichert war. Das Zellgedächtnis vergisst nicht. Das war der Grund, warum du diese Reise nach Ägypten unternehmen musstest. Bedingung war, dass dieses Erlebnis, getragen von Schock und Entsetzen, erlöst werden musste, damit wir den Kontakt herstellen konnten. Wir gehen nun in der Zeit voran und benutzen einen Zeitraffer. Wir müssen Nibiru räumen, wir werden ihn verlieren und haben keinen Heimatplaneten mehr. Alles, was von Bedeutung ist, wird auf riesige Schiffe verladen, inklusive vieler Tiere."

Immer wieder sehe ich das Bild eines anderen Planeten oder Kometen vor mir, der auf Nibiru zukommt, dunkelfarbig und fast steinern. Wir brechen auf, um uns eine neue Heimat zu suchen. Das Flottengeschwader hebt ab. Ich sehe Tausende von Schiffen, einige davon sind die Stadtschiffe. Sie sind so groß, dass man ganze Städte darin unterbringen kann, und werden Lichtstädte genannt. Wir fliegen alle in Formation.

„Die nächstgelegene Galaxie war eure, unsere Nachbargalaxie, die ohnehin von uns bevölkert war. Wir Neter sind die Himmelswanderer, die von Planet zu Planet ziehen, um Welten aufzubauen. Wir lassen uns dort nieder, ziehen weiter und suchen neue Welten. Der Stand unseres Wissens und unserer Technik ist allen anderen überlegen. Die Militärs dieser Erde würden weinen, wenn sie unsere technischen Möglichkeiten hätten. Ein Stoßtrupp von uns landete auf der Erde, um dort Tiere, Gewürze, Kräuter und einen Teil unserer Natur einzugliedern. Der Rest der Flotte zog weiter, um zu anderen Planeten zu fliegen und auch dort Teile unseres Heimatplaneten unterzubringen. Zu dieser Zeit gab es auf der Erde überwiegend Primaten, die noch kaum aufrecht gehen konnten. Wir haben genetisch eingegriffen, um eine Spezies Mensch hervorzubringen, die

Intelligenz und Wissen leben und sich nach unseren Vorstellungen entwickeln sollte. Das bedurfte langer Vorarbeit, bis dann das Zentrum Atlantis entstand, eine Hochburg der Technik, der Schönheit, der medizinischen Forschung, ein Ort der Heiligtümer und der spirituellen Fähigkeiten. Hier fanden Operationen statt, dann genetische Veränderungen, die eine Vielzahl von verschiedenen Wesen erschufen, von denen die meisten nicht das gewünschte Ergebnis brachten. Teile dieses riesigen Areals waren mit unsichtbaren Mauern abgeriegelt. Energiefelder wurden erzeugt, die für jeden Eindringling undurchdringbar waren, der nicht den Code hatte, diese Gebiete oder Gebäude zu betreten. Dieser Code wurde häufig gewechselt. Diese Gravitationsmauern waren äußerst stabil. Noch nicht einmal mit der heutigen Technik der Erde könnte jemand diese Mauern durchbrechen.

Genmanipulation im Wissenschaftszentrum Atlantis

Große Wissenschaftszentren waren hier errichtet und arbeiteten galaktisch übergreifend mit anderen zusammen. Aber sie arbeiteten im Geheimen. Viele Versuche fanden hier statt zu der Zeit, als der Mensch gerade anfing aufrechtzugehen und dennoch wie ein Tier lebte. Nach vielen genetischen Versuchen haben wir dann den Typ entwickelt, der ihr heute seid. Nun, eure Wissenschaftler machen heute nichts anderes. Sie manipulieren Gene, arbeiten mit embryonalen Stammzellen und bringen Wesen in einer Hülle hervor, die kein KA* haben, und ihr esst immer noch Tiere.

Damals war das ganze Areal von Atlantis geschützt, und innerhalb dieses Areals gab es weitere einzelne Areale, die gesondert abgeriegelt wurden. Nicht einmal der sogenannte innere Kreis hatte Zugang zu den geheimsten Wissenschaften. Ihr Menschen habt für uns gearbeitet und hattet teilweise Zugang zu vertraulichen Bereichen, mit denen ihr aber nichts anfangen

Massenhypnose

konntet, da ihr von uns eine Art Hypnose auferlegt bekommen hattet. Wenn ihr bestimmte Gebäude oder Bereiche verlassen habt, habt ihr eure Erinnerung zurückgelassen und vergessen, was dort in den Räumen passiert ist. Diese Vorgehensweise war eine Art Schutz für uns und für euch. Euer Entwicklungsstand von damals erlaubte es nicht, dass ihr mit dem Wissen oder Teilen dieses Wissens alleine umgeht, weil ihr euch der Tragweite nicht bewusst wart und das Gesamtwissen nicht hattet. Wir brachten euch eine Ordnung bei, die wir innehatten, und auf dieser Ordnung haben wir Planeten aufgebaut. Im Grunde genommen ist dieses alte Wissen noch in euch, wir konnten es euch nie ganz nehmen, ihr wisst bloß nicht mehr, wie ihr an diese Erinnerungen kommen könnt. Denkt daran, dass ihr Primaten wart, die sich gerade erst zum Menschsein erhoben. Wir haben euch vieles beigebracht, aber dennoch die Kontrolle behalten. Wenn ihr die alten Spuren lest, findet ihr überwiegend Bilder statt Buchstaben. Das war der erste Weg für einen logischen Schriftaufbau. Stellt euch vor, ihr wollt Kindern in einem Kindergarten etwas beibringen, die weder schreiben noch lesen können. Was macht ihr? Ihr malt simple Bilder, primitive Bilder oder Lachmännchen. Das verstehen die Kinder. Bilder von damals, die Menschen mit Flügeln darstellen, waren eben solche, die vom Himmel kamen, die fliegen konnten und später Engel genannt wurden. Viele der Schriften in Stein können heute entziffert werden, aber die wahrhaftigen Informationen hinter den Informationen aus den Glyphen zu ziehen, gelang bisher nur dir. Um die Wahrheit zu finden, müssen die Menschen in der Lage sein, wieder die Glyphen von Atlantis zu lesen. Glyphen haben auch den Vorteil, dass sie Informationen enthalten, die auf jeder Ebene erweitert sind und jedem Verständnis gerecht werden. Vergesst nicht, wir waren eine hochentwickelte Spezies und haben nur das an euch weitergegeben, was für eure Entwicklung bestimmt war. Wir selbst hatten andere Möglichkeiten. Und auch wenn euer Stolz vielleicht bei diesen Worten verletzt ist, wart ihr die Primaten und wir die Technologisierten. Wir hatten im Vergleich zu euch eine Jahrtausende alte Wissenschaft und erweiterten diese beständig. Unsere Wissenschaft war damals schon viel weiter, als es eure heute ist.

Ich spreche heute zu euch aus der Zukunft und der Vergangenheit zugleich.

Um das zu verstehen, müsstet ihr euch mit Energiefeldern und Parallelwelten, sowie der Schöpfung insgesamt auseinandersetzen.

Wir gehen wieder zurück in die Vergangenheit. Alle Fähigkeiten, die wir haben, habt ihr auch. Ein Gesetz der Schöpfung ist es, Fähigkeiten zu teilen. Geteilt haben wir mit euch, aber wir haben auch dafür gesorgt, dass ihr es vergesst, und Informationen versteckt. Sie wollen gefunden werden. Wir haben einen Schleier der Hypnose über euer Gedächtnis gelegt, was ihr wann und wo zu vergessen habt. Tief in eurem Innern wusstet ihr immer, dass ihr alles wisst, denn trotz Hypnose bleibt das Wissen dennoch erhalten. Nur habt ihr bis zum heutigen Tag noch keinen Weg gefunden, euch Zugang zu diesen Erinnerungen zu verschaffen. Für euch ist das umso schwerer, da vieles, was euch helfen würde, für euch nicht mehr sichtbar ist. Entweder ist es mit Atlantis untergegangen oder aber auf höhere Ebenen verlegt und wieder mit einem Schleier der Unsichtbarkeit belegt worden, sodass ihr den Zugang dort auch nicht habt. Des Weiteren wurden euer Kopf und die Erde mit Frequenzbändern belegt, die euch in diesem Zustand halten sollten. Das funktioniert heute noch gut, auch wenn es eine alte Methode ist. Der Frequenzkampf eskaliert heutzutage. Die alten Machthaber versuchen mit aller Macht, die niederen

Frequenzen aufrechtzuerhalten, und wir erhöhen diese Frequenz beständig und entmachten sie auf vielerlei Art. Zur damaligen Zeit wart ihr tief in der Polarität und mit eurem angeborenen Überlebenstrieb beschäftigt. Ich sandte immer einen Spähtrupp aus, um zu sehen, wie weit die Entwicklung vorangeschritten war. Denkt daran, dass die meisten von uns zu den Unsterblichen gehören und wir die Zeit biegen, wie wir sie wollen. Es war eine junge Entwicklungsphase, die schnelle Fortschritte machte. Zur Zeit von Atlantis gab es eine arbeitsmäßige Ausbeutung, wie sie auch heute noch stattfindet. Nicht nur an euch, auch an unseren eigenen Leuten. Einige hatten Privilegien, andere nicht, was den Neid derer hervorrief, die das Nachsehen hatten. Da wir vom Himmel kamen, habt ihr uns wie Götter behandelt. Ihr habt euch beeindrucken lassen von unserem Wissen, und im Prinzip seid ihr unsere Schöpfung auf Grundlage von Genexperimenten. Die Zusammensetzung eurer Struktur ist denkbar einfach, aber immens lebendig. Jahrtausende lang wart ihr damit beschäftigt zu lernen. Ihr habt euch auf euer Gehirn konzentriert und diesen Bereich vollgestopft. Der Lernstoff wurde mit zunehmender Entwicklung immer mehr, und ihr seid heute noch vollauf damit beschäftigt. Das ist eine wunderbare Beschäftigungstherapie. Ihr arbeitet linear, also von A nach B nach C, ihr habt Vergangenheit, Gegenwart und Zukunft. Und auf Basis dieser Linearität habt ihr euer Leben eingerichtet und konntet anfangen zu lernen. Ich muss etwas ausholen, damit ihr versteht, worum es überhaupt geht. Eure Programme laufen ca. 70 - 80 Jahre. Ihr habt Alter und Tod programmiert. Wir haben Leben und die Unsterblichkeit. Wir existieren seit Tausenden von Jahren, na ja, die meisten von uns. Ihr lernt, dann arbeitet ihr und sterbt, weil es das Programm so sagt, und wundert euch, warum ihr keine Fortschritte macht und das Leben als Sklaven verbringt, denn ihr beginnt das Programm immer wieder von neuem mit jeder weiteren Inkarnation. Wir haben schon lange den Weg der Verjüngung und Erhaltung gefunden, und viele von euch auf der Erde würden wahrscheinlich alles geben, um das Geheimnis anwenden zu können.

Nun zurück zur Geschichte. Ich gab damals den Befehl, einzupacken und den Planeten Erde zu verlassen. Zum einen benötigte ich jede Kraft für den neuen Heimatort, den wir auserkoren hatten, zum anderen gibt es das universelle Gesetz der Entwicklung. Die Spezies Mensch musste nun die Entwicklung allein weitermachen, ohne uns. Als wir damals auf die Erde kamen, waren wir wenige und ihr viele. Um die Herrschaft zu erlangen und zu behalten, mussten wir Methoden anwenden, wie wir es denn taten. Als wir wieder gingen, haben wir einiges zurückgelassen in der Absicht, dass ihr es finden sollt, um euch zu erinnern. Viele Neter sind auf der Erde geblieben, weil sie diesen Planeten liebten. Anderen haben wir gesagt, dass sie bleiben müssen, um die Entwicklung zu überwachen, davon betroffen waren etliche Priester. Diese hatten das Wissen und die Möglichkeiten, die bestehende Technologie zu bewachen und zu nutzen. Sie blieben und taten ihre Arbeit. Den Kometen, der auf die Erde zuraste, vernichteten wir, was mit unseren Möglichkeiten eine Kleinigkeit war. Die größten Gesteinsbrocken wurden verglüht, die kleineren richteten ohnehin keinen Schaden an.

Ein Mitglied meiner Familie war sehr darauf bedacht, dass die Entwicklung der Menschen auf der Erde streng bewacht wurde. Er hatte große Bedenken, dass diese Spezies eines Tages in den Raum eindringen und eine Bedrohung werden könnte. Seth unterhielt sich mehrere Male mit mir darüber und verstand meinen Plan nicht. Seine Angst, meine Worte, der Einfluss meines Bruders Sobek führten zu einem Missverständnis und ihn zu dem Entschluss, den Planeten Erde zu sprengen. Während ein Großteil meiner Leute damit beschäftigt war, Atlantis zu räumen, war Seth mit seinem eigenen Plan beschäftigt, was in der allgemeinen Betriebsamkeit den anderen nicht auffiel. Es wäre auch niemand auf den Gedanken gekommen, sich gegen unsere Anweisungen zu stellen. Alles von uns wurde auf Flugschiffe geladen. Eine der Hohepriesterinnen hob ihren Tempel auf höhere Ebenen und belegte diesen mit der Unsichtbarkeit. Es war ein wichtiger Tempel der Heilung und der Weisheit, angefüllt mit Kristallen, mit denen sie arbeitete. Thoth stand ihr zur Seite, und sie bildeten ein wichtiges Gespann. Später erfuhr ich, dass sie auf Anweisung der höchsten Ebenen gehandelt hatte. Ebenso taten es andere Hohepriester mit ihren Tempeln. Während also in Atlantis jeder beschäftigt war, platzierte Seth Bomben innerhalb des Planeten, eine davon auch unter Atlantis. Wir haben damals unter der Erde genauso gearbeitet und mit unserer Technologie unterirdische Gänge erstellt, mit denen wir jeden Teil der Erde erreichen konnten, wenn wir oben nicht gesehen werden wollten. Es existierten ganze unterirdische Städte mit einem eigenen Klima und entsprechender Ausstattung. Seth hatte also keine Mühe, seine Bomben an verschiedenen Orten unbemerkt zu platzieren und mit einem Zeitcode zu versehen. Thoth, der zu meinen engen Mitarbeitern und zur Familie gehörte, erfuhr davon und unterrichtete mich. Einige hatten versucht, Seth davon abzubringen, aber es gelang ihnen nicht. Zur gleichen Zeit waren wir damit beschäftigt, die Bomben zu lokalisieren und die Zeitzünder zu neutralisieren. Was Seth vorhatte, war gefährlich für uns alle, denn die Sprengungen hätten auch die umliegenden Planeten aus der Bahn werfen oder beschädigen können. Diese Explosionen hätten ungeahnte Folgen haben können. Da wir nicht genau wussten, wo Seth diese Bomben platziert hatte, mussten wir sie mit unserer Technik erst ausfindig machen und dann neutralisieren. Leider gelang uns das nicht schnell genug, sodass doch die letzte Bombe explodierte, nämlich die unter Atlantis. Danach ging Atlantis unter, im wahrsten Sinne des Wortes. Die Bombe ist unterirdisch explodiert und hat die Erdkruste beschädigt, die bis zum heutigen Tag nicht richtig geheilt ist. Atlantis, fast so groß wie ein Kontinent, fiel in sich zusammen und das Wasser deckte alles zu. Der Knall war im ganzen Raum zu hören, und die Druckwelle bewegte sich auch mit der entsprechenden Geschwindigkeit durch den gesamten Raum. Seth gefährdete das gesamte Projekt Mensch und darüber hinaus auch noch diese und andere Galaxien. Auf Nibiru hatte es eine feste Struktur gegeben, von oben nach unten delegiert. Dieses Projekt Mensch sollte jedoch eine Zone des freien Willens sein, wo jeder die Freiheit hat, sich individuell unter Einhaltung der Universellen und Göttlichen Gesetze zu entfalten. Das machte Seth Angst. Die Vorstellung, dass jemand machte, was und wie er wollte – in unkontrollierter Weise –, entsetzte ihn, insbesondere wenn es um diese Tiere oder Primaten ging und niemand damals wusste, wie dieses Experiment ausgehen würde. Die Explosion der Bombe hatte noch einen weiteren Effekt. Sie zerriss die Menschen in dem Sinne, dass sie nach ihrem Tod in einer Art Vakuum gefangen waren. Sie litten sehr, weil sich die Seele nicht gleich vom Körper trennen konnte. Es waren schreckliche Zustände für den Einzelnen, mit großen Schmerzen verbunden. Es war die Hölle auf Erden. Unser Kern und der innere Kreis waren entsetzt, und unsere erste Maßnahme war, einen Schutzschirm um die Erde zu legen, weil wir nicht wussten, was noch passieren konnte. Es war eine Schutzmaßnahme, die uns betraf und um weitere Probleme zu verhindern. Wir haben diesen Raum sozusagen

Untergang von Atlantis

abgeriegelt. Als nächstes haben wir versucht, die Seelen von den Körpern zu befreien und das Vakuum aufzulösen. Zwar ist Vakuum hier nicht die richtige Bezeichnung, aber für euer Verständnis gibt es keinen besseren Vergleich. Millionen von Menschen starben, und es war ein wirklicher Weltuntergang, denn die Erdkruste brach, sank ab, die Pole der Erde verschoben sich, und die Frequenz der Erde änderte sich ebenfalls. Das war ein Fall aus der alten Frequenz heraus. Trotz dieser immensen Katastrophe gab es Überlebende. Viele, die die Seherkraft hatten oder andere Geistesgaben, wussten von der bevorstehenden Katastrophe. Sie verließen Atlantis und nahmen die mit, die ihnen folgen wollten. Sie zogen weit von Atlantis weg. Die Erdplatte war damals noch nicht so zerklüftet, wie sie heute ist. Das geschah erst durch das Absinken der Erdkruste, die die Platte auseinander riss. Auch die Seele Gaias erhielt Risse. Wenn jemand einer Seele Risse zufügt, dann bewegt er sich auf die Vernichtung dieser Seele zu und verstößt in höchstem Maße gegen die Göttlichen Gesetze, was entsprechende Sanktionen nach sich zieht – und diese sind unausweichlich. Hütet euch davor. Die Erde war damals verstrahlt, und es dauerte lange, bis sie sich wieder einigermaßen erholt hatte. Überwachungsgeschwader blieben im Orbit, um die Entwicklung von dort aus zu beobachten und jederzeit eingreifen zu können. Ich war maßlos wütend auf Seth und forderte Wiedergutmachung und Wiederherstellung. Wir hatten unzählige Jahre unserer Zeit in das Projekt Mensch investiert, und er versuchte es in einem Moment auszulöschen. Und so bannte ich ihn an dieses Projekt.

Durch den Frequenzabfall, der durch das Unglück entstand, und durch die Polverschiebung lebten die Menschen nun die niedere Seele in einem ungeahnten und ungewollten Ausmaß.

Der Fall vollzog sich von der fünften Dimension in die dritte Dimension der Dichte. Auch die zurückgelassenen Neter und Priester fielen ab. Auch sie hatten Angst, diesen Weltuntergang nicht zu überleben, nur hatten sie aufgrund ihrer Fähigkeiten und ihrer Standorte die besseren Möglichkeiten dazu. Bedenkt, dass ein Großteil der Neter auch in der Erde gelebt hat. Insgesamt war nun das Projekt Mensch verzerrt, und das im wahrsten Sinne des Wortes, denn durch die gewaltige Explosion der Sonnenbombe waren die gesamten Energiefelder verzerrt worden. Die Entwicklung des Menschen verlangsamte sich und ging in eine gewalttätige Richtung. Von der Verzerrung wurden auch die Energiefelder des Menschen beeinträchtigt. Er fand sich nun als Individuum wieder, das um sein Überleben kämpfen musste, hilflos, unfähig und dem Zorn der Götter ausgeliefert. Das war der damalige Stand des Körperlichen und Seelischen.

Wir haben damals beschlossen, den Zustand wieder so herzustellen, wie er war, als wir die Erde verlassen hatten, also Anhebung auf die fünfte Ebene. Doch da Seth an dieses Projekt gebannt war und die Erde zur Zone des freien Willens gehörte, hat er nun diesen Bereich von sich aus abgeriegelt und uns den Zugriff verweigert. Wenn wir damals seine Abriegelung durchbrochen oder aufgelöst hätten, wäre eventuell noch mehr Schaden entstanden, und das Risiko wollte niemand eingehen. Wir haben dann unsererseits die Tore verschlossen, sodass auch Seth Gefangener seiner selbst wurde. Er erkor sich zum Herrscher. Er arbeitete mit vielen aus der damaligen Priesterschaft und den zurückgebliebenen Netern zusammen mit einem Wissen, das er und die anderen ja bereits besaßen. Er weitete seine Basisstationen aus und gewann weitere Anhänger dazu, die von diesen Fähigkeiten beeindruckt waren. Anfangs arbeitete die Priesterschaft auch noch so, wie sie es erlernt hatte, in Reinheit und Heiligkeit. Später jedoch, auch durch die Frequenzveränderungen, wurden die meisten korrupt und nutzten die Unwissenheit der Menschen aus. Zur Zeit Ägyptens wurden die Grabstätten der Reichen so errichtet, dass sie im Jenseits weiterleben konnten. Sie sollten alle Schätze in ihr Grab mitnehmen, damit sie im Jenseits den gleichen Stand leben konnten, wie sie es auf der Erde taten. Der tiefere Grund dafür war lediglich, dass sich die damaligen Priester, insbesondere die des Amun-Ra-Tempel, keine Mühe machen mussten, um reich zu werden. Die Menschen lieferten ihnen ihre Schätze, legten sie in eine Höhle oder Grab und die Priester brauchten sich nur zu nehmen, was sie wollten. Eine Art Selbstbedienung. Und alle Wissenschaftler, die daraus hervorgingen, wie auch jede Wissenschaft, hatten dort ihren Ursprung bei den hinterbliebenen Priestern. Anfangs rein und klar, später korrupt.

Als damals in Atlantis die große Katastrophe geschah, wurden zudem noch Wesen aus dem Inneren der Erde hervorgeschleudert, die ebenfalls aus ihrer Entwicklung gerissen wurden, und diese suchten sich ängstlich und verschreckt einen neuen Wirt, in dem sie weiterlebten. Da nur Menschen und Tiere vorhanden waren, wurden diese auch Wirte dieser Wesen, die auf ihren Wirt und sein Leben Einfluss nahmen. Sie lebten in ihnen mit ihrer Angst und der damit verbundenen Aggression, sodass ein solcher Mensch heute noch der Meinung ist, er sei von Sinnen oder besessen und könne einige der in ihm aufkommenden Gefühle nicht beherrschen oder sei nicht Herr seiner Taten. Zu einem großen Teil stimmt das auch so. Der Einfluss dieser Wesen ist nicht zu unterschätzen. Zudem wurde den Menschen von den damaligen Herrschern große Angst gemacht. Es war eine gemachte Angst. Vergesst nicht, die Menschen standen immer noch unter Hypnose, nun kamen noch die Verzerrung der Energiefelder und der große

Schock dazu. Uns war der Zugang verwehrt, und Seth hat damals die Menschheit aus diesem Zustand der Hypnose nicht erlöst, um sie besser kontrollieren zu können. In diesem verzweifelten Zustand leben die meisten Menschen heute noch. Die Erinnerung wurde euch über die ganze Zeit genommen. Was euch belassen wurde, ist das lineare Denken und der freie Wille. Ihr solltet fähig sein, in der Lebensschule zu lernen und zwischen gut und böse zu unterscheiden. Was ihr gelernt habt, wurde euch oder auch der Welt von dieser Gruppe um Seth vorgegeben. Und auch nur das haben die Menschen gelernt. Es war ein Lernstoff, den die Gruppe um Seth brauchte, um Arbeitstiere zu haben für ihre eigenen Zwecke, die zudem noch bestens kontrolliert wurden. Da nun auch Seth selbst diesen Raum nicht verlassen durfte, entwickelte er einen unbändigen Hass, auch auf uns. Da wir und er sich aber in der Zone des freien Willens befanden, war es unser freier Wille, ihn einzusperren und an das Projekt Mensch zu binden, mit der Auflage der Wiedergutmachung und Herstellung der Prinzipien. Wir mussten diese Schutzmaßnahme ergreifen, damit er nicht die von uns neutralisierten Sonnenbomben wieder codiert und gezündet hätte. In dem Fall hätte er sich selbst auch vernichtet.

Was sollte ich ihm vorwerfen? Die Angst, die er damals hatte, oder dass er in das Projekt Mensch eingegriffen hat? Wir waren die ersten, die unsere Leute und andere missbraucht hatten – wenn auch aus Sicherheitsgründen und Bequemlichkeit, dennoch war es ein Missbrauch. Wir haben uns ebenfalls schuldig gemacht. Dennoch, den freien Willen haben wir nicht unterbunden und beeinflusst, lediglich die Erinnerung.

Wir haben uns inzwischen mit anderen Bewohnern der Galaxien zu einer Galaktischen Föderation zusammengeschlossen, deren Ziel es war, die Erde zu erheben, die Zone des freien

Willens zu schützen und auf allen Ebenen zusammenzuarbeiten und das Wissen zu teilen. Die *Bruderschaft der Weißen Rose* war geboren. Ziel der Bruderschaft war und ist es, den Aufstieg zu fördern, das Leben zu lieben, zu achten und zu ehren, sowie zusammenzuarbeiten und zu teilen. Jedes Wesen, das aufsteigen und zurück zur Urquelle will, dem wird der Weg geebnet, und alle sind für dieses eine Wesen da, um zu dienen und ihm den Aufstieg zu ermöglichen, und sei es ein Grashalm, der diesen Ruf durch den Raum erschallen lässt. Immer mehr Anhänger fand diese Bruderschaft, und du erhieltest inzwischen eine Armada heiliger Krieger des Lichts, deren Aufgabe es war und ist, die Illusion von der Wahrheit zu trennen und den Aufstieg zu fördern.

Wir mussten also Wege finden, wie wir in diesen abgeriegelten Raum hereinkommen konnten, um sozusagen von innen heraus zu agieren, ohne Seth direkt zu provozieren oder aufzufallen. Und wir fanden einen Weg, der sich langsam entwickelte und immer stabiler wurde. Da die Erde in der Frequenz gefallen war und Seth von Michael sozusagen abgeschlagen wurde, damit er an die Erde gebannt blieb, würden auch Seth und seine Gruppe langsam die Erinnerung verlieren, wenn sie sich nicht gegen die niedrige Frequenz schützen würden. Großes Wissen hatte er dereinst und war dabei, es zu vergessen und zu verlieren wie alle anderen.

Vergesst nicht, dass wir hier über lange Zeiträume sprechen. Panik übermannte ihn und er versuchte mit allen Mitteln, von der Erde zu fliehen. Es wurden Menschen als Versuchstiere benutzt, um eine künstliche Merkabah* aufzubauen. Das erzeugte noch mehr Unglück und funktionierte nicht.

Unsere Entwicklung dagegen ging weiter. Und ihr würdet beeindruckt sein, wenn ihr das sehen könntet. Wir unsererseits begannen nun, KA-Körper* durch die Tore, die wir verschlossen hatten, in diesen Bereich der Erde einzuschleusen. Wir mussten etliche Fehlschläge hinnehmen und einzelne Aspekte erst einmal an das Leben in dieser Dichte gewöhnen. Wir übten in Pflanzen und Tieren mit höchster Intelligenz. Nach langer Zeit schafften wir es, unbemerkt zu inkarnieren und unter Menschen zu leben. Dieser Zustand fiel uns sehr schwer, denn wir mussten innerhalb eines Raumes mit niederer Frequenz eingesperrt leben. Im Laufe der Jahrtausende entwickelten wir jedoch dieses System weiter und verbesserten es erheblich. Aus den Weltenwanderern wurden nun Seelenwanderer.

Der damalige niedrige Frequenzstrahl der Erde wurde von uns umhüllt mit einem der restlichen Galaxie angepassten Frequenzstrahl und später mit einem Auflösungsstrahl, sodass diese niedrige Frequenz in dem abgeriegelten Raum der Erde verblieb und sich mit der Zeit auflöste.

In diese Dichte wurden von der Bruderschaft immer wieder lichtvolle Wesen auf die Erde gesandt, um die Menschen zu lehren, Licht auf die Erde zu bringen und einen Erlösungsweg aufzuzeigen. In der ersten Zeit fanden diese Lehrer Anhänger, die ihnen folgten und die Lehre weiter verbreiteten. Es gab Einweihungsschulen, in denen die Menschen lernten, sich aus der Gefangenschaft zu befreien. Sie wurden Meister. Die größten Meister waren im Osten zu Hause. Grundsätzlich verbanden sich die großen Meister auch mit den Netern, die sich dereinst von Seth abgewandt hatten und nicht zur gefallenen Priesterschaft gehörten. Sie arbeiteten zusammen, um weltweit Zentren der Einweihung und der Wissenschaften zu gründen. In späteren Zeiten, besonders im Mittelalter, wurden nicht nur diese Meister verfolgt und zu Tode gefoltert, sondern alle, die auch nur den Anschein des Ungehorsams erweckten. Die Kontrollsysteme funktionierten noch bestens. Alle, die auch nur den Anschein eines spirituellen Wissens vermittelten, wurden hingerichtet. Die Bücher wurden verbrannt. Natürlich sagte man das nur den Menschen. In Wirklichkeit nahmen sie die Bücher an sich, um selbst daraus zu lernen. Der Wunsch, diese Erde zu verlassen, bestand immer noch. Man hat der Menschheit weisgemacht, dass große Meister sterben müssen, dass sie keine Wahl hätten und sich demütig alles gefallen lassen müssen, was nicht stimmt. Insbesondere jener Teil der Hypnose hat euch tief beeindruckt und in eine anhaltende Hilflosigkeit getrieben. Die Angst vor Tod, Hölle und Verdammnis hat euch sehr mitgenommen, zumal die einstige Katastrophe von Atlantis noch in eurem System gespeichert war. Und was diese Gruppe keinesfalls wollte, war, dass die Menschen selbst in die Meisterschaft gingen und sie entmachten würden.

Erinnert euch, ihr wart eine Spezies, die gerade mit ihrer Entwicklung anfing, die sozusagen in der ersten Schulklasse war und in den Kindergarten zurückgeworfen wurde, deren Energiefelder verzerrt waren und die unter einem hypnotischen Einfluss stand, mitten in der Polarität. Für euch gab es nur gut oder böse, hell oder dunkel, das Eine oder das Andere, das Ich oder das Du. Alles, was dazwischen lag, habt ihr ignoriert. Man implizierte euch, dass Meister machtlos sind und ihr keine Fähigkeiten habt. Man verschwieg euch wohl wissend, dass ihr Götter seid und dass ihr alle Fähigkeiten bereits in euch tragt – so wie ein Apfel, dessen Kerne einen neuen Baum hervorbringen, um weitere Äpfel zu ernten. Die großen Meister dieser Welt wurden vorsichtig und verbreiteten ihre Weisheiten nur noch als Geheimlehren und sprachen in Analogien.

Seths Anhänger machten sich das ebenfalls zunutze, um ihrerseits Schulen zu gründen und um Anhänger auszubilden, die ihnen dienten, indem sie ihnen alles beibrachten, was ihnen nutzte, ohne sie zu entmachten. In allen Teilen der Erde entstanden Geheimschulen, die ihr Wissen nur noch per Wort an ausgewählte Schüler preisgaben, die vorher viele Tests durchlaufen mussten. Es war damals aufgrund der Dichte weitaus schwerer, ein Meister zu werden, als es heutzutage ist. Viele starben bei diesem Versuch, und auch das ist in euren Zellen gespeichert. Wir, die wir nur eine Ebene über euch waren, als wir die Erde besiedelten, benötigten die Hilfe der kosmischen Meister, um die Entwicklung zu beeinflussen und zu beschleunigen. Da nun das ganze Universum aufsteigt, bleibt uns nicht mehr viel Zeit, Licht und Heilung auf die Erde zu bringen. Die Meister, die im Geheimen wirkten, hatten nur in Analogien gesprochen und ihre Weisheit verschlüsselt, was ihnen als Selbstschutz diente. Das war aus unserer Sicht ein Tropfen auf den heißen Stein und im linearen Prinzip hätte diese Entwicklung zu lange gedauert.

Wir hatten anfangs viele Fehlschläge hinnehmen müssen, um daraus zu lernen, und wir haben gelernt. Wir waren ein Volk der Wissenschaftler und Denker, und unsere Gefühle sind dabei auf der Strecke geblieben, verkümmert sozusagen. Die Gruppe um Seth hatte begonnen, den Emotionalkörper abzutrennen, um ganz in der Logik zu sein und nicht von Gefühlen beeinträchtigt zu werden. Gefühle sollten kein Hindernis sein. Und die Grausamsten dieser Erde wissen nicht mehr, was eine Emotion ist. Die Logiker haben große Fortschritte gemacht und sich entweder den Wissenschaften und/oder dem Töten zugewandt. Sie leben eine maßlose Verachtung den Menschen und allem Leben gegenüber, wenn Gefühle vorhanden sind. Im Grunde genommen behandeln sie euch schlechter als Tiere und empfinden nichts dabei. Wenn ihr auf Mitgefühl hofft, dann solltet ihr den Gedanken fallenlassen, denn das würde ein Gefühl voraussetzen, das nicht vorhanden ist. Im Gegenteil, sie rechtfertigen ihr Handeln sogar noch mit dem Wohle des Menschen, wie etwa bei medizinischen Tierversuchen, ein Oberservatorium an Grausamkeiten.

Das System funktionierte anfangs hervorragend. Seth und seine Gruppe wollten die Wissenschaft vorantreiben mit dem Ziel, die Erde wieder verlassen zu können und ihre Macht auszuweiten. Das Thema „Weltherrschaft“ spielt bei euch eine große Rolle. Aber das Abtrennen des Emotionalkörpers allein war anscheinend nicht ausreichend, denn die Männer, die sich dem unterwarfen, hatten selbst immer noch Herrschaftsansprüche. Und sobald Seth Gefahr witterte, musste er Einhalt gebieten. Er ersann nun, Wesen auf der Basis von Genexperimenten zu erschaffen, die eine menschliche Hülle hatten, aber keinen Inhalt, die brave, seelenlose Idioten waren und ohne zu fragen alles taten, was man verlangte. Sie würden keine Gefahr darstellen und kannten keine Skrupel. Die Genmanipulation begann im Geheimen, und man erschuf schon seit langem eine Art Klon-Robots, die einfach nur auf Befehl funktionierten. Das Problem dabei ist nur, dass wir und ihr sie sofort erkennen könnt, wenn wir uns damit befassen. Diese Produktion ist nicht zufriedenstellend und birgt viele Fehlverhalten. Wir selbst hatten diese schon lange Produktion aufgegeben. Bei euch werden sie immer noch hergestellt.

Man hat auch sehr früh die Frauen zu Sklaven und Dienstboten herab gewürdigt. Es wurden ganze Religionen erfunden, die Frauen knechten. Man belog die Menschheit mit Maria und dem Jesus-Kind, damit sich die Frauen demütig fügen, um heilig zu werden. Erinnert euch an die Analogien. Schließlich hatte man vor den Frauen die meiste Angst. Habt ihr euch je gefragt, warum sich Maria, die dazu auserkoren war, einen Gottessohn zu gebären, schlecht behandeln lassen sollte? Hätte sie dafür nicht die absolute Verehrung verdient?

Man diskriminierte die Frauen auch im wirtschaftlichen Bereich, um sie ja nicht machtvoll erscheinen zu lassen. Frauen haben eine intensive Anbindung an Emotionen und Gefühle. Der Emotionalkörper wiederum ist mit dem spirituellen Körper verbunden, was zum Aufstieg und für die Geisteswissenschaften des Lichts Voraussetzung ist. Mit anderen Worten hatten es die Frauen in der Hand, die Menschheit aus dem Dornröschenschlaf der Hypnose aufzuwecken. Auf diese Art hat man das jedoch verhindert. Man grenzte sie anfangs von jedweder Bildung aus und ließ sie in Abhängigkeit leben. Und in den Ländern, wo Frauen am schlechtesten behandelt werden, ist die Seth-Gruppe am aktivsten und ängstlichsten. Frauen haben ursprünglich auch eine intensive Anbindung an die Mutter Erde gehabt und mit ihr als Einheit gelebt. Sie haben sozusagen den Himmel mit der Erde verbunden, bis man sie im Mittelalter als Hexen verbrannt hat und ausrotten wollte. In einigen Regionen der Erde hat man Babies getötet, nur weil es Mädchen waren. Diese Regionen sind so gestört, dass die Männer dort immer aggressiver werden. Die Angst hat sie voll ergriffen und zu Recht. Und auch wenn heutzutage über Gleichberechtigung gesprochen wird, verhindert man sie, denn man müsste darüber nicht mehr sprechen, wenn sie vorhanden wäre. Wenn Frauen aufbegehren, gibt man ihnen etwas mehr, damit erst mal Ruhe herrscht und sie nicht noch wilder werden. Denn sie haben die Kraft der Shekina* in sich, und diese könnte alles zerstören.

Nun steigen aber die Erde und das gesamte Universum auf, und für diesen Aufstieg benötigt man den Emotionalkörper mit Anbindung an den Spirituellen- und den Lichtkörper. Was machen nun diese Wesen, die keinen haben, die ihren abgetrennt haben, um all ihre Grausamkeiten leben zu können, ohne ein schlechtes Gewissen zu haben? Damit wir uns nicht missverstehen. Man kann sehr gut auch nur mit dem Mentalkörper leben, sofern man sich an die göttlichen und universellen Gesetze hält. Nur die Freude über das Erreichte fehlt, wenn die Emotionen nicht vorhanden sind.

Die Galaktische Föderation war in der ganzen Zeit aber nicht untätig. Wir haben ebenfalls ausgebildet. Wir sind nach anfänglichen Fehlschlägen immer besser geworden, auch wenn Menschen starben. Ihre Erfahrungen haben uns allen gedient, und wir haben große Hochachtung vor ihrem Mut und den Einsatz, den sie für diese Erde geleistet haben. Viele haben sich während ihrer Inkarnationen auf Erden umentschieden, einen anderen Weg zu gehen, und wir haben ihren freien Willen respektiert. Sie haben nicht erreicht, was wir uns erhofft hatten. Dennoch haben wir Wege gefunden, in diesen Raum hereinzukommen, unsere Leute in das Menschengeschlecht einzubringen und im Untergrund zu arbeiten. Gegen uns vorzugehen, traute Seth sich nicht, denn er wusste, er würde den Kürzeren ziehen. Und diejenigen, die hier Lichtträger genannt werden, bezeichnen wir als Frequenzhalter. Sie haben eine wichtige Position. Viele von ihnen habt ihr in vielen Inkarnationen verlacht und verfolgt, aber ihr werdet sie noch suchen.

Es ist grundsätzlich nicht schlecht, wenn Wesen allein von ihrem Mentalkörper aus leben, solange sie das Leben achten. Wenn jedoch Arroganz dazukommt und man auf andere herabblickt, wird es gefährlich. Vergesst nicht, ihr Menschen habt immer bewundernd auf diejenigen geblickt, die viel Wissen hatten. Ihr habt euch davon beeindrucken lassen. Man hat euch beigebracht, das Nichtwissen Dummheit ist und Dummheit schlecht ist. Ihr habt gelernt, dass man zu „den Machern" der Welt gehören muss, um bewundert zu werden. Aus unserer Sicht ist das Anschauungssache. Jemand, der aus eurer Sicht ungebildet ist, kann dennoch über das gesamte Wissen verfügen, sofern er weiß, wie er den Zugang dazu hat. Und wenn euch euer Stolz und die Arroganz nicht gängeln würden, würdet ihr euch liebend gern mit denen verbinden, die sich mit den Geisteswissenschaften der höheren Welten beschäftigen.

Wir haben nun viel darüber gesprochen, was dereinst geschehen ist, und ich habe es in großen Zügen wiedergegeben, um euch alles in Erinnerung zu rufen.

Wir wenden uns nunmehr der Gegenwart zu, denn jetzt kommt das Wichtige. Die Panik der Gruppe um Seth ist in der letzten Zeit gewachsen. Ein neuer Frequenzstrahl wurde auf die Erde gerichtet, der die Frequenz insgesamt erhöht. Der Orbit ist voll von Außerirdischen, die diesen Aufstieg miterleben wollen. Sie sind fasziniert von dem Wandel, der sich in der letzten Zeit vollzogen hat. Sie alle sind gekommen, um das Schauspiel mitzuerleben. Welchen Weg wird die Erde nehmen? Denn genau das ist es, was auch den gesamten Raum beeinflussen wird.

Welchen Weg wird die Erde nehmen?

In der Vergangenheit hatte sich der Neigungswinkel der Erde weit zur Seite geneigt, sodass die männliche Seite mehr Raum hatte als die weibliche. Die Erde hat nun den Auftrag zur Selbstheilung erhalten. Sie hat freie Hand, darüber zu verfügen, wer auf ihr bleibt oder nicht, wie auch die Menschen in Absprache mit der Erde die freie Wahl haben, ob sie bleiben oder gehen wollen. Seit längerer Zeit ist der alte Frequenzstrahl durch einen neuen ersetzt worden, und diese neue, höhere Frequenz macht sich bereits in allen Bereichen bemerkbar. Menschen fangen an, aufmüpfig zu werden, Machenschaften kommen ans Licht, Machthaber fallen, Systeme zerfallen, denn sie dienen nur Einzelnen. Die Galaktische Föderation und Bruderschaft hatte damals bei ihrer Gründung beschlossen, dass man auf das Wohl aller bedacht sein muss. Ein unumstößlicher Codex. Machthaber, die nur ihr eigenes Wohlergehen im Auge haben, fallen. So wie damals von innen heraus die Zerstörung und Versklavung durchgeführt wurden, wurden auch von innen heraus der Aufbau und die Erhebung von uns eingeleitet. Inzwischen ist die Frequenz so angehoben, dass wir weitaus besser operieren können als je zuvor. Die Frequenzhalter haben mehr als gute Arbeit geleistet!

Über die ganze Erde verteilt gab es immer wieder Menschen, die auf die gleiche Geschichte, auf die gleichen Personen, auf die gleichen Begebenheiten hinwiesen, nur mit anderen Namen. Der Sinn jedoch war derselbe. Die Absicht dahinter war, dass der Mensch sich erinnern sollte. Im Laufe der Zeit wurden die Geschichten jedoch so verändert, dass für euch eine Erinnerung nicht mehr möglich war. Jeder Machthaber veränderte die Geschichte so, wie er sie brauchte, um sich selbst damit zu erheben. Und je geheimnisvoller und unverständlicher die Geschichten wurden, desto mehr hielt man die Menschen gefangen in Unwissenheit, die sie in Unterwürfigkeit halten sollte. In der neueren Zeit sind eure Möglichkeiten des Austausches besser, aber dennoch werdet ihr jeden Tag belogen. Die Gruppe um Seth weiß inzwischen, dass das ganze Universum aufsteigen will und wird. Sie sitzen sozusagen immer noch in der Falle. Sie haben es wieder eilig, diesen Planeten zu verlassen, um einen anderen zu besiedeln, nur steigt dieser ebenfalls als planetarisches Mitglied der Familie auf. Des Weiteren versammeln sich immer mehr Schiffe und Flugobjekte hier im Orbit, um zu erleben, welchen Weg die Menschen einschlagen werden. Der Schleier des Vergessens oder der Dunkelheit wurde seit einiger Zeit weggezogen, die Frequenz erhöht, und ihr habt das Gefühl, dass die Zeit schneller läuft. Das geht so weit, dass einige Menschen durchdrehen, weil sie nicht mehr wissen, wie sie ihr ganzes Pensum schaffen sollen. Die Menschheit hat keine Zeit mehr, linear über Jahre hinweg das Leben zu reflektieren, ihr müsst euch um euer Erwachen kümmern.

Auflösen der Hypnose

Ich sagte euch ja, dass wir die Hypnose in dem Durcheinander nicht aufgelöst haben, als wir die Erde verließen, und die Gruppe um Seth es auch nicht tat. Was passiert nun, wenn jemand hypnotisiert ist und die Hypnose nicht aufgelöst wird? Eine Möglichkeit ist, die Hypnose ausschlafen zu lassen, die andere Möglichkeit ist, ihn aufzuwecken, oder drittens, er weckt sich selbst auf. Nun, diejenigen, die sich bisher wenig spirituell interessiert haben, werden vermutlich die Hypnose ausschlafen. Wir haben damals die Hypnose an ein Zeitfenster gekoppelt, das hier alle ziemlich verrückt macht, nämlich das Jahr 2012. Genau das ist der Zeitpunkt, zu dem die Menschheit richtig ausgeschlafen haben wird, sich die Schleier der Unsichtbarkeit auflösen und ihr euch erinnern und wieder sehen werdet. Wir sind darum bemüht, dass ihr ohne Schock aufwacht. Im Orbit befinden sich zurzeit ungefähr an die dreihunderttausend Außerirdische, die auf die eine oder andere Art mit euch verbunden sind.

Wenn ein Planet aufsteigen will, dann müssen alle wieder mit ihm in Kontakt treten, die je mit ihm zu tun hatten oder haben, um eine Klärung vorzunehmen oder herbeizuführen. Das ist unausweichlich und betrifft alle. Deshalb sind wir hier. Zum anderen beeinflusst euer Bewusstsein den gesamten Raum, sodass niemand voraussagen kann, was wirklich passieren wird. Große Meister haben sich zusammengefunden, um darüber zu wachen. Eure integrierten Zeitkapseln werden an bestimmten Daten gesprengt, sodass ein schrittweises Erwachen vor sich geht. Damals in Atlantis waren wir nicht die Einzigen, die auf die Erde kamen. Viele der anderen Clans waren daran beteiligt, Einfluss auf die Menschen zu nehmen. Ursprünglich war es Seths Idee, auf der materiellen Ebene Wesen zu erschaffen, die individuell in der Polarität Erfahrungen machen können. Dazu wurde ein Hologramm erstellt, in dem es möglich war, uneingeschränkt seine Wünsche zu leben. Gerade während dieser Entwicklung kamen nun andere Wesenheiten hinzu, die sich eingemischt und genetische Eingriffe vorgenommen haben. Seth war natürlich nicht begeistert davon. Oft wollte man dieses Experiment wieder fallenlassen, und es gab für die Erde im Laufe der Zeit viele Bedrohungen, die wir von euch abgewendet haben, obwohl auch über die Vernichtung diskutiert wurde, denn die Entwicklung der Menschen hin in den bestialischen Bereich, wo darüber auch noch Freude herrscht und man nur noch gewalttätig ist, war nicht vorgesehen.

Während die Erde noch in ihrem Dornröschenschlaf lag, sind alle anderen Planeten um euch herum weiter aufgestiegen, ohne die Erde dabei mitzunehmen. Die Erde hat also Nachholbedarf. Der erste Schritt ist, wieder die fünfte Ebene zu erreichen, was für euch ein großer Bewusstseinssprung ist, insbesondere, wenn ihr nicht die Kraft der Gedanken erkennt. Dann wird die Erde weiter aufsteigen in die siebente und achte Ebene. Ab der fünften Ebene gelten schon andere Gesetze, und je höher die Erde in der Anpassung an andere Planeten aufsteigt, desto mehr müsst ihr lernen, die Gesetzmäßigkeiten der jeweiligen Ebene zu beherrschen und von der nächst höheren Ebene aus zu arbeiten. Das alles geschieht in einem Zeitraffer. Denkt daran, dass Zeit biegsam ist. Eure Körper, die ihr mitnehmt, müssen sich angleichen, und euer Verstand muss in dem Maß zurücktreten, dass der Geist wieder die Oberhand erhält, damit das gesamte Wissen freigesetzt wird. Die Sprache des Universums ist Telepathie, denn in dieser Sprache kann niemand lügen. Es ist wichtig für euch, Telepathie zu erlernen.

Das Experiment Mensch ist einmalig in der Schöpfung, und niemand, der nach euch auf diese Erde kommt, wird die Gelegenheit haben, dieses Experiment so wie ihr zu leben. Es kann so nicht wiederholt werden. Anfangs hat man dem Experiment Seths und seiner Gruppe nicht viel Bedeutung beigemessen. Nach ein paar tausend Jahren eurer Zeitrechnung wurde es interessant, denn die Möglichkeiten, die sich boten, waren für alle interessant, insbesondere die Entwicklung zur Meisterschaft. Nun stellt sich die Frage, wecken wir Dornröschen mit dem Kuss auf oder wählen wir andere Mittel? Wir haben beschlossen, euch noch weitere Mittel an die Hand zu geben. Ihr habt zum einen die Möglichkeit, euch jemanden zu suchen, der euch aufwecken kann, also wirklich die Fähigkeit besitzt, oder aber ihr meditiert über das Erwachen. Wir geben euch dafür eine Anleitung in Form einer CD an die Hand.

Bedenkt, dass alles Bewusstsein ist und dass sich Bewusstsein im Außen in der Natur zeigt. Eine große Spaltung hat sich unter den Menschen schon vollzogen. Die eine Gruppe kann nicht erwarten aufzuwachen, die andere hält an ihrem Dämmerzustand fest, weil sie noch bestimmte Erfahrungen machen will und sich in diesem Bereich sicher fühlt. Die Galaktische Föderation hat beschlossen, dass die Gruppe, die noch voll von Wünschen der anderen Art ist, diese Erfahrungen in einem gesonderten Holon* machen kann, der Rest wendet sich dem Goldenen Zeitalter zu. Es ist nicht zwingend notwendig, dass alle zur gleichen Zeit aufwachen, wichtig ist, dass genügend Frequenzhalter erwachen, um die anderen mitzunehmen. Es besteht kein Grund zur Panik.

Das gesamte Universum ist also auf einer weitaus höheren Ebene angesiedelt als ihr zurzeit. Die DNS wird wiederhergestellt in ihren ursprünglichen Zustand. Bedenkt, dass ihr nur mit einer 2-Strang-DNS den Zustand in der Dichte der dritten Dimension als Individuum erfahren konntet. Ihr habt das mitgemacht, weil ihr eben diese Erfahrungen leben wolltet, Erfahrungen in der Linearität der materiellen Dichte. Nun macht ihr wieder den Schritt aus der Polarität heraus in das allumfassende Bewusstsein der Synchronizität, sodass alle Bewusstseinsebenen für euch verfügbar sind. Unvorbereitet werdet ihr mit all euren Seinsformen konfrontiert, die ihr seid oder erzeugt habt durch eure Gedanken oder Gefühle. Seid darauf gefasst, dass nicht alle schön sind, so wie ihr es euch wünscht. Der Schöpfer lebt mit seiner Schöpfung. Ihr habt es auf der fünften Ebene leichter zu verändern, da diese Veränderungen schneller sichtbar sind. Ihr merkt jetzt schon, dass vieles schneller auf euch zukommt, als es noch vor zwanzig Jahren der Fall war. Die Erde hat SOL 3 bereits überschritten und reist mit Beschleunigung durch den Raum. Das Magnetfeld hat sich schon verändert und wird sich noch weiter verändern, damit sich die Erde in die höheren Regionen bewegen kann und nicht gravitationsmäßig festgehalten wird. Der elektrische Impuls verändert sich ebenfalls, sodass hier einige Umstellungen auf euch zukommen, die in jedem Fall besser sind.

Synchronizität

Bisher war es so, dass ihr einen Erlöser brauchtet, um freizukommen. Und im eurem Dämmerzustand seid ihr nicht wirklich für euer Tun verantwortlich zu machen, bis auf eure Entscheidung durch die Freiheit der Wahl von Gut oder Böse, die ihr ja nach wie vor trefft. Wenn das große Erwachen einsetzt, werdet ihr feststellen, dass ihr selbst für euer Tun verantwortlich seid, und müsst diese Verantwortung auch übernehmen. Daran kommt niemand vorbei. Auf der fünften Ebene findet ihr viel Neues vor. Was zurzeit in der Dichte eures Bewusstseins an radioaktiven Strukturen noch vorhanden ist, wird auf der fünften Ebene verschwunden sein. Kehrt zu eurer Friedfertigkeit zurück, das ist wichtig, damit ihr euch auf den neuen Ebenen halten könnt. Einige der Frequenzhalter arbeiten schon von höheren Ebenen aus. Nehmt ihre Erfahrungen an. Sie haben uns bereits um Zusammenarbeit gebeten, und wir erfüllen gerne diesen Wunsch. Die Galaktische Föderation arbeitet ohnehin zusammen, und wir sind bereit, euch hilfreich zur Seite zu stehen und euch für die neue Zeit zu unterweisen, zu lehren und von euch zu lernen. Viele im Raum würden alles darum geben, einmal so eine Erfahrung zu machen, wie ihr es tut. Um genau diese Erfahrungen von „gut" und „böse" zu machen, brauchtet ihr Seth. Vergesst das nicht und seid dankbar. Auch die sogenannte dunkle Seite bezeichnet sich als Licht, womit sie nicht unrecht hat.

Die Frage von vielen steht laut im Raum, woran sie denn erkennen, dass die „Guten" helfen wollen. Vielleicht sind im Orbit alle „böse" und wollen uns wieder versklaven. Erinnert euch, ihr wolltet bestimmte Erfahrungen in der Dualität machen, und wir haben euch dabei geholfen, wenn auch nicht uneigennützig. Aber das ist unser Schicksal, das wir wiedergutmachen müssen. Erkennen könnt ihr mit eurem geistigen Auge, wer in welcher Absicht kommt. Das gilt für die Ebene der Dichte, in der ihr euch noch befindet, und mehr noch in höheren Ebenen. Oder ihr folgt eurer Intuition, die werdet ihr in verstärktem Maß brauchen, denn die fünfte Ebene ist die Ebene der Intuition. Ihr alle habt noch nicht den gleichen Bewusstseinsstand und werdet ihn auch nach dem Erwachen nicht haben. Es könnte euren Systemen schaden, sodass ihr um eine entsprechende Angleichung nicht herum kommt. Folgt eurer Intuition. Sie leitet euch. Für viele klingt das zu einfach, dennoch ist es so.

Es sind ja auch jetzt nicht alle auf der Erde gleich und haben nicht den gleichen Bewusstseinsstand, das ist doch völlig in Ordnung. Dennoch dürfen sie aufsteigen oder werden von denen mitgenommen, die die neuen Frequenzen halten können.

Es gibt jetzt schon die Möglichkeit, direkt und intensiv mit uns zusammenzuarbeiten, wenn ihr die Telepathie beherrscht. Wenn nicht, gibt es andere Möglichkeiten für uns, euch zu helfen, so ihr uns darum bittet. Wenn ihr anfangt zu zensieren und allein eurem Verstand die Führung überlasst, werdet ihr eine Art Stagnation erleben. Wir sagen nicht, dass ihr euren Verstand nicht nutzen sollt, im Gegenteil, es geht darum, Neues anzunehmen und sich nicht davor zu verschließen. Nur kann euer Verstand bisher nur in Bezug auf die bisherigen Erfahrungswerte arbeiten. Ab der fünften Ebene findet ihr jedoch mehr Neues als Altes vor. Was macht ihr dann? Alles leugnen? Alles zurückweisen? Ihr werdet nur das erhalten, was ihr annehmt und wovor ihr euch nicht verschließt, egal, was es ist. Nur das wird euch bereichern oder erweitern.

Zusammenarbeit mit der Galaktischen Föderation

Wie sieht nun die Zusammenarbeit aus? Auf geistiger Ebene sind wir mit den Sehern schon lange tätig. Einige, die zu den Ersten gehörten, treffen uns auch persönlich von Angesicht zu Angesicht, um weitere Instruktionen von uns zu erhalten, wie sie ihren Dienst an der Erde optimal gestalten können. Es kommen große Veränderungen auf diejenigen zu, die schon einen Fuß durch das Tor gestellt haben, um an einem Leben mit allen Geburtsrechten in Frieden und Freiheit teilzunehmen. Zurzeit eskaliert alles. Was muss gehen und was wird mitgenommen? Jeder kämpft um seinen Status, und das wird noch zunehmen. Jedoch führt der Weg von der

Getrenntheit zurück zur Einheit und zum Wohle aller. Wer Interesse hat, mit der Galaktischen Föderation zusammenzuarbeiten, braucht dies nur kundzutun. Wir sehen und hören, wer Interesse bekundet oder Bereitschaft signalisiert. Nichts ist uns verborgen. Wie diese Zusammenarbeit im Einzelnen aussieht, hängt von dem jeweiligen Bewusstseinszustand ab und von dem Lebensauftrag, den der Betreffende von der Einheit erhalten hat. Ihr tätet gut daran, zu erforschen, was euer wahrer Lebensauftrag ist, und dann in die Zusammenarbeit mit uns und den Menschen zu gehen. Kümmert euch mehr um das große Ganze als um Kleinigkeiten oder Nichtigkeiten. Jeder kann einen wertvollen Beitrag leisten. Auch wenn mehrere das Gleiche tun, geschieht es auf eine ganz eigene Weise und findet diejenigen, die leicht und gern davon lernen und sich inspirieren lassen.

Ihr erhaltet die entsprechenden Unterweisungen von uns allen. Das können Mitglieder der Föderation von Orion sein, den Plejaden, dem Sirius, der Sonne oder anderen Galaxien, je nachdem, wer euch hier am besten voranbringt oder mit wem ihr ohnehin schon gern gearbeitet habt und wer eurem Bewusstsein oder eurer Frequenz entspricht. Ihr erhaltet die entsprechenden Signale oder Aufforderungen. Das können Töne sein, Formen, Bilder oder direkte Ansprachen. Seid einfach wachsam. Die ersten Raumgleiter werdet ihr am Himmel sehen. Wir zeigen uns, damit ihr sicher seid, ihr irrt euch nicht. Einige werden unterirdisch oder überirdisch reisen, damit entsprechende Einweihungen vorgenommen werden. Wenn ihr bedeutungsvolle Aufgaben übernehmen wollt, müsst ihr auch etwas dafür tun, und die Galaktische Föderation kann auch Ansprüche an euch stellen. Die Entscheidung liegt bei euch.

Auf der fünften Dimension funktioniert alles anders. Physikalische Reaktionen sind verändert. Ihr könnt euch nicht mehr auf das verlassen, was ihr in der Schule oder im Studium gelernt habt. Da sich die Wenigsten mit Geisteswissenschaften der höheren Ebenen befasst haben, werdet ihr erstaunt feststellen, dass das Bewusstsein eine große Rolle spielt. Das erfahrt ihr klar ab der fünften Ebene. Was ihr euch vorstellt, wird sein. Und hier kommen wir zu einem wichtigen Punkt, der Geisteskraft. Anfangs wird es einige Verwirrung geben, denn ihr werdet auch euren Körper so steuern oder formen können, wie ihr wollt. Wir raten euch, öfter mal zu fragen, was für euch das Beste ist, und darum zu bitten, dass ihr das auch erhaltet. Damit kommt ihr schneller in die Stabilität, die ihr benötigt. Früher in der alten Zeit brauchte ein Mensch lange, um ein Meister zu werden. Es war ein schwerer Weg durch die Dichte, und die Ergebnisse zeigten sich erst später. Der alte Weg war, Stufe um Stufe hinabzusteigen in die Dichte und dann wieder Stufe um Stufe hinaufzusteigen. Das Einmalige an dieser Zeitqualität für die Menschheit ist, dass ihr springen könnt. Dieser Vorgang ist im gesamten Universum einmalig und noch nie vorgekommen. Ihr habt die Möglichkeit, mehrere Stufen oder Ebenen auf einmal zu nehmen, um aufzusteigen. Das ist von eurem Bewusstseinszustand abhängig. Ihr benötigt einen Zustand der Liebe. Liebe verurteilt nicht. Sie befindet sich an dem neutralen Punkt, wo sie die Ursache darstellt. Das, was ihr bisher polar gesehen habt, lernt ihr nun, aus mehreren Blickwinkeln zu betrachten, und ihr werdet feststellen, dass alles seine Berechtigung hat, ohne dass man es verurteilen muss. Das alte „Entweder-oder" weicht dem „Sowohl-als-auch". Das, was euch an dem anderen Menschen bisher verborgen war, wird klar ersichtlich sein, denn eine geistige Sonne wird zu der natürlichen Sonne hinzukommen, die das deutlich macht. Und jeder, der meint, er könne etwas verbergen, wird feststellen, dass alle alles wissen. Das braucht niemanden zu erschrecken.

Für uns ist es ohnehin schon so, nur die Zensur entfällt. Auch wenn das für euch nicht leicht vorstellbar ist und die Meisten davon ausgehen, dass das, was sie planen, tun, denken oder fühlen geheim sei, weil es in ihnen selbst stattfindet und der Andere es nicht merken würde. Mit dem höheren Bewusstsein erkennst du das alles.

Die Struktur des menschlichen Zusammenlebens wird aus Bewusstseinsgruppen gebildet sein. Je nachdem, wo das Bewusstsein des Einzelnen angesiedelt ist, wird er eine Gruppe finden, mit der er zusammenlebt. Ändert sich das Bewusstsein in höhere Zustände, wird diese Person die alte Gruppe verlassen und eine neue suchen, die ihrem neuen Bewusstsein entspricht. Wenn jemand in eine Gruppe wechseln will, deren Bewusstsein er nicht hat oder halten kann, wird er zu seinem eigenen Wohl abgewiesen werden. Das ist insofern wichtig, weil sich Gruppen mit ihrem Bewusstsein schöpferisch zusammenschließen und die Frequenz in aller Klarheit und Reinheit gehalten werden können muss.

Ihr werdet Hilfe von uns erhalten, wie ihr mit euren Ressourcen besser umgeht, was auch die Entsalzung und Verteilung von Wasser angeht. Wir zeigen euch, wie ihr Einfluss auf das Wetter nehmen könnt, und bilden Wettermacher aus, die jedoch zusammenarbeiten, damit nicht alle paar Kilometer das Wetter geändert wird, weil jemand gerade herumspielt und Launen hat. Ziel ist es, wieder ein kontinuierliches Klima herzustellen mit einer konstanten Temperatur in den meisten Regionen, so wie es vor Atlantis schon war. In der nächsten Zeit werdet ihr euch auf Wetterprognosen nicht mehr verlassen können. Es ist für euch angebracht, einen direkten Kontakt zur Mutter Erde herzustellen. Lernt wieder, mit der Erde zu kommunizieren. Sie sagt euch, worauf ihr achten sollt. Das Wetter verändert sich schnell, eure Ernten werden darunter leiden und ihr müsst lernen, flexibel zu sein. Die lineare Planung des Verstandes hilft euch hier nicht weiter. Die Erde muss die Pole wieder ausgleichen, um in einen gesunden Zustand zu kommen. Sie leistet großartige Arbeit, aber sie duldet auch nicht mehr, dass man gegen sie arbeitet.

Das, was der Erde schadet, geht. Dazu gehören Autos, bestimmte Maschinen und die gesamte Kriegsmaschinerie, insbesondere Atomwaffen. Atomare Waffen haben nur auf der dritten Ebene Bestand und werden nur noch befristet in dem neu erschaffenen Holon für die Nachzügler geduldet. Des Weiteren gehen alle schädigenden, einem friedlichen Miteinander entgegenstehenden Sachen oder Konstrukte, wozu auch eigens hergestellte Viren, Klon-Robots oder bestimmte Menschen gehören.

Die erste Phase der Zusammenarbeit wird von der Wiederherstellung der Natur bestimmt sein. Jede Gruppe übernimmt die Verantwortung für ihren Lebensbereich und dessen Erhaltung und Bereicherung. Je nach Bewusstsein projizieren einige ihr Sein auf andere Ebenen, schicken ihr KA auf Reisen, was ohnehin schon passiert, oder werden eingeladen, mit einigen von uns die Lichtstädte zu besuchen, wo sie eine gesonderte Unterweisung erhalten.

Ihr werdet Raumgleiter haben, mit denen ihr schnell und angenehm Entfernungen überbrücken könnt. Zentren werden entstehen, wo eure Körper wieder in Einklang gebracht werden, Schulungen und Einweihungen stattfinden. Gemeinsame Wissenschaftszentren werden errichtet, wo ihr in großen Schritten viel Neues aufnehmen werdet, woran ihr heute noch nicht einmal denkt. Es kommt hier nicht auf die Vorbildung an, sondern auf eure Talente, die mit Liebe gelebt werden. Das bedeutet, dass jemand, der Wissenschaftler ist, nicht zwangsläufig aufgenommen werden wird, wenn er sich in der Vergangenheit gegen das Leben gestellt hat. Die Arbeit mit Kristallen wird einen großen Raum einnehmen. Sie werden eure Lehrer sein, wichtige Lehrer sogar. Bittet sie um das Wissen, das ihr benötigt, um ein Weltendiener zu sein.

Macht euch darauf gefasst, dass ihr wieder mit den roten, blauen, grünen, gelben, braunen und weißen Rassen zusammenarbeiten, leben und euch austauschen werdet.

Wichtig wird die künstlerische Gestaltung des Lebens sein. Ihr werdet darauf bestehen, wieder die göttliche Schönheit in der Materie sichtbar zu machen. Ihr habt hier die Möglichkeit, weit über Atlantis hinauszugehen. Greift nach den Sternen!

Neue, ungeahnte Reiche eröffnen sich euch, wenn ihr wieder die volle Geisteskraft lebt und den Verstand auf seinen Platz verweist. Töne, Klänge und Frequenzen nehmen ebenfalls einen großen Raum ein. Wenn ihr Gegensätze verbindet, könnt ihr Ungeahntes vollbringen. Einige werden intensiv mit Orion zusammenarbeiten, um den Sicherheitsschirm der Erde zu stabilisieren, andere werden von der Erde aus arbeiten, je nach den entwickelten Fähigkeiten, die in diesem Moment vorliegen. Schränkt euch nicht selbst sein, sondern gestattet euch, zu wissen, zu dürfen, und ermächtigt euch selbst.

Seid darauf gefasst, dass ihr euch selbst begegnet, denn hier auf Erden seid ihr nur ein Aspekt des Ganzen, das sich wieder mit seinen einzelnen parallel existierenden Aspekten zu einem großen Ganzen verbindet und somit auch wieder über die gesamten Fähigkeiten des Ganzen verfügt. Aspekte von jedem von euch leben auf allen Ebenen verteilt, und ihr werdet ihnen begegnen, also euch selbst. Letztendlich begegnet ihr uns, denn ihr seid wir. Die Frequenzhalter haben das schon hinter sich und gehen seit längerem zu einer neuen Tagesordnung über.

Das, was der alte Magnetismus bisher stabilisiert hat, wird nicht mehr gehalten. Das bedeutet für euch Menschen, dass ihr euch darauf einstellen solltet, eigene Wege zu gehen. Macht euch nicht von anderen abhängig und geht wieder in eure Stärke. Es ist vorbei mit der linearen Lebensplanung von Geburt, Ausbildung, Arbeit bis zur Rente, um zu sterben. Der intergalaktische Raum ist geöffnet und das neue Bewusstsein ist jetzt bereits vorhanden. Worauf wartet ihr? Niemand wird kommen und euch sagen, was ihr machen sollt oder dürft. Ihr müsst Entscheidungen treffen, was ihr wollt, und die Verantwortung dafür übernehmen. Ziel des Experimentes Mensch war und ist es, Schöpfergötter zu schaffen, die omnipotent hier auf Erden wirken und schaffen oder weiterziehen, um andere Welten zu bewohnen. Wir kommen aus der Zukunft zurück. Wir haben Zeitreisen unternommen, weil wir mit dem Ziel, ausschließlich Wissenschaft zu leben, insofern gescheitert sind, als wir dabei emotional auf der Strecke geblieben sind. Unsere Kinder sind der Lethargie verfallen, wir können uns nicht freuen über das, was wir erreicht haben, und blicken sehnsüchtig auf euch, die ihr weniger habt, euch dafür aber über Kleinigkeiten freuen könnt. Ein Kinderlachen, ein Blick aus lebendigen Augen, vor Leben sprühend, wenn ihr nicht gerade ein Leben in Niedergeschlagenheit gewählt habt. Unser Wunsch ist es, uns mit euch zusammenzutun, denn wir sind eins. Wir sind ihr, die zurück aus der Zukunft kommen, um die Vergangenheit zu ändern und zu verhindern, dass euch dieses Schicksal ereilt, und um uns und euch zu heilen. Mit anderen Worten, wir begegnen uns selbst. Erinnert euch, Zeit kann von uns gebogen werden.

Die sich für das Goldene Zeitalter entschieden haben, werden für diejenigen, die in einem gesonderten Holon leben, nicht mehr sichtbar sein. Sie werden verschwinden, weil sie auf höheren Ebenen weiterleben. Wie damals die Mayas aus dem

Blick der dreidimensionalen Ebene verschwunden sind, weil sie sich auf höhere Ebenen begeben haben. Die Katzenfamilie kommt zurück. Die Meister der Linsen, des Udjats und der galaktischen Reisen.

Die Menschenfamilien arbeiten mit den galaktischen Basen zusammen, zu denen sie gehören. Die Clans finden sich wieder. Ihr werdet euch austauschen und voneinander lernen, wie alle auch von euch und euren Erfahrungen lernen werden. Wir jedenfalls sind aufgeregt und voller Freude darüber, euch wiederzusehen und mit euch zusammenzuleben, oder besser gesagt, die Begegnung mit euch zu haben.

Ihr werdet eure Nahrung umstellen auf Lichtnahrung und Ambrosia. Das ist ein Prozess, der schon begonnen hat. Ihr lebt auch mit neuen Tieren zusammen, die sich auf der Erde zeigen, und sprecht wieder mit ihnen. Einige geben euch von dem ab, was ihr braucht, wenn ihr sie darum bittet und wenn es für euch wirklich erforderlich sein sollte, was nur anfangs der Fall ist. Wenn ihr euch stabilisiert habt, braucht ihr auch das nicht mehr.

Eine besondere Fürsorge werdet ihr den Kindern angedeihen lassen. Ihr werdet von der linearen Zeit in die Jetzt-Zeit wechseln und diese unendlich ausdehnen. Zeit wird bei euch keine Rolle mehr spielen. Eure Biologie wird wieder eins mit dem biologischen Computer der Erde sein, und ihr werdet diese Biologie mit dem galaktischen Computer verbinden.

Die Regeneration eurer Körper wird eine Kleinigkeit sein, wenn ihr wieder wisst, wie das funktioniert. Ihr entscheidet selbst, wann ihr die Erde verlassen wollt, um in einen anderen Körper einzuziehen.

Die Struktur eurer Behausungen wird sich verändern und den gesunden galaktischen Systemen angepasst werden, die euch und eurer Erhaltung dienlicher sind als die kleinen Kästen, die ihr Wohnungen nennt und die euch von der Natur trennen.

Eure Herzen werden miteinander verbunden sein, und ihr Klang wird für alle zu hören sein. Ihr verbindet euch zu einer Einheit, die kraftvoll ist, die für die Erde sorgt und sie hütet, als das Juwel, das sie in Wahrheit ist. Ihr werdet nicht dulden, dass die Erde noch einmal ausgebeutet oder verletzt wird. Die Hüter der Erde sind schon länger aktiv, und sie werden die Erde mit neuen Mitteln zu schützen wissen. Wer nicht willkommen ist, wird weiterziehen müssen oder die Erde erst gar nicht finden. Der Zugang bleibt diesen Wesen verwehrt.

Unsere Anwesenheit wird euch immer mehr gezeigt, damit ihr wisst, dass ihr nicht allein seid. Die Morgenröte wird kommen und das große Erwachen ist. Wenn die Nacht zu Ende geht, beginnt ein neuer Morgen, der sich mit der Morgenröte zeigt. Wenn ihr also die Morgenröte seht, und ihr werdet wissen, wann diese erscheint, werdet ihr euch erinnern, dass die Merkivah* in Rotation ist und eine Verschmelzung und Erhebung stattfindet. Begebt euch dann in eure Häuser und macht diese dicht, bis die Rotation zum Stehen kommt und die neue Zusammensetzung fertig ist. Die Schlange der Sonne wird sich erheben zu neuen Ebenen. Was werdet ihr dann vorfinden? Niemand weiß es wirklich. Sicher ist, dass ihr zu einer lebendigen Einheit, zu einem Wesen verschmelzen werdet, obwohl ihr individuell weiterlebt. Jedoch ist die Klarheit der Einheit immer vorrangig, sowie das Wohl derselben. Was ist der Traum des Herzens? Was wird sich zeigen? Wir alle werden es wissen, wenn es soweit ist. Niemand kann es vorhersagen. Wenn ihr einen Traum habt, gebt diesen zur Verwirklichung in euer Herz und bedenkt dabei, dass es ein Traum sein sollte, der für alle gut ist. Die Schöpfung der Liebe ist immer und überall für alle gut.

Viele eurer jetzigen Strukturen sind veraltet und unwirtschaftlich. Ihr werdet von uns lernen, wie ihr ein neues System entwickelt, das euch im Alltag wirtschaftlicher arbeiten lässt, sei es bei der Wiederverwertung von alltäglichen Dingen des Lebens oder aber was die Bearbeitung eurer Böden betrifft. Eine Anzahl der Frequenzhalter wird schon von Lichtnahrung leben, andere werden noch auf Nahrung angewiesen sein, je nach Bewusstseinsstand. Großstädte, wie ihr sie kennt, wird es nicht mehr geben. Ihr werdet in Gruppen zusammenleben, die wiederum mit allen anderen Gruppen in Verbindung stehen. Mindestens einer der jeweiligen Gruppe wird die Telepathie beherrschen. Die Gruppen des ausgeprägten KA-Bewusstseins werden viel auf Reisen gehen, um Neues auf die Erde zu bringen, und es an alle anderen weitervermitteln. Dennoch werdet ihr Zentren haben, wo ihr euch zu bestimmten Anlässen treffen werdet. Kleine Gruppen sind überschaubarer und können leichter das Gleichgewicht halten. In jedem Fall wird es ein brüderliches Zusammenleben sein. Da ihr insgesamt eine Einheit bildet, werdet ihr fühlen und empfinden, auch ohne Worte, was woanders gerade passiert, und eventuell helfend einschreiten dürfen. Ihr werdet von Natur umgeben sein, fast so, wie es zur Zeit Lemurias war, bevor es sich mit Atlantis verband. Auch werdet ihr eure Behausungen der Natur anpassen und nicht mehr in kleinen, viereckigen Zimmern eingesperrt leben, die euch noch nicht einmal Raum für Kreativität oder Ausweitung lassen.

Als Hüter der Erde werdet ihr nicht mehr dulden, dass jemand eure Heimat ausbeutet. Bevor jemand den Schutzschirm der Erde durchdringen darf, werdet ihr die klare Absicht desjenigen erkennen, warum er kommt. Ihr benötigt anfangs Hilfe, um mit neuen Strukturen zurechtzukommen, denn vieles Alte wird nicht mehr vorhanden sein und nicht mehr hergestellt werden können. Ihr könnt natürlich warten, bis ihr mit der neuen Entwicklung selbst voranschreitet, könnt andererseits aber unsere Hilfe in Anspruch nehmen. Wir werden jedenfalls gern mit euch zusammenarbeiten.

Anfangs bleibt ein Friedenscorps im Orbit stationiert, bis eine gewisse Stabilität erreicht ist. Orion garantiert eine Sicherheitszone, bis ihr selbst soweit seid, diese aufrechtzuerhalten. Viele aus der Galaxie Andromedas werden wissenschaftlich mit euch arbeiten. Technologisch habt ihr viel aufzuholen, wobei ihr die Technologie mit der Biologie kombinieren werdet. Es wird jedenfalls nichts genutzt, was die Mutter Erde nicht duldet. Ihr werdet einige Fähigkeiten entwickeln, was die Verwandlung oder Transformation angeht, worum euch etliche eurer Sterngeschwister beneiden werden. Wenn eure Anbindung an den biologischen Computer wieder steht, werdet ihr nur das auf der Erde dulden, was sie fördert und erhält. Das bedeutet nicht, dass jedwede andere Technologie abgelehnt wird, nur werden auf Erden ausschließlich bestimmte Elemente nicht mehr zugelassen, die die biologische Struktur negativ beeinträchtigen.

Die Arbeit mit Kristallen wird Vorrang haben. Ihr werdet ihre Weisheit nutzen, um zu lernen. Es wird Schulungszentren der anderen Art geben. Sie sind für Freiwillige offen, und ihr werdet euer Wissen dort ergänzen. Es wird nicht notwendig sein, dass ihr von vorn anfangt zu lernen. Nach dem Erwachen wird das alte Wissen ohnehin wieder in die Erinnerung geholt, eine Erinnerung, die ihr bis heute nicht habt, da ihr euch in einem Dämmerzustand des Halbschlafs befindet. Wenn die Erinnerung wieder klar in euch ist, werdet ihr euer Wissen nur noch ergänzen und die entsprechenden Zentren aufsuchen. Diese Zentren können auch auf anderen Planeten sein, so wie eure Zentren auch für Besucher offenstehen werden. Vielleicht entscheidet ihr euch auch für etwas ganz und gar Neues.

Ihr werdet über der Erde und in ihr tätig sein. Einigen wird es vergönnt sein, noch bestehende Stätten aufzusuchen, die absolut heilig sind. Und hier ist euer Bewusstsein wieder gefragt. Für uns ist eure Absicht, die hinter eurem Willen verborgen liegt, klar erkennbar. Diejenigen, die sich als Weltendiener beworben haben, stehen schon im Dienst. Bewerben kann sich jeder, der Interesse hat. Die unterirdischen heiligen Stätten und Kristallhöhlen sind gut versteckt und noch besser bewacht. Wenn ihr Zugang zu den heiligen Stätten wollt, müsst ihr auch etwas geben und Verpflichtungen für die Gemeinschaft eingehen. Was das sein wird, wird euch mitgeteilt werden. Nehmen, ohne zu geben, ist Ausbeutung, die nicht geduldet wird. Wenn ihr mehr Verantwortung wollt, müsst ihr dazu bereit sein und auch teilen.

Viele Fragen, die ihr euch heute noch stellt, werdet ihr nicht mehr stellen, weil die Antwort in dem Moment klar vor euch steht, wo ihr die Frage formuliert. Ihr werdet einfach wissen. So einfach ist es. Der Zugang zur Akasha-Chronik* steht euch offen, wo ihr auch aus dem Wissenscomputer schöpfen könnt. Die neue Ebene bringt euch erhebliche Erleichterungen.

Geld wird es nicht mehr geben. Dies war nie gewollt und wird auch wieder komplett verschwinden, mit sämtlichen damit verbundenen Institutionen, die euch Abhängigkeiten bescheren. Ihr werdet es nicht brauchen, da ihr selbst auf dem Weg zur Meisterschaft seid. Das ist unaufhaltsam. Und wenn jeder ein Meister ist, was will einer dem anderen wegnehmen? Dennoch werdet auch ihr einen Energieausgleich geben. Wie dieser aussieht, ist unterschiedlich, gemäß euren Fähigkeiten oder eurer Bereitschaft, etwas zu tun. Das hat den Vorteil, dass niemand mehr fordern oder euch zwingen kann, sondern um etwas bitten muss. Überzeugungsarbeit muss geleistet werden, was euch dazu verhilft, selbst viel klarer über eure Wünsche zu sein, wenn ihr sie denn habt. Und wenn jemand will, dass ihr etwas machen sollt, eine Arbeit übernehmen sollt, muss schon klar sein, warum derjenige die Arbeit nicht selbst erledigt und damit an euch herantritt. Wobei die vorrangige Frage immer sein wird: „Wem dient es?" Die nächste Frage ist, wozu oder warum braucht ihr ständig Menschen, die euch sagen, was ihr zu tun und zu lassen habt, die die Fäden ziehen und denen ihr euch als Marionetten anbietet?

Sämtliche gesellschaftliche und wirtschaftliche Strukturen werden vom Wandel ergriffen. Das meiste wird neu geordnet mit wesentlich anderen Strukturen, die einen außerordentlich sozialen Charakter haben. Hierbei spielen auch die Kinder eine wesentlich neue Rolle, denen die Umstellung leichter fallen wird, weil sie offener sind und mehr zulassen, als euer Verstand es euch zurzeit gebietet oder erlaubt. Ihr werdet viel von ihnen lernen und sie wieder achten, ehren und mit Liebe umsorgen, wie sie es verdienen. Sie werden euch noch überraschen.

Die Altvorderen wurden zu einer anderen Zeit geehrt, denn sie hatten ein enormes Wissen und die entsprechenden Erfahrungen. So, wie ihr die Alten eurer Gesellschaft behandelt und die Kinder missbraucht, wird es keinesfalls mehr sein. Zum einen wird es keine „Alten" mehr geben, denn die biologische Transformation wirkt schnell zur Verjüngung, zum anderen werdet ihr dankbar sein, wenn ihr mit den galaktischen Altvorderen zusammenarbeiten dürft. Die Geisteswissenschaften der Erleuchtung werden einen großen Raum eures Lebens einnehmen. Und die entsprechenden Zentren werden ausgebucht sein.

Auf den neuen Ebenen ist das Sein wichtig, nicht das Machen. „Ich bin…", heißt es, nicht: „ich mache". Vorrangig ist immer, was oder wer du bist und was dein Lebensauftrag ist. Dann erst kommt die Umsetzung und Verwirklichung auf der materiellen Ebene. Die sogenannten Macher der alten Zeit haben keinen Bestand. Momentan finden territoriale Kämpfe auf der Erde statt, die sich hauptsächlich auf Territorien der eigenen Machtstruktur beziehen und bis zur Eskalation ausgetragen werden. Ihr solltet dankbar sein dafür, denn diese werden euer Erwachen beschleunigen. In den letzten Jahren ist nichts Neues mehr auf euch zugekommen. Die Wissenschaft hat nichts wirklich Neues mehr entwickelt. Ist euch schon aufgefallen, dass eure Autos immer die gleichen sind, nur mit einem etwas veränderten Äußeren, eure Handys die gleichen sind, nur kleine, erweiterte Computer, die ihr sowieso habt, medizinisch keine neue Errungenschaften hervorgebracht werden, insgesamt nichts Neues entsteht, von dem die Welt beeindruckt ist? Habt ihr euch nie gefragt, warum? Ihr werdet mit alten Modellen abgespeist, die man euch als neu verkauft, und ihr freut euch, auch wenn ihr insgeheim wisst, dass sie nicht neu sind. Das gehört mit zu dem Eskalationsprozess, der weltweit stattfindet, weil die sogenannten Machthaber auch nicht mehr weiter wissen. Und es wird nichts Neues kommen, nicht bevor ihr die Ebenen gewechselt habt und richtig müde seid, immer nur langweiliges Spielzeug zu erhalten. Welche Lebensqualität habt ihr? Was bezeichnet ihr als Lebensqualität? Habt ihr je eine gefordert? Habt ihr vielmehr hingenommen, was man euch zugeteilt hat?

Ihr werdet eine wahrhaftige Lebensqualität fordern, denn ihr werdet erwachen. Bei einigen wird der Zorn zunehmen, so missbraucht worden zu sein, andere werden sich schnell dem Neuen zuwenden. Das wahrhaftige Sein wird euer Ziel sein,

ein Sein des Friedens und des Austausches. Niemand wird mehr bestimmen, dass oder was ihr arbeiten sollt. Ihr werdet euch in den Dienst der Gemeinschaft stellen und das tun, was immer ihr tun wolltet oder was euer Lebensauftrag ist. Euren Lebensauftrag zu leben, ist der beste Dienst, den ihr der Gemeinschaft erweisen könnt. Das, was ihr gebt, werdet ihr zurückerhalten. Vielleicht nicht immer gerade in dem Moment von der Person, aber mit Sicherheit von anderer Seite. Es wird für jeden gesorgt sein. Die Erde gibt euch ohne Unterlass. Was habt ihr der Erde gegeben? Ihr habt nur genommen, ohne daran zu denken, dass auch ihr zurückgeben müsst. Während ihr euch über den Missbrauch eurer Person beklagt, missbraucht ihr selbst täglich, aber es fällt euch nicht auf.

Ihr werdet an Projekten teilnehmen, die intergalaktischen Charakter haben. Vorrang hat immer, den eigenen Dienst in den Dienst der Gemeinschaft zu stellen. Das Wohl der Gemeinschaft und des Gesamten steht immer im Vordergrund.

So wie es einzelne menschliche Schicksale gibt, gibt es auch himmlische oder galaktische Schicksale. Das Wassermannzeitalter hat Einzug gehalten und hat himmlischen Charakter, dessen Einfluss sich bis auf jedes Individuum erstreckt. Jeweils dem Zeitalter, das zurzeit den Einfluss ausübt, dem muss man sich anpassen. Für das Wassermannzeitalter gilt Freiheit, innovative Ideen, Unabhängigkeit, Offenheit, Forschergeist, das Neue zu suchen und Risiken einzugehen. Eine unkonventionelle Vorgehensweise ist gefragt. Diejenigen, die darauf warten, dass Außerirdische ihr Leben regeln, werden lange warten. Denn in dem Fall habt ihr euch für das Warten entschieden und wir enttäuschen euch nicht. Wir respektieren die Entscheidung, und ihr werdet eben warten und warten, bis ihr genug habt. Wir freuen uns über jeden, der Interesse bekundet, und stehen bereit. Der Einfluss des Wassermanns trifft auch intergalaktisch zu, sodass die Planetensysteme auch Umstellungen durchführen, je nach eigenen Erfordernissen.

Viele Außerirdische und Innerterristen können es kaum erwarten, mit euch direkt Kontakt aufzunehmen. Es liegen eine Menge Anmeldungen vor. Ihr werdet euch manchmal wundern, wer an euch Interesse hat und warum. Einiges, was für euch selbstverständlich ist, ist für andere noch lange nicht selbstverständlich, und alle wollen lernen. Diejenigen, die schon länger im Geschäft sind, also schon länger um Zusammenarbeit gebeten haben, haben alle Hände voll zu tun. Sie werden sozusagen von uns mit Arbeit überhäuft, die auf verschiedenen Ebenen stattfindet. Das kann sich auf die Vergangenheit beziehen, um noch bestimmte Klärungen herbeizuführen, oder auf zukünftige Ereignisse, wobei es aus unserer Sicht ein ewiges Jetzt ist und bestimmte Situationen quantenmäßig betrifft. Drücken kann sich davor niemand, aber um Abmilderung bitten jederzeit. Die Emotionalkörper werden aufgebaut und stabilisiert, denn galaktisch findet häufig eine emotionale Kommunikation statt. Achtet auf eure Gefühle und Emotionen, denn sie geben euch Informationen, die euch weiterhelfen. Einige werden Farben sehen, Schemenhaftes, geometrische Figuren oder Personen. Das ist der Anfang, euer geistiges Auge wieder zu öffnen und an eurem Stirnfrontallappen zu arbeiten, damit eure geistige Wahrnehmung wieder uneingeschränkt funktioniert. Wir sind sehr beeindruckt über die Vorgehensweise, die manche an den Tag legen, und sehr überrascht, zu welchem Ergebnis das führt. Manches hätten wir selbst nicht so vermutet.

Einige wenige, die absolut offen sind für Neues, werden der Menschheit noch nie Dagewesenes in kurzer Zeit vermitteln. Es ist jetzt insgesamt eine spannende Zeit. Macht euch darauf gefasst, denn mit Einfluss des Uranus wird vieles plötzlich verändert werden. Seid flexibel, hängt nicht an dem Alten, was euch ja nie wirklich glücklich gemacht hat. Seid offen für alles Neue. Nehmt auch die kleinsten Hinweise auf, denn sie führen euch auf neue Wege, die ihr beschreiten könnt. Veränderungen massivster Art kommen, das ist unausweichlich. Es entstehen neue Berufe durch diejenigen, die ihre Berufung leben. Hört auf euch selbst dabei.

Viele Frequenzhalter werden sich erheben und ihr Wissen an euch weitergeben, so ihr Interesse habt. Sie werden euch auch ausbilden. In allen Lebensbereichen werdet ihr plötzlich auf neue Ideen stoßen, die eine große Wirkung haben werden. Denjenigen, die mit uns zusammenarbeiten, öffnen wir Tor und Tür und ebnen die Wege, damit es vorangeht. Jeder kann sich bewerben.

Was bisher von der Wirtschaft verhindert wurde an Erneuerungen, wird hereinbrechen wie ein Urknall und wird genauso unaufhaltsam sein. Was den Menschen an Wissen geheim und vorenthalten worden ist, wird für alle zugänglich sein. Doktrin wird es keine mehr geben und Geheimniskrämer werden einen schweren Stand haben, denn sie werden allein dastehen. Die ersten Gruppen werden sich 2011 finden und mit der gemeinsamen Arbeit beginnen, wie immer diese aussieht. Alles wird damit noch nicht öffentlich sein, dennoch erhalten diejenigen, die sich in den Dienst der Allgemeinheit gestellt haben, alle Fürsorge und das Wissen, das sie benötigen, um ihre Arbeit in vollem Umfang wahrzunehmen. Wir jedenfalls sind dabei mit unserer ganzen Fürsorge und haben Mittel und Wege der Zusammenarbeit auf allen Ebenen.

Die globale Wirtschaft dient lediglich als Stufe zu einer Weltherrschaft, die nicht angetreten werden wird. Zurzeit sind diese

Eminenzen sogar bereit, mit Waffengewalt auf ihren alten sogenannten Rechten und Privilegien zu bestehen. Viele haben ihre Seelen verkauft, um ihnen zu folgen und ein Leben in Prunk zu führen und dabei im wahrsten Sinne des Wortes über Leichen zu gehen. Die freudige Botschaft ist, wir sind hier und wir sind unaufhaltsam. Die Sanduhr ist schon fast durchgelaufen und euch läuft die Zeit davon. Was ihr euch vorgenommen habt, schafft ihr nicht, denn es ist weder im Sinne der Galaktischen Föderation noch der Bruderschaft. Was ihr nicht wisst, ist, dass wir die Erlaubnis der Einmischung erhalten haben. Und wir mischen uns ein und mischen mit. Die Spieler sind versammelt und die Spiele neu verteilt. Die Sobots*, die euch bisher geholfen haben, machen eine Kehrtwendung, weil sonst ihre eigene Vernichtung nicht mehr aufzuhalten ist. Ein Großteil ist schon abgezogen, und der Rest wird folgen. Wenige werden bleiben, weil sie auf Hilfe angewiesen sind, die wir ihnen geben, aber diese ist mit Auflagen verbunden. Also steht ihr allein. Die einzige Möglichkeit, die ihr habt, ist, in ein Holon zu gehen und dort noch eine Weile zu bleiben. Wenn ihr euch denn für das Holon entscheidet, seid gewiss, dass ihr wie die Sobots immer mehr versteinern werdet. Ihr schreitet in Riesenschritten auf euren eigenen Untergang zu. Wenn euch die Machtgier so wichtig ist, dann sei euch ein Holon gewährt. Die Regel dieses Holons ist, dass der Zerfall dort schneller voranschreiten wird, denn niemand hat große Lust, bei diesem alten Spiel der Vernichtung mitzuwirken oder es anzusehen.

Eine globale Wirtschaft ist nicht funktionsfähig und wird zurzeit künstlich aufrechterhalten. Schon 2011 werdet ihr große Einbrüche haben. Seid flexibel. Stellt das Wohlergehen des Einzelnen wieder in den Vordergrund. Die neue Struktur in kleinen Gruppen bringt viel Effektivität, wenn es auch Arbeitgeber in dem Sinne nicht mehr geben wird. Niemand wird mehr an leblosen Maschinen arbeiten oder immer dieselben monotonen Tätigkeiten durchführen wollen und dem Stumpfsinn verfallen. Das alte System, das nur auf Konsum und Schulden ausgerichtet ist, beutet die Erde und ihre Wesen aus und hat einige Länder in die Armut gestürzt, weil man ihnen die Rohstoffe wegnimmt, ohne entsprechenden Ausgleich zu leisten. Die neuen Gruppen leben zusammen und werden das haben, was sie brauchen und darüber hinaus. Es wird euch an nichts mangeln. Nur die Systeme werden sich radikal ändern, schon durch die neue Technologie, die wir mitbringen und die ihr leicht für eure Zwecke anwenden könnt.

In euren Zellen sind zwar noch alte Speicherungen aus der damaligen Zeit, wo Dörfer überfallen wurden und relativ wehrlos waren, aber diese Speicherungen gehen und somit diese Erinnerungen. Die freudige Botschaft ist, dass es Friedenswächter geben wird, die von uns gesondert ausgestattet werden. Zudem werden wir euch lehren, Vrils* zu erstellen, die direkt auf euch codiert sind und somit nur von euch wieder aufgelöst werden können und die ein enormes Schutzfeld bilden. Ihr werdet lernen, ganze Gemeinschaften mit Vrils zu schützen, sowie Teile der Erde, die einer gesonderten Heilung bedürfen, damit sich dort niemand hinbegeben kann. Ein Teil der Gemeinschaften wird sich überwiegend in die Unsichtbarkeit zurückziehen, um ungestört zu handeln. Das bedeutet nicht, dass sie Geheimniskrämer sind. Dennoch haben sie wichtige Aufgaben zu erfüllen, denen sie auch nachkommen werden. Diese Gruppen werden viel Neues auf die Erde bringen und es an andere weitergeben. Sie werden sehr viel intensive Kontakte haben und häufig reisen, um bestimmte Aktionen durchzuführen, die in erster Linie der Erde als solcher dienen und dann erst den Menschen dienlich sind. Das ist die Gruppe der Avatare, die für euch oft an ihrer Kleidung und an ihren Farben sichtbar sein werden. Ihr werdet euch erinnern und ihre Arbeit sehr zu schätzen wissen.

Sie werden heilige Stätten errichten und bereits bestehende aktivieren und in ihre volle Funktionskraft führen. Die Menschen werden wieder offen für Wunder sein, und sie werden nicht enttäuscht werden. Natürlich lassen sich Wunder erklären, und ihr werdet Erklärungen erhalten.

Je nach Fähigkeiten einer Gruppe wird zumindest eine Person oder alle in Verbindung mit der Galaktischen Föderation stehen. Je fähiger eine Gruppe ist, desto mehr kann sie natürlich erhalten, was nicht als Konkurrenzkampf zu verstehen ist. Die Gruppen verbinden sich auch nach Interessenslage, und die Interessen der einen Gruppe müssen nicht die Interessen der anderen Gruppe sein. Jeder wird in Freude mit seiner Gruppe zusammenleben und die anderen mit den eigenen Fähigkeiten unterstützen. Das Wohlergehen des Einzelnen ist das Wohlergehen des Gesamten, und darauf werdet ihr achten oder sofort einen Ausgleich herstellen. Die Freiheit des Einzelnen wird jedoch dort aufhören, wo sie der Gemeinschaft oder einem Anderen Schaden zufügt. Und die Gemeinschaft wird dir das schon klarmachen, und zwar sehr direkt.

Es geht auch nicht darum, dass Einzelne angehimmelt werden oder mit Neid attackiert werden. Das sind alte Denkmuster, die noch in euch sind. Diese gehen und machen einem übergeordneten Blickwinkel Platz, einer umfassenderen Sichtweise, die allen zugutekommt. Denkt daran, dass jeder alles haben wird, also wird es keinen Grund für Neid geben. Und wenn euch etwas nicht passt, dann ändert es. Jeder ist auch für das anerkannt, was er ist, denn daraus ergibt sich sein Tun. Wenn euch momentan Anerkennung fehlt, dann deshalb, weil ihr nicht ihr selbst seid. Die meisten kennen sich nicht und lernen sich nicht kennen, weil sie nur auf andere blicken und dort herumkritisieren, statt an sich selbst zu arbeiten.

Toleranz ist einer der neuen Bausteine, auf dem der Name geschrieben steht und in großem Umfang gelebt wird. Ohne Toleranz bleibt ihr in eurem kleinen Kästchen und werdet euch nicht weiterentwickeln.

Innerterristen und Extraterristen

Wie sehen nun Innerterristen oder extraterristische Wesen aus? Unterschiedlich, je nach Anforderungen, die ihr eigenes Planetensystem oder Terra an sie stellt. Einige werdet ihr schöner empfinden als andere, je durch die jeweiligen Augen des Betrachters. In der Grundstruktur gleichen sie euch Menschen mit gewissen Abweichungen. Manche sind kleiner oder größer, je nach Ebene bis zu neun Metern groß. Das sind die sogenannten Titanen der damaligen Zeit. Erinnert euch. Wenn ihr euch die Kolosse in Abu Simbel anseht, habt ihr ein reales Größenverhältnis. Struktur und Gesichtszüge gleichen den euren. Die Innerterristen sind kleiner in der Regel. Einige Rassen haben keinen ausgeprägten Mund wie ihr, weil sie ausgesprochene Telepathen sind und den Mund auch zum essen nicht benötigen. Er ist sozusagen ein unterentwickelter Bereich, weil sie ihn fast nicht mehr nutzen.

Der sexuelle Habitus des Menschen wird sich verändern, wie auch die Empfängnis und die Geburt. Bisher habt ihr alle Entwicklungsstufen der Erde als Embryo durchlaufen, bis ihr aus dem Fruchtwasser austretet. Das wird sich ändern, dahingehend, dass das Wort gebären wird und im Herzen gezeugt wird. Wenn ihr euch bisher wenig um euer Herz gekümmert habt, wird es Zeit, das nachzuholen. Ihr wendet euch wieder eurer Androgynität zu und werdet hierbei Höhen des Glücksgefühls erklimmen, die man euch bisher vorenthalten hat. Das stellt zu allem Bisherigen keinen Vergleich dar. Ihr seid Säugetiere auf dem Weg zum Adam Kadmon. Ihr müsst euren Motor wieder reaktivieren, denn er ist eingerostet. Wenn ihr kein Werkzeug habt, stellt euch eigenes her, wenn ihr den Schlüssel verloren habt, macht euch einen neuen. Wir könnten euch alles vorgeben, aber ihr müsst selbst in eure eigene Kreativität kommen. Ihr wolltet es alleine schaffen.

Helfen können wir gern, so ihr uns darum bittet. Die Neugierde der menschlichen Spezies ist im gesamten Raum legendär. Findet, was ihr sucht. Im Prinzip ist alles einfach, nur euer Verstand macht es wirklich kompliziert. Und wenn ihr euch über meine Art aufregt, seid ihr bereits auf dem Weg des Erwachens, der eigenen Entscheidungen. Ihr habt verschiedene Wege und Möglichkeiten. Ihr könnt Zeitlinien folgen, Lichtsignaturen folgen, eigene Wege beschreiten oder um Hilfen bitten. Alles ist euch gewährt. Aber entscheiden müsst ihr euch. Spielt wieder wie die Kinder, die die Helden ihres Lebens sind, die an sich glauben, daran glauben, dass Wunder geschehen; für die die Welt lebendig ist, bis ihr sie dafür bestraft, weil sie etwas haben, was man euch als Kind ebenfalls genommen hat. Kinder haben Forschergeist, sie entdecken die Welt auf ihre Art, bis sie von euch und eurem Gesellschaftssystem gebrochen werden, damit sie funktionieren und nicht ausbrechen. Die dafür abgerichteten Wachhunde werden sich noch wundern, denn sie werden nur noch mit ihresgleichen zu tun haben in einem Holon, das ihnen wie eine Ewigkeit vorkommen wird. Kinder machen auch aus ihren Emotionen keinen Hehl, bis ihr sie dafür bestraft. Ihr lasst eure Kinder unter den gesellschaftlichen Auflagen leiden. Warum übernehmt ihr alles kritiklos? Sonst kritisiert ihr Tag und Nacht, wisst alles besser als andere, aber in allen wichtigen Bereichen seid ihr absolut kritiklos. Und wenn man das so anspricht, sind viele beleidigt.

Entscheidung

Zur Zeit Lemurias habt ihr mit Bildern gearbeitet und auf telepathischem Weg kommuniziert, und wenn heute jemand etwas auf ein Papier malt oder schreibt, haltet ihr es für bewiesen. Wieso? Was sagt euer Gefühl? Lasst euch nicht immer verunsichern. Zur Zeit Lemurias habt ihr auch hinter die Bilder gesehen und geprüft, ob es wahrhaftig ist. Nur das, was ihr gefühlsmäßig als richtig empfindet, stimmt für euch. Es gibt viele Wahrheiten, und alle stimmen aus der jeweiligen Erfahrung heraus. Das Säugetier Mensch arbeitet mit einem geringen Prozentsatz seines gesamten Gehirns, maßt sich aber an, Gott zu erkennen und zu begreifen, ohne sich selbst zu kennen. Und das, was sich in euch aufregt, ist das Ego, was sich breitgemacht hat und triefend vor Arroganz meint, es sei allwissend. Es sucht nach Leben im Raum und will mittels Satellitenschüsseln Töne einfangen, um zu erforschen, ob „da draußen“ noch anderes Leben existiert. Nein, ihr Lieben, wir sind hier und da draußen. Und dort gibt es mehr Leben, als ihr euch in eurem Vakuum vorstellen könnt. Es ist nicht unsere Aufgabe, euch in allen Einzelheiten zu beschreiben, was ist, wenn die Erde aufsteigt. Es ist eure Aufgabe, gemeinsam mit der Erde als Einheit zu leben, in Wohlergehen und Fülle. Ihr habt die Freiheit zu entscheiden, was ihr wollt, werft sie aber gleich weg wenn möglich, weil wir euch sagen sollen, was im Einzelnen zu geschehen hat, und gebt die Macht wieder ab, ohne sie überhaupt gebraucht zu haben.

Ihr seid gefordert, eine Entscheidung zu treffen, wir bieten unsere Hilfe und unsere Zusammenarbeit an. Einige Änderungen gemäß den Gesetzmäßigkeiten der fünften Ebene stehen fest, aber wie das im Einzelnen aussehen soll, da ist eure Co-Kreativität gefragt. Wenn ihr alles anderen überlasst, werden diejenigen es mit Sicherheit übernehmen. Was sie daraus machen, ist dann nicht mehr eure Entscheidung. Also überlegt genau, was ihr wirklich wollt. Befragt nicht euren Verstand, der euch vorgaukelt, was für euch „machbar" ist, und der von linearen Strukturen ausgeht. Denkt quantenhaft und allumfassend. Befragt euren Geist und nicht den Verstand. Der Geist ist der göttliche Anteil, der ohnehin mit allem, was ist, in Verbindung steht. Der Geist hat ursprünglich ausgerufen, dass wir hinausgehen und lernen sollen. Inzwischen ist der Ruf erschallt, dass wir zurückkehren sollen, und das tun wir. Alles wird eingesammelt. Davon sind auch alle Aspekte des Lebens betroffen, die mit jedem zusammenhängen. Die Erde ist der Transformationsraum und darüber hinaus der Illuminationsraum. Und die Illuminaten wachsen täglich in großer Zahl. Sie haben eigene Codes mitgebracht, die ein beschleunigtes Erwachen ermöglichen, manche sogar ganze Lichtlegionen, die helfen. So war es vereinbart und so geschieht es. Ich spreche hier nicht von Geheimbünden verschiedenster Art, sondern von eigener Erleuchtung, dem lichtvollen KA, das sie entfacht haben. Geheimbünde aller Art werden fallen, noch ehe sie durchgeatmet haben, denn unsere Weisheit wird allen zuteil, die daran interessiert sind. Sicherlich wird ein Avatar anderes erhalten als jemand im Kindergarten. Wir werden den Avatar nicht langweilen und das Kind nicht überfordern, dennoch wird jeder erhalten. Es ist eure Bewertung, die euch im Wege steht. Wer sagt euch denn, dass ein Avatar wertvoller ist als ein Kind? Vielleicht ist gerade das Kind ein eingeborener Avatar, nur habt ihr es nicht erkannt. Es ist eure Wertung, die euch permanent im Wege steht und euch hindert voranzuschreiten. Die Bewertung, die euch eine Gesellschaft aufgedrückt hat, damit ihr euch im Kreise dreht, bis ihr vor Enge erstarrt.

Warum gestattet ihr anderen etwas, was ihr euch selbst nicht gestattet?

Warum gestattet ihr anderen, euch schlecht zu behandeln?

Warum gestattet ihr anderen, über euch zu verfügen?

Warum gestattet ihr anderen, euch Vorschriften zu machen?

Euer Wunsch ist es, wieder mit uns durch den Raum zu reisen, andere Planeten zu besuchen, doch mit den kleinen, so unscheinbaren Dingen eures Alltags befasst ihr euch nicht. Im Kleinen wie im Großen, innen wie außen und oben wie unten, erinnert euch. Ohne die Anerkennung der Bruderschaft werdet ihr keine Reisen durch den Raum machen können. Jedenfalls würdet ihr dort niemanden antreffen. Wie ich schon sagte, auch wir haben lernen müssen. Im Alleingang gegen alle anderen funktioniert das nicht. Fangt endlich an, euch selbst zu lieben, und hört auf zu klagen. Stellt euch einen ständig klagenden Schöpfergott vor! Wer hat schon Lust, permanent so gelangweilt zu werden. Wer sollte Achtung vor einem Schöpfergott haben, der sich ständig beklagt und vor sich hinjammert. Ändert, was ihr ändern wollt. Wenn es noch nicht von heute auf morgen geht, bleibt in eurem Selbstverstrauen, wenn ihr denn eines habt. Bittet um das, was euch fehlt, damit ihr voranschreiten könnt. Es wird euch gegeben. Überlegt genau, worum ihr bittet, denn das werdet ihr erhalten. Wird es euch wirklich glücklich machen?

Heilig zu sein, bedeutet nicht, dass jemand nur vor sich hinlächelt oder schweigt. Der gesamte Raum ist sehr aktiv und dennoch in der Ausgewogenheit der Ruhe und Klarheit. Heilig ist das, was ich heilige, und so gesehen ist alles heilig. Wenn ihr euch nicht selbst heiligt, wird es kein anderer tun. Beklagt euch nicht immer, wie schlecht die Welt euch behandelt, sondern liebt euch endlich selbst. Was hindert euch denn daran, euch selbst zu lieben? Ich liebe Seth maßlos, nicht weil er so vollkommen ist, sondern weil er mein Kind ist. Das ist ein ausreichender Grund, obwohl ich keinen Grund benötige, um zu lieben. Es soll euch nur als Beispiel dienen. Vielleicht liebt man Sorgenkinder immer mehr als andere. Die Liebe schreibt nicht vor, dass man perfekt sein muss, um geliebt zu werden. Eure gesellschaftlichen Wertmaßstäbe spielen euch immer wieder einen Streich. Liebt euch selbst mit allen Fehlern und Unzulänglichkeiten, die ihr zu bieten habt. Ihr seid die Summe aller Aspekte eurer Blutlinie, und ihr habt allen Grund, euch zu lieben, denn ihr seid der Erlöser dieser Blutlinie, weil der Erlöser in euch ist und ihr in ihm. Warum macht ihr eine einfache Sache so kompliziert? Der große Meister, den ihr Jesus, den Christus nennt, hat auch den einfachen Hund genauso geliebt wie den Meister. Warum? Nun, weil beide aus der gleichen Quelle stammen, nur die Rollen im Leben und der Ausdruck des Seins ist anders. Es gibt keinen Grund, nicht beide gleich zu lieben. Erkenntnis ist Meisterschaft. Ihr seid Geist vom Geist, in einen Körper eingezogen, in dem ihr euch zum Ausdruck bringt. Ihr seid nicht euer Körper, sondern der in ihm wohnende Geist und der Körper euer Tempel, der euch diesen Ausdruck hier ermöglicht. Zwar überlagert euer Verstand den allwissenden Geist in euch, aber genau das ist eure Aufgabe, euch wieder mit diesem Geist zu vereinen und ihm die Führung zu überlassen. Überwindet endlich das Tier. Tiere haben keinen freien Willen, sie folgen dem Instinkt der Gemeinschaftsseele. Sie ergeben sich den Einflüssen, die auf sie einwirken, und folgen der Herde. Der Mensch hat einen freien Willen und kann entscheiden. Gebt eure Macht nicht immer aus der Hand, indem ihr anderen die Entscheidung über euer eigenes Leben überlasst. Wenn ihr das tut, fühlt ihr euch als Opfer fremder Entscheidungen und jammert, um die Täter zu bezichtigen, die ihr doch zu Herren gemacht habt durch euer Verhalten. *Ihr* habt ihnen Macht gegeben, *ihr* könnt sie auch wieder nehmen. Nichts ist für die Ewigkeit. Werdet endlich aktiv. Aktivität hilft euch zu erwachen. Die Gruppe um Seth versucht euch immer wieder einzulullen, und ihr lasst das zu. Bestimmt endlich selbst, was ihr wollt, und beginnt damit, genau das zu leben. Wir helfen euch. Greift nach den Sternen, bekundet eure Wünsche, auch wenn sie noch so verrückt sind! Riskiert endlich mal einen verrückten Wunsch. Warum bewundert und betet ihr die großen Meister heute noch an? Nun, sie haben sich keine Vorschriften machen lassen, sondern gelebt, was ihre Aufgabe war.

Wir jedenfalls arbeiten gern mit denen zusammen, die klare Entscheidungen getroffen haben, offen sind für unsere Hinweise und trotz Angst und Bedenken erkannt haben, dass es Wichtigeres gibt als die Angst, und dennoch voranschreiten.

Alle anderen sind uns jederzeit willkommen. Wir weisen niemanden ab.

Den Fortgeschrittenen sei gesagt, dass sie auf Begegnungen achten sollen. Ihr erhaltet klare Hinweise von uns und durch uns, wie auch durch unsere Mittelsleute. Wir geben euch Material, mit dem ihr arbeiten sollt, damit ihr schneller Fortschritte macht. Die Zeit der reinen Gespräche und Theorien ist vorbei. Die Energie der neuen Zeit ist lebendig und will gelebt werden. Den Frequenzhaltern danken wir für das Durchhalten und die bestandenen Prüfungen, die ihr durchleben musstet. Es war erforderlich, damit wir besser zusammenarbeiten können. Die Zeitqualität ist mit dem Überschreiten von SOL 3 so, dass wir jetzt in großem Stil arbeiten können. Ihr werdet viel Arbeit erhalten. Wenn ihr dachtet, dass ihr euch jetzt ausruhen könnt, war das ein Irrtum, denn jetzt geht es erst richtig los. Die gute Nachricht ist, dass ihr Hilfen erhalten werdet, damit ihr euch um das Eigentliche kümmern könnt und nicht durch Logistika oder damit verbundene Abläufe aufgehalten werdet. Das Wichtige zuerst.

Die Galaxie Andromeda

Für die Fortgeschrittenen unter euch geht es zur Sache. Die Galaxie Andromeda hat viele Interessierte, die schon darauf warten, gemeinsam mit euch tätig zu werden. Ihr seid in der Lage, Quantensprünge zu machen, wenn ihr wollt. Alles, was ihr tun müsst, ist, euch zu verpflichten, im Namen der Bruderschaft tätig zu sein und den Codex abzulegen und einzuhalten. Ob ihr in der Lage seid, den Codex zu halten, entscheiden andere, höhere Wesen, die darüber die Erkenntnis haben. Als erstes werdet ihr lernen, intensiv mit den Elementen zu arbeiten und diese in Ausgewogenheit zu halten. Es ist wichtig, dass die Erde bei ihrer Aufgabe unterstützt wird. Wenn ihr einigermaßen sicher seid im Umgang mit den Elementen, werden wir euch eine *Erweiterung der Arbeit mit Kristallen* geben. Ihr lernt erst mal das, was für alle Vorrang hat und für den Aufstieg bedeutungsvoll ist. Dort, wo es erforderlich ist, werdet ihr Energiefelder setzen, die von großer Bedeutung sind, auch wenn ihr dazu reisen müsst. Die Energiefelder der Erde müssen unbedingt ausgeglichen werden. Euch werden Seminare im Schnelldurchgang angeboten werden. Wir sind dabei, wenn auch anfangs auf geistiger Ebene. Je höher eine Ebene in der Schwingung angesiedelt ist, desto geistiger ist sie. Lernt wieder, mit allen zusammenzuleben. Andromeda ist ein Spezialist für Energien. Die Tragweite dessen ist euch nicht bewusst, aber das bedeutet letztendlich ein weites Betätigungsfeld, weil alles Energie ist. Je langsamer Energie schwingt, desto dichter und materieller ist diese Energie. Je höher eine Energie ist, desto schneller schwingt sie, desto schneller sind die Sequenzen pro Sekunde. Wie gesagt, ein weites Betätigungsfeld erwartet euch hier bis hin zur Materialisation dessen, was ihr benötigt. Antares wird euch helfen zu reisen und euren KA-Körper noch effektiver zu nutzen. Wenn ihr reisen wollt, braucht ihr Flügel, die ihr aber nur erhalten könnt, wenn ihr Wurzeln habt. Ihr müsst lernen, euch fest zu verankern und mit der Erde verbunden zu bleiben, ihr braucht sozusagen einen Ankerplatz. Erst kommen die Wurzeln, dann die Flügel, so ist der Weg. Was bedeutet es nun, Wurzeln zu haben? Wo oder was ist eure eigentliche Wurzel?

Wurzeln und Flügel

Erinnert euch, was ihr wirklich seid. Ihr seid Geist vom einen großen Geist, ausgezogen, um als Ausdruck in einem Körper Erfahrungen zu sammeln und zu lernen. Es spielt dabei keine Rolle, ob ihr in einem menschlichen Körper seid oder als Tier, Stein oder Wasser oder was immer ihr euch sonst als Körper gewählt habt. Als Mensch jedoch habt ihr diesen Geist in euch untergraben und euer Ego mit dem Verstand auf den Thron gesetzt. Wann habt ihr das letzte Mal die zarte Innere Stimme gehört? Wirklich gehört? Und wann habt ihr das letzte Mal auch auf diese Stimme gehört?

Die meisten folgen den Anweisungen ihres Egos, das sich breit macht. Es macht euch pausenlos Versprechungen, die es nicht hält, und gaukelt euch eine kleine Realität vor, die es nicht hat, und hält euch dort gefangen. Und wenn es seine Versprechungen nicht einhält, findet es Ausreden, die euch wieder beruhigen sollen. Es beschönigt die Vergangenheit und macht Versprechen für die Zukunft, ohne euch zu sagen, dass ihr Vergangenheit und Zukunft jederzeit verändern könnt, wenn ihr in der Gegenwart lebt, im Jetzt. Hier ist euer Standort. Also beginnt im ewigen Jetzt zu leben. Das Jetzt hat keine Vergangenheit und keine Zukunft, es ist einfach, was es ist.

„…Niemand kommt zum Vater, denn durch mich.“ Erinnert euch an die Worte eures Meisters und bittet ihn, euch zum Vater zu führen, dem, was gnostisch Vater genannt wird, dem Urschöpferprinzip der höchsten Triade, von der alles ausgegangen ist. Der Weg führt durch sein Herz, das für euch offen steht. Nehmt die Einladung an und befasst euch wieder mit eurem Herzen. Für uns ist ein großer Meister unser Yoda, der sagte: „Nimm den Weg, den du gekommen bist, im Herzen gezeugt, dem Herzen entsprungen, den Weg der Materie genommen, der Unwahrheit entkommen, den Sieg errungen, den Dank gesungen, zurück nach Haus durch das Herz zurück." Im Prinzip ist das dieselbe Anweisung vom selben Meister.

Nun, Wurzeln braucht ihr in jedem Fall, und die Wurzel liegt in der Urquelle, mit der ihr wieder verbunden sein müsst. Zum anderen benötigt ihr eine Wurzel in der Erde, denn wenn ihr Flügel wollt, um mit eurem KA-Körper zu reisen, braucht ihr den Halt der Mutter Erde, den nur sie euch gewähren kann. Lasst euch wieder Wurzeln geben, damit ihr Flügel erhalten könnt. Das Eine gibt es nicht ohne das Andere. Wenn ihr die Wurzel der Erde habt, habt ihr eine direkte Anbindung und einen direkten Kontakt mit der Erde, die euch leiten wird. Ihr werdet erfahren, wie sie für euch sorgt. Die Wurzel der Urquelle nährt euch, sodass ihr von dort alles erhaltet, wessen ihr bedürft. Verbindet diese beiden Wurzeln und werdet wieder zum Bindeglied von beiden. Das ist die Grundausstattung, euer Rüstzeug, mit dem ihr beginnen könnt. Lernt wieder, mit Kristallen zu kommunizieren, denn sie werden euch Wissen, Weisheit und Kontakte vermitteln. Sie nehmen Informationen auf, die sie an euch weitergeben. Schmückt euer Heim mit Kristallen und heißt sie willkommen. Sie stehen mit allen anderen Kristallen des unendlichen Raumes in Verbindung. Besucht wieder die Kristallpyramiden von Atlantis auf der geistigen Ebene. Diese Pyramiden sind nach wie vor aktiv und stehen im Dienst. Ihr Heilpotenzial ist enorm groß. Wenn ihr nicht wisst, wie ihr mit den Pyramiden arbeiten sollt, dann sucht euch jemanden, der das kann und euch zeigt, was diese

Pyramiden alles für euch tun können. Fangt mit der Grundausrüstung an, damit ihr intensiver mit uns arbeiten könnt. Es liegt an euch, was ihr aus den angebotenen Möglichkeiten macht. Eure Entwicklung und die Entwicklung des Planeten ist davon abhängig, wofür ihr euch entscheidet, und davon ist wieder abhängig, wie ihr mit uns zusammenlebt und welche Neuerungen ihr erhalten könnt. Ich kann euch sagen, was alles für euch bereitsteht, nur hilft euch das wenig, wenn ihr euch nicht klar für eine optimale Zusammenarbeit und für ein Leben in Brüderlichkeit mit dem großen Ganzen entscheidet. Wie ich schon sagte, greift nach den Sternen und riskiert verrückte Wünsche. Wir wollen mit euch zusammen sein und sehnen uns danach.

Das Arcturus-Prinzip stellt euch vor neue Aufgaben, die euch Freude machen werden. Es sind Gemeinschaftsunternehmen, die von der Erde aus allen Segensreiches bringen. Nehmt an und lasst los. Solange ihr eure Wünsche festhaltet, können sie sich nicht erfüllen. Ihr müsst sie loslassen und auf die Reise ins Universum senden, damit sie dort alles erhalten, was sie benötigen, um zu euch zurückkehren zu können und in Erfüllung gehen. Legt auch direkt fest, wann ihr diese Erfüllung wünscht.

Arcturus

Ursprünglich ist die Erde das Herrschaftsgebiet von Arcturus, dem Spielemacher dieses Quadranten. Territorial auch Arcturus-Dominion genannt. Ursprünglich fanden sich die Spielemacher zusammen, um ein Spiel zu entwickeln, das allen die Möglichkeit des Mitspielens bietet. Dieses Spiel wird von höheren Ebenen aus gespielt, und jeder kann wählen, ob er lieber Ursache oder Wirkung ist. Universell gesehen gibt es eine Art Hierarchie, die jedoch nicht der eurer Erde gleicht. Hoch angesiedelt sind für uns intergalaktisch jene Wesen, die das meiste Licht aufnehmen und halten können und die sich in den Dienst allen Seins gestellt haben. Sie sind machtvoll und haben freiwillige Helfer, die sie in ihrer Arbeit unterstützen. Alles ist freiwillig. Jeder ist darauf bedacht, ebenso „aufzusteigen“, unendliche, reine Liebesessenz halten zu können wie sie. Viele eurer Meister sind auf diesem Weg und der Spielplan sieht vor, dass alle es schaffen. Die freiwilligen Helfer nehmen die Anweisungen der höheren Ebenen gern an, weil sie wissen, dass diese zum Wohle aller gereicht sind. Denn der Weg führt zurück zur Quelle, und dort kann man nur existieren, wenn man das gesamte Potenzial halten kann. Es ist ein Spiel des Dienens vom Kleinsten bis zum Größten. Der Größte ist des Kleinsten Diener ebenso wie umgekehrt. Derjenige, der nicht integer ist, verliert das Spiel, auch wenn er sich schon als Sieger wähnt. Aufgabe dieses Spiels ist es ebenfalls, sich trotz aller Hindernisse auf das wahrhaftige Sein zu besinnen und die Fähigkeit zu entwickeln, den Weg zurück zur Einheit zu gehen und alles zu überwinden, was sich einem dabei in den Weg stellt.

Maya

Große Spielmeister sind auch die Mayas. Sie sind die Meister der Linsen und Zeitreisen. Für sie ist es ein Leichtes, die Ebenen zu wechseln, wie sie es auch praktizieren. Auch sie sind wieder hier und haben ein neues Spiel im Gepäck. Sie sind damals gemeinsam durch das Tor geschritten, um auf anderen Ebenen weiterzuleben. Einige blieben zurück, die sogenannten Energiehalter, deren Nachfahren von euch Indianer genannt werden, was aus unserer Sicht nicht korrekt ist, denn das bezeichnet nur die Menschen eines späteren Zeitraumes, die einem speziellen Territorium zugeordnet sind. Die Maya sind Meister der Illusion, die an der Erstellung und Erschaffung der sichtbaren Welt beteiligt waren und auch sind. Da die äußere Welt nur den inneren Zustand des Einzelnen und des Massenbewusstseins widerspiegelt und veränderbar ist, ist sie

Illusion. Und jeder, der die stehende Acht hinabsteigt in die Dichte und Dunkelheit, um sich als getrenntes Wesen zu erfahren, ist ein Maya, denn eigentlich wird der gesamte Zustand der Dunkelheit als Maya bezeichnet und nicht eine Personengruppe, deren eigentlicher Name Kinichi ist. Ein Einzelner wird Kiniche (männl.) oder Kinicha (weibl.) genannt. Der ursprüngliche Name eures Planeten ist Kinich Ahau, was soviel wie „ein Aspekt des Höchsten“ bedeutet, ohne das der dritte Name erwähnt ist. Dieser ist verborgen, genauso wie euch euer Seelenkern verborgen ist, bis ihr ihn gefunden habt. Sie sind die Meister des Spiegels, die euch euer Bewusstsein widerspiegeln. Eure Aufgabe ist es, die verborgene Wahrheit zu finden und klar zwischen Illusion und Wahrheit zu unterscheiden. Nur haben sich die meisten in dem Spiegellabyrinth verirrt. Da diese Spiegel verzerrt sind, habt ihr es etwas schwerer, klar zu erkennen, was ihr wirklich seht, mehr noch, was sich hinter dem Gesehenen verbirgt.

Die Kinichi gehören zur Familie der Katzen mit den Attributen der Freiheit und Unabhängigkeit. Der Jaguartempel, der sich in Lateinamerika befindet, ist schon seit längerer Zeit aktiviert worden, denn die Familie kehrt zurück. Alle, die ihr hier seid, seid Seth gefolgt, um euch als Schöpfergott zu erfahren, der in und mit seiner Schöpfung lebt. Wir sagen, dass ihr es besser könnt als das, was momentan die Welt für euch bereithält. Wenn euch der Spiegel nicht gefällt, ändert ihn von innen heraus.

Dieser Quadrant der Halbspiralen bot sich bestens an für dieses Experiment Mensch. Zum einen war die Lage von Kinich Ahau so, dass er allen bestens zugänglich war, denn hier sollte eine intergalaktische Bibliothek entstehen, zu der alle Zugang haben sollten. Zum anderen war es durch die Halbspiralen möglich, diese Trennungen in einzelne Aspekte herbeizuführen, auch genetisch selbstverständlich. Ein Abstieg in die Dichte der Materie sowie der Aufstieg in die höchsten Höhen sind mittels einer Spirale gewährleistet. Mit Spiralen kann man spielen, sie drehen oder verändern. Euer gesamtes DNS-System besteht aus Spiralen. Eure Wirbelsäule ist in einer Halbspirale angelegt. Wenn ihr euch euren Kopf mit der Wirbelsäule daran betrachtet und mit einem Sperma vergleicht, das ebenfalls aus einem Kopf und einer Wirbelsäule besteht, habt ihr schon die Grundlage, wie es werden soll. Wenn ihr euch zudem noch eine sich empor windende Schlange anseht, die ebenfalls aus einem Kopf und dem langen Rückenteil besteht, könnt ihr einen weiteren Vergleich anstellen und werdet anhand der Ähnlichkeit feststellen, dass ihr zur Familie der Reptilien gehört. Die Erde ist die Königin der Schlangen, und die Schlange hat sich vor längerer Zeit auf die westliche Seite der Erde hingerollt. Je nach Haltung des Kopfes zeigt sie an, ob ein geplanter Aufstieg gelingt oder nicht.

Wenn man eine Spirale biegt, kann man auch einen Ring erhalten. In Ägypten hast du dir die Kartuschen angesehen und gefragt, welche Bedeutung sie haben, denn die Erklärung, dass sie nur für Könige und deren Schutz bestimmt waren, ist so nicht richtig und hast du selbst auch nicht akzeptiert. Wenn du den Shen-Ring oder eher Shen-Kreis betrachtest oder das Omega-Zeichen und die Rundung nach oben ziehst, hast du eine Kartusche. Das Wort Shen weist auf das Wort Shenu hin, das wiederum „Wurzel" bedeutet und euch erinnern soll, wieder die Anbindung an die Wurzeln herzustellen, damit eine Weiterentwicklung stattfinden kann. Das, was ich einkreise, ist auch geschützt, aber befasst euch auch mit der geistigen Seite der Dinge.

Shen

Nun gibt es viele Szenarien einiger Leute, die euch mit Angst füttern. Sie behaupten zum Beispiel, dass unser Planet auf eure Erde zurasen und sie streifen würde. Ich frage euch, wie das sein kann, wenn unser Planet nicht mehr existiert? Wir haben uns schon lange vor eurer Zeitrechnung auf anderen Planeten etabliert. Einer davon ist Terra. Wir bewegen ganze Lichtstädte durch den gesamten Raum und erobern neue Welten, indem wir uns dorthin begeben und neue Schöpfungen kreieren. Andere Extraterristen sind im Orbit, einfach weil sie wieder Kontakt zu euch suchen, karmisch mit euch verbunden sind und Hilfestellung geben, wie schon so oft. Es gab schon öfter Momente, wo die Erde hätte vernichtet werden können durch Ereignisse, die im Raum stattfanden. Wir alle haben euch und die Erde beschützt, was nicht immer ganz leicht war. Manchmal haben wir im Akasha suchen müssen, wie wir am besten Hilfestellung geben können, aber Antwort haben wir immer gefunden. Darunter gab es Zeiten, wo wir alles Bestehende auf der Erde außer Kraft gesetzt haben, sogar euer Denken, auf das ihr so stolz seid. Über einen kurzen Zeitraum von ungefähr drei Jahren seid ihr gedacht worden, was bedeutet, euer Denken wurde euch impliziert entsprechend der Gewohnheit eures Denkens. Dieser Einfluss ist dann langsam wieder aufgehoben worden. Das alles geschah zu eurer Sicherheit. Euch ist oft auch nicht bewusst, wie viele Denkanstöße ihr von „außerhalb" erhaltet. Ideen, die ihr entwickelt, werden euch plötzlich bewusst, und wenn ihr denkt, sie seien aus euch selbst entsprungen, seid ihr im Irrtum. Diese Ideen sind sozusagen von uns in euch eingeflossen, und auch das dient zu eurer Erweiterung oder Öffnung, damit ihr euch weiterentwickelt. Ihr vergesst immer, dass ihr in einer Art Vakuum lebt, das euch von dem Rest des Raumes isoliert. Und wenn sich mal ein Innerterrist zeigt, dann kreischen alle gleich, dass ein gefährliches Monster unterwegs sei. Einerseits sucht ihr den Kontakt mit Klopfzeichen und gemalten Menschensignaturen im gesamten Raum, und wenn ihr fündig werdet, dann zieht ihr euch ängstlich zurück. Das ist so, als ob ihr eine Tür einen Spalt öffnet, die Nase durchsteckt, und wenn ihr entdeckt, dass hinter der Tür eine ganze Welt liegt, um Hilfe schreit und die Tür wieder zuschmeißt. Wie sollen wir uns da verhalten?

Ihr seid eine Spezies, die mit einem geringen Prozentsatz ihres Gehirns arbeitet. Es ist ein sehr geringer Teil, was unter anderem durch einige Genblockaden entstanden ist. Das macht euch stolz und überheblich, hat euch allerdings nie wirklich bewogen, zu ergründen, wie ihr mit dem gesamten Gehirn, also mit dem gesamten Potenzial arbeiten könnt. In eurer Überheblichkeit greift ihr, wenn möglich, den gesamten Raum an und spielt Krieg, wo es nur geht. Die Territorien auf der Erde reichen euch nicht mehr aus. Wie ich bereits sagte, seid ihr gedacht worden von uns, wobei wir uns an eure Tagesabläufe und Erfahrungen gehalten haben. Wenn wir euch sogar denken und anleiten können, wieso glaubt ihr, dass eure Kriegsmaschinerie uns etwas anhaben könnte? Im Vergleich zu unseren Möglichkeiten kommt euer Kampfsystem einer Knallerbse gleich. Das Wissen der alten Tage ist immer noch in euch und der Drang, den Raum zu erobern, auch, nur war diese Eroberung nicht kriegerisch, sondern erfinderisch und schöpferisch.

Man überhäuft euch Tag täglich mit blutrünstigen Angeboten in den Medien. Das muss so sein, denn vom Grundprinzip her seid ihr nicht so gewalttätig. Man impliziert euch damit, dass Gewalttätigkeit notwendig ist und man sich daran gewöhnen kann. Da sie aber gegen das Schöpfungsprinzip verstößt, werdet ihr jeden Tag damit überhäuft, damit ihr nicht zu friedfertig seid. Das allerdings ist keine Basis für ein Zusammenleben mit uns. Wir lieben euch und wollen in Frieden schöpferisch zusammenleben. Wer dazu bereit ist, ist gern willkommen. Natürlich wollen wir auch etwas, wenn wir etwas geben, das ist klar. Wir wollen an euren Erfahrungen teilhaben, an euren Emotionen und Gefühlen, an eurer Lebendigkeit. Indem wir euch neue Welten eröffnen und euch geben, wollen wir auch eine Gegenleistung. Ich sagte bereits, dass wir sehr mental sind und hier ausgesprochen ansehnliche Fähigkeiten entwickelt haben. Was uns nicht mehr in dem Umfang gelingt, ist, Freude darüber zu empfinden. Ich spreche nicht für alle, aber du hattest einen persönlichen Einblick, was zum Teil aus unseren Kindern geworden ist. Auch wir wollen Heilung, wie ihr sie ebenfalls benötigt. Zusammen erreichen wir mehr. Ein Zusammenschluss der Bruderschaft ist bereits seit langem erfolgt, und diese Zusammenarbeit hat uns alle unendlich gefördert. Wir hätten gern, dass der Planet Terra insgesamt der Bruderschaft beitritt und sich zur Zusammenarbeit bereiterklärt und bewusst aktiver Teil der Galaktischen Föderation wird. Der Rat der 13 hatte die Aufnahme bereits beschlossen.

Wenn jemand die Spirale hinab ins Jammertal zieht, werden wir niemanden aufhalten, sofern es der freie Wille ist, und wenn andere die Spirale emporsteigen, reichen wir unsere Hand und helfen. Wenn ihr verzweifelt seid, ruft ihr nach Hilfe und sendet diesen Ruf in die geistige Welt. Ihr ruft nach Gott oder den Engeln, die ihr um Hilfe bittet, und sie helfen. Wenn ihr dagegen im Alltag euer Leben lebt, behauptet ihr auf einmal, es gäbe keine geistige Welt, und erklärt alles für Humbug. Wir sagen, es gibt eine geistige Welt, und es gibt Welten da draußen, die noch für euch verschlossen sind, weil ihr es nicht zulasst. Diejenigen, die offen dafür sind, machen ja schon Erfahrungen, die sie aktiv umsetzen. Sie ergreifen die

Möglichkeiten, die ihnen geboten werden. Die meisten von euch hoffen, dass mit dem Jahr 2012 alle Probleme gelöst sind, Außerirdische kommen, die euer Leben regeln werden – und genauso wird es nicht sein. Glaubt bloß diesen Unsinn nicht. Nennt mir einen Grund, warum wir euren Job machen sollten? Wir bieten euch Zusammenarbeit, Inspiration, auch absolut Neues, woran ihr noch nicht gedacht habt, weil euer Denken ausnehmend begrenzt ist, aber aktiv müsst ihr selbst sein. Ihr müsst wollen, und ihr solltet eure Fähigkeiten wieder aktivieren, vorrangig die Telepathie, die die neue Kommunikation sein wird, wie sie es im gesamten Raum bereits ist. Das ist nichts Neues, was ihr erlernt, ihr aktiviert sozusagen eure Fähigkeiten nur wieder. Bei einigen geht es schneller, andere brauchen länger, weil sie es komplizierter machen, als es ist. Auch hier macht die Übung den Meister. Die Bruderschaft nähert sich jedem an in Freundlichkeit und auf ihre Art. Einige senden klar ihr eigenes Zeichen voraus, damit man weiß, mit wem man es zu tun hat, andere senden Bewusstseinskugeln mit entsprechenden Informationen, andere zeigen sich kurz und warten dann ab, ob sie willkommen sind. Wer nicht willkommen ist, geht wieder und versucht es später erneut. So werden die ersten Kontakte hergestellt. Diejenigen, die schon mit ihrem KA-Körper reisen, werden in ferne Welten geführt, da auf geistiger Ebene die Überbrückung von Distanzen kein Zeitproblem darstellt. Geistig kann jeder sofort überall sein. Da der Raum freundlich ist und respektvoll behandelt werden will, sollte man vorher fragen, ob man willkommen ist. Wenn jemand abgewiesen wird, dann deshalb, weil derjenige noch einen Schatten mit sich trägt, der Unfrieden in diesen Bereich einfließen lassen würde, was nicht erwünscht ist. Wenn dieser Schatten durchlichtet ist, existiert er nicht mehr, und derjenige ist dann zu einem späteren Zeitpunkt willkommen.

Lernt aus euren Schatten, die ihr selbst erzeugt habt, damit ihr daraus lernt, und lauft nicht immer vor ihnen weg. Wenn wir euch etwas zeigen, was euch nicht so gut gefällt, dann deshalb, damit ihr euch davon befreien könnt. Wenn ihr hofft, dass ein anderer es für euch tut, werdet ihr so lange mit diesem Schatten leben, bis ihr genug habt. Es ist euer Job, eure Schatten zu erlösen, nicht unserer. Wir geben gern Hilfestellung, daran soll es nicht mangeln, fordern aber wenigstens die Bereitschaft von euch, etwas zu tun. Werdet endlich aktiv. Alles, was lichtvoll ist, hat so lange einen Schatten, bis man im Zenit steht und keinen Schatten mehr wirft. Das, was euch abhält, eine Sache zu beleuchten, ist eure Wertung von gut und schlecht, die pausenlos gelebt wird. Wir zensieren euch nicht, ihr macht es. Und diejenigen, die nach Erleuchtung streben und den Pfad gehen, erhalten diese, weil sie sich eben ihre Schatten ansehen, ohne zu verurteilen. Alles, was beleuchtet ist, ist Licht geworden. Ihr tragt Attribute alter Inkarnationen mit euch herum, die euch immer die gleichen Probleme bereiten. Wir sehen, dass es für einige schwer ist, den Weg dorthin zu finden, die Inkarnation zu erlösen, die ein ganzes oder mehrere Leben beeinflusst. Nur, wenn ihr euch nicht auf die Suche macht, werdet ihr nicht finden. Eingangs sagten wir bereits, dass die Zeit für Analysen nicht mehr reicht. Ihr müsst euch also einen neuen Weg ausdenken, aus der Gefangenschaft eures Denkens und den damit verbundenen alten Erfahrungen herauszukommen. Eine Möglichkeit ist die Generalamnestie, die jeder für sich vornehmen kann, eine Generalamnestie, die euch selbst betrifft und alle, mit denen ihr je zu tun hattet. Dann liebt euch unendlich selbst, ohne euch zu kritisieren, zu verurteilen oder minderwertig zu fühlen. Liebt euch einfach, weil ihr seid, egal wie ihr seid. Die Liebe selbst stellt keine Bedingungen, es ist der Mensch, der sogar für die Liebe Bedingungen erfindet. Dennoch ist Liebe Allmacht, die deshalb Allmacht ist, weil sie vollkommen ist, nicht verändert werden kann, weder verkleinert noch vergrößert, noch verbessert werden muss. Sie ist, was sie ist, und tut, was sie ist, nämlich lieben, und hier gibt es keine Steigerung und keine Bedingungen.

Für den gesamten Raum seid ihr sehr interessante Wesen – wegen der Vielfältigkeit, die durch euch hier auf Terra herrscht. Die Wesen der anderen Planeten sind eher gleichförmig. Durch eure Vielfältigkeit könnt ihr weitaus mehr lernen, dafür seid ihr hier. Und jeder, der sich weiterentwickeln will, geht den Weg über Terra. Wenn ihr es schafft, euch bedingungslos zu lieben, dann stehen euch Möglichkeiten offen, von denen weder ihr noch wir träumen. Dann werdet ihr uns viel Neues beibringen können. Anfangs war das Experiment des Seth für andere nicht interessant. Inzwischen aber hat sich ein Großteil des Raumes hier versammelt, weil alle inzwischen das Potenzial des Experiments erkennen, was sich darin verbirgt, und natürlich neugierig sind, wie ihr vorgehen werdet.

Insgesamt finden schon wieder viele Anbindungen an die 12 Strang-DNS statt. Einige arbeiten schon selbst daran, und wir sind neugierig, welche Potenziale ihr ergreifen werdet. Es finden sogar Erweiterungen statt, die wir noch mehr bewundern. Lasst in euren Bemühungen nicht nach, denn die Ergebnisse zeigen sich schnell. Wenn euch jemand angreift für das, was ihr tut, dann kümmert euch nicht um diese Leute, denn sie wollen euch bloß nach unten auf ihre Ebene ziehen, statt euch zu folgen. Geht aufrecht euren Weg, denn die Belohnungen stehen bereit für euch. Aber krempelt auch eure Ärmel hoch, denn, wie ich schon sagte, es gibt viel zu tun. Wir mögen keine Trägheit, sondern die Aktivität der Lebensfreude, die zu neuen Ufern aufbricht. Umso dankbarer sind wir für diejenigen, die diesem Aufruf folgen. Auch wenn es für einige noch etwas zu beleuchten gibt, helfen wir doch und insgesamt schließt euch das doch nicht von unserer Zusammenarbeit aus. Das Eine funktioniert sowohl wie das Andere. Wir setzen zurzeit Beschleuniger für diejenigen, die darum gebeten haben, in dem Maß, in dem ihr körperlich und seelisch mithalten könnt. Wir justieren sozusagen eure Systeme und füllen die Gefäße. Was ihr aus unseren Gaben macht, ist eure Angelegenheit. Wir zeigen euch lediglich Möglichkeiten auf, die ihr annehmen könnt. In der heutigen Zeit ist es mehr denn je wichtig, dass ihr euch auf euer Gefühl verlasst. Die Blendwerke werden immer besser getarnt, sodass ihr darauf angewiesen seid, manchmal in kurzer Zeit die richtigen Entscheidungen zu treffen, und das gelingt euch nur, wenn ihr auf euer Gefühl hört. Wenn ihr stattdessen sofort mit dem Verstand zensiert und feststellt, dass es anders sein sollte, nicht so sein darf, weil es keinen Sinn ergibt, dann ist der Zug schon abgefahren. Hinterher werdet ihr feststellen, dass euer Gefühl recht hatte und dass es auch, wann immer erforderlich, gegen jede Logik vorgeht, die nur ihr als Logik interpretiert aus einem sehr begrenzten Blickwinkel heraus. Die Logik des Gefühls ist weitaus logischer, denn die Intuition hat einen viel größeren Überblick als der Verstand. Verstand und Gefühl sollten Hand in Hand gehen und nicht gegeneinander arbeiten. Wenn ihr eurer Intuition folgt, werdet ihr erfolgreicher sein, und die Logik, die sich dahinter verbirgt, zeigt sich vielleicht erst später, aber sie zeigt sich in jedem Fall.

Wenn ihr nur in eurer äußeren Welt lebt, ohne die innere Welt zu erforschen, stagniert ihr. Wenn ihr nicht meditiert, stagniert ihr. Beginnt die innere Welt klar zu erforschen und macht das gemeinsam mit euren höheren Selbsten, denn ihr benötigt

Führung in der inneren Welt. Die geistige Welt kann euch noch mehr aufs Glatteis führen als die äußere, materielle Welt. Wenn ihr den Zugang zu euch wieder gefunden habt, lauscht auf die innere zarte Stimme und folgt ihr. Wenn ihr das geschafft habt, seid ihr sozusagen mit Siebenmeilenstiefeln vorangeschritten. Die meisten von euch haben Angst, sich der inneren Welt zu stellen, aber ohne den Zugang zur inneren Welt werdet ihr mit den Veränderungen im Außen nicht so leicht klar kommen. Einige entscheiden sich, gar nichts zu tun und abzuwarten, was so passiert, was diejenigen unter euch, die auch in der inneren Welt zu Hause sind, so ans Tageslicht bringen werden. Das ist auch in Ordnung. Alles ist freiwillig. Nur, ihr Lieben, versucht nicht, die eifrigen Frequenzhalter deswegen von ihrem Weg abzubringen. Wir jedenfalls dulden das nicht und dürfen entsprechend dagegen vorgehen, umso mehr, wenn wir darum gebeten werden. Dann stehen uns Tür und Tor offen und wir lassen uns nicht verdrängen.

Die Chancen der Erde für einen grandiosen Aufstieg waren noch nie so gut wie jetzt, da Terra Quantensprünge machen kann. Das hat es zuvor noch nie im gesamten Raum gegeben. Es ist einmalig, deswegen sind alle hier. Alle im Orbit wollen wissen, wie es ist, wenn ein Planet Ebenen überspringen oder im Eildurchgang durchschreiten kann. Es ist ein Gnadenakt der allerhöchsten Quellexistenzebene, den es zuvor noch nie gegeben hat.

Ab 2011 werdet ihr schon massiv die Auswirkungen des Photonenrings der Zentralsonne zu spüren bekommen. Einige werden die Lichtpartikel dankbar aufnehmen, andere werden sich dagegen wehren. Dennoch werden die Lichtpartikel ihre Wirkung tun. Niemand kann das aufhalten. Sie enthalten ebenfalls Frequenzen und Informationen, die ihr aufnehmen und umsetzen könnt, wenn ihr diese Informationen mit anderen teilt. Das bedeutet nicht, dass ihr euch die Arbeit macht und andere nur die Hand aufhalten, sondern es bedeutet, dass ihr die einmalige Möglichkeit habt, Informationen der höchsten Quelle in aller Reinheit auf die materielle Ebene zu bringen. Darunter sind Möglichkeiten, die die Erde in dem Sinn noch nie zuvor hatte. Diejenigen, die nicht in der Lage sind, diese Informationen aufzunehmen oder umzusetzen, haben die Möglichkeit, sich unterweisen zu lassen. 2011 wird einen neuen, beschleunigten Schub an Frequenzhaltern hervorbringen, und ihr werdet die Veränderungen auf Terra sehen.

Was euch zurzeit das Klima, Wasser und Stürme zeigen, ist eine Reinigungsaktion der Erde selbst, wozu sie auch einen Auftrag erhalten hat. Die Reinigung ist zugleich Heilung, die auch gestörte Energiefelder wieder ausrichten und aufladen wird. Wenn ihr auf Erden bauen wollt, fragt erst die Erde, ob der Platz dafür geeignet ist. Wenn ihr etwas von der Erde nehmt, fragt erst, ob es ihr recht ist und was ihr dafür geben müsst. Wenn ihr euch nicht ändert und weiterhin glaubt, ungeschoren Raubbau treiben zu können, werdet ihr lernen müssen, dass sich die Erde das nicht länger gefallen lässt. Sie wird spontan reagieren. Die Erde hält für jeden von euch einen bestimmten Platz bereit, an dem ihr in Fülle leben könnt und wo ihr der Gemeinschaft und der Erde dienen könnt. Fragt die Erde, wo dieser Platz ist, und lasst euch diesen Platz von ihr zeigen. Dann seid sicher, dass ohne eurer Zustimmung niemand anderer dort den Raum einnehmen wird und er euch zusteht, solange ihr dort der Gemeinschaft dient. Wenn ihr euch darüber erheben solltet, wird euch die Erde einen neuen Platz zuweisen, auf dem eure Fähigkeiten besser zur Geltung kommen. Dann ist es Zeit weiterzuziehen, was ihr dann auch ohne Zögern tun solltet. Folgt den Anweisungen der Erde.

Die Plejaden haben Einfluss auf eure DNS. Wenn ihr es schafft, die Stränge 7 und 8 zu aktivieren, habt ihr einen großen Schritt vollbracht. Wenn ihr insgesamt keine Vorstellung von eurer DNS habt und nicht wisst, wie ihr damit umgehen sollt, werdet ihr Frequenzhalter finden, die das bereits können. Achtet auf euer Gefühl dabei. Ihr werdet es brauchen. Mitglieder der Plejaden helfen auf dem spirituellen Weg. Alkyone und die anderen Sonnen haben sich bereits neu ausgerichtet, während ihr überwiegend noch nach den alten Ausrichtungen verfahrt. Das bringt euch viel Verwirrung und schafft bei simplen Tagesabläufen und Entscheidungen oft Schwierigkeiten, weil die Kommunikationswege auch mit euch selbst nicht mehr stimmig sind und nicht der neuen Ausrichtung entsprechen.

Ihr alle werdet feststellen, dass es mit allen Kontrollen zu Ende geht. Kontrolle ist Angst und die wird gerade aufgelöst. Das größte Machtwerk der Gruppe löst sich auf und sie müssen dabei zusehen. Der Stab der Macht ist gewandert, schon vor längerer Zeit weitergereicht worden. Aus unserer Sicht ist schon längst alles geschehen, denn wir sehen die Vergangenheit, Gegenwart und Zukunft zugleich. In und um euch muss es euch erst bewusst werden, und euer Verstand muss es noch linear sortieren. Die Frequenzhalter, die die Informationen von ihrem geistigen Kern ziehen, erhalten den Input von uns quantengetriggert oder auch als Lichtinformationen, die sie dann in genau diesem Moment begreifen. Sie dulden nicht mehr, dass der Verstand sich einmischt. Er hat die Aufforderung erhalten, Informationen umzusetzen, aber nicht zu stören oder abzublocken. Das macht den Unterschied. Sie sind offene Gefäße, die dankbar für Ideen sind, die in sie einfließen, und sich sogleich an die Umsetzung machen. Das macht auch uns Freude, denn es ist uns zu langweilig, hier im Orbit anwesend zu sein und zuzusehen, wie ihr ständig alte Dramen wiederholt, wobei die

Zeit euch durch die Finger rinnt. Ihr merkt die Unruhe, die euch bereits ergriffen hat, und wisst oft nicht, wohin ihr eure Energien lenken sollt. Das Thema Energie wird euch noch sehr einholen auf dieser Erde. Ihr müsst wieder lernen, mit den Energien richtig umzugehen und auch sparsam. Das bedeutet nicht, dass ihr frieren müsst, denn ich sagte ja schon, dass das Wetter von uns geändert wird, sodass ein gleichbleibendes Klima herrschen wird. Zur Zeit der Reinigung ist das noch nicht möglich, denn die Erde muss streckenweise kraftvoll vorgehen, um alte, verhärtete Strukturen freizusetzen, damit Heilung erfolgen kann.

Zeit

Wenn ihr euch mit der Zeit beschäftigt, dann erkennt, dass ihr in Triaden denken müsst. Zeit hat eine eigene Qualität, und die Grundlage ist ebenfalls die Triade. Das bedeutet, dass eure Zeitqualität jeweils mit zwei weiteren Zeitqualitäten verbunden ist. Alles, was in diesen beiden vorhergehenden Zeitqualitäten nicht bereinigt wurde, sammelt sich in der jetzigen und bietet sich erneut an, um bereinigt zu werden. Es ist ein binäres System, auf das alle Zugriff haben, wo eins das andere mitnimmt. Wenn ihr also glaubt, ihr könnt davonlaufen, verfolgt euch das andere weiterhin, weil ihr die Probleme überall mit hinnehmt, es sei denn, ihr erlöst oder beleuchtet sie. Eure Wahrnehmung ist gefordert, die von euch ausgedehnt werden sollte. Wenn ihr die stehende Acht betrachtet (8), habt ihr wenigstens zwei Seiten, auf denen verschiedene parallele Einflüsse auf euch wirken. Ihre Wirkung auf euren Standort setzt sich zusammen aus der Energie des Gesamten, das auf euch den Einfluss ausübt. Ihr könnt euch der Energie ergeben, was die meisten tun, oder über diesen Einfluss herrschen in dem Maß, das ihr benötigt, um Veränderungen herbeizuführen. Zum Beispiel lebt ihr in eurer Jetztzeit, deren Parallelzeit mit Ägypten vor einigen tausend Jahren zu tun hat, sowie der Vorlaufzeit von Atlantis, die euch auch wie Ägypten die heutigen Probleme verursacht hat. Das ist globaler betrachtet, wobei die Raumzeit weitaus übergreifender ist und andere Universen oder Galaxien mit einbezieht. Für ein Menschenleben beträgt die kurze Spur die Zeitspanne 2011, die Parallelzeit des 17./18. Jahrhunderts und des 19. Jahrhunderts. Wie ihr seht, hängen die Triaden bis in die Raumzeit zusammen. Das bedeutet nicht, dass ihr alles reinigen sollt, aber es bedeutet, dass alles ineinander greift und miteinander verbunden ist. Je passiver ihr seid, desto größer wird der Druck auf euch, weil ihr den Gegendruck erzeugt, indem ihr euch dagegen wehrt. Damit setzt ihr Blockaden und wundert euch, dass nichts vorwärts geht. Im Allgemeinen gebt ihr den Sternen die Schuld oder euren Mitmenschen, weil sie euch nicht wohl gesonnen sind, erkennt aber nicht, dass sie es gerade für euch tun, weil ihr euch vor eurer Inkarnation bereiterklärt habt, genau diese Probleme zu bereinigen. Sie erfüllen also lediglich den mit euch eingegangenen Vertrag. Erfüllt ihr nun auch euren Teil des Vertrages, damit die Energien wieder frei fließen können. Das betrifft auch eure Körper, in denen ihr dadurch Blockaden setzt. Wenn ihr Heilung wollt, müssen die Energien auch in euren Körpern frei fließen können. Das, was sich in euren Körpern wirklich abspielt und was euch krank macht, haben die wenigsten erforscht. Ihr denkt, wenn es Bakterien oder Viren gibt, seid ihr unbeteiligt an euren Krankheiten, aber so ist es nicht. Ihr habt verschiedene Körper, die sich zu einem Körper zusammenschließen. Wenn auch nur in einem der Körper eine Disharmonie herrscht, zeigt sie sich irgendwann körperlich. Wenn zum Beispiel jemand ein Knäuel verknoteter Energien in seinem Ätherkörper hat, dann handelt es sich meistens um eine alte Schreckenssituation aus der Vorzeit irgendeiner anderen

Inkarnation. Wenn also Heilung geschehen soll, dann muss dieses Knäuel verknoteter Energien gelöst oder auch entknotet werden, damit dort die Energie wieder frei fließt. Das war bei dir (betrifft Autorin) in Ägypten der Fall. Durch die Erinnerung an diese alte Inkarnation wurde dieses Knäuel deines Ätherkörpers entwirrt, sodass Heilung einfließen konnte. Dieses Knäuel der Verworrenheit hatte Einfluss auf den Emotionalkörper, den Mentalkörper und den physischen Körper. Dadurch dass du Heilung zugelassen hast, ist auch die Heilung in deiner DNS geschehen, sodass weder du noch deine Nachkommen je wieder damit zu tun haben werden.

Viele haben auch Risse in ihrer Seele oder einem ihrer anderen Körper, was einer gesonderten Heilung bedarf und wichtig und vorrangig ist. Risse entstehen durch Lebenssituationen der gröbsten Verletzungen körperlicher oder seelischer Natur, die ein Wesen erlitten hat oder wenn die Seele geschändet worden ist. Wenn ihr wirklich Heilung wollt, dann schluckt nicht nur irgendwelche Mittel, sondern kümmert euch um wahrhaftige Heilung. Frequenzhalter, die sich mit der DNS inzwischen auskennen und mit uns zusammenarbeiten, können diese alten Wunden aufspüren und sie freisetzen, damit sie euch nicht mehr zu schaffen machen. Das braucht euch ja nicht daran zu hindern, Medikamente zu schlucken, wenn es sein muss, was auch manchmal einfach der Fall ist, weil die körperlichen Reaktionen heftig sind. Sie sind deshalb heftig, weil ihr euch über einen langen Zeitraum nicht mit euch selbst beschäftigt habt und die Seele endlich Heilung will. Glaubt ihr wirklich, allein die Medikamente wissen, wo eure Heilung angesiedelt ist? Seht ihr nicht selbst, dass wahre Heilung mehr ist?

Ihr solltet mehr mit geistigen Ebenen arbeiten, denn dort kann euch mehr geholfen werden, statt dass jemand auf der rein materiellen Ebene nur von einem Symptom ausgeht, das vielerlei Ursachen haben kann. Vielleicht ist auch eine Operation angemessen, wenn es nicht anders geht. Auch das ist in Ordnung, nur hinterfragt eure Einstellung, ob ihr wirklich hilflos den Einflüssen ausgesetzt seid und so krank werdet oder ob das nicht doch mit euch selbst zu tun hat, mit euren durchlebten Erfahrungen und Einstellungen.

Dem Seelenkind ist es egal, ob ihr das Jahr 2011 oder 5000 vor eurer Zeitrechnung schreibt. Für euer Seelenkind zählt allein die Erfahrung, die es transformiert haben will; und das ist nicht abhängig von einer Zeit; sondern von den Inkarnationsmöglichkeiten, in denen Heilung möglich ist. Und das bedeutet, dass ihr euch Inkarnationen gewählt habt, die euch an etwas erinnern sollen, das geheilt werden will. Erinnert euch, dass das Wort Heilung auch mit dem Wort heilig in Verbindung steht.

Die bevorstehende Eskalationsphase eurer Systeme zeigt euch auch, dass hier etwas nicht in Ordnung ist und ihr euch mit den wahren Werten des Lebens befassen solltet. Ihr wisst genau, dass es besser geht als das, was euch von einigen angeboten wird. Die Systeme bräuchten nicht zu eskalieren, wenn ihr ändern würdet. Solange ihr die Augen verschließt, bäumt sich das System auf, damit ihr ändert, was zu ändern ist. Nun höre ich schon die Empörung vieler, die gleich aufschreien und sagen, dass sie nichts ändern können. Glaubt ihr das wirklich? Bittet uns um Hilfe und erkennt die Wunder, die sich zeigen, aber trefft klar eine Entscheidung, ob ihr mit der Bruderschaft im Goldenen Zeitalter leben wollt. Das, was eine klare Entscheidung von euch abhält, ist doch die kleine Vorstellung, die ihr von euren eigenen Plänen habt, wenn ihr denn welche habt. Wenn ihr offen für Neues werdet, wird euch vielleicht erheblich Besseres geboten, als ihr euch vorstellen könnt. Das Neue könnte euch glücklicher machen als das, was ihr geplant habt. Trefft selbst eine Wahl, sonst entscheiden andere, und ihr könnt sicher sein, dass andere immer erst zu ihren eigenen Gunsten entscheiden und nicht zu euren Gunsten. Keine Entscheidung zu treffen, ist auch eine Entscheidung, die ihr treffen könnt, nur beklagt euch dann nicht über das, was ihr erhalten werdet. Jede Zeit hat eine eigene Qualität, die von höherer Ebene gesteuert wird bis hinauf zu den höchsten Ebenen, deren Einfluss ihr hier unten spürt. Ihr seid die Qualitätsgeber der neuen Zeit, indem ihr fordert, was euch zusteht.

Zusammenarbeit mit der Bruderschaft

Wie nun könnte die Zusammenarbeit mit der Bruderschaft in einem Beispiel aussehen? Wir wollen das einmal kurz durchspielen. Unser Medium sagt vielleicht:

„Ich will aufsteigen und mit der Bruderschaft zusammenarbeiten."

„Gut, wir haben dich gehört. Wenn du aufsteigen willst, dann kannst du kein Gepäck mitschleppen. Um es loszuwerden, musst du fünf Inkarnationen erlösen, aus denen du dir die entsprechenden Lernaufgaben mitgebracht hast."

„Lasst uns beginnen und zeigt mir bitte die Inkarnationen, die einer Heilung bedürfen."

„Liebe Schwester, wir nehmen dich mit auf eine Reise in die Parallelzeit, dort begegnest du dir selbst. Schau einfach hin, was passiert, und lass geschehen. Nimm die Gefühle wahr, damit sie dir erzählen, was du damals empfunden hast."

Unser Medium sieht sich nun in einer Lebenssituation, die zur damaligen Zeit in Ägypten passiert, wie sie es in diesem Buch beschrieben hat. Sie hat sich den Energien geöffnet und hat erlaubt, dass auch körperliche Unpässlichkeiten damit einhergehen. Ihre Seele ist aufgewühlt, denn sie liebt sich selbst, indem sie das Wesen liebt, das sie dort sieht, es noch einmal lebt mit allen Hoffnungen, Wünschen und Träumen der damaligen Zeit, inklusive des grausamen Todes. Natürlich läuft das alles in abgemilderter Form ab, denn es kommt darauf an, dass die Seele die Erinnerung hat und die Einflüsse auf alle anderen Leben, inklusive des jetzigen, erkennt und auflöst. Ohne Erkenntnis geht es nicht, also bittet um Erkenntnis, denn erlöst werden kann nur etwas, was ich auch erkenne. Und nun kommen wir zu dem springenden Punkt, nämlich, wie geht sie mit ihren Mördern um, die nur ein paar Meter in der Jetztzeit vor ihr stehen und nichts davon wissen, was gerade mit ihr geschehen ist. Sie hat ihnen vergeben, und damit ist sie die Anbindung an diese Menschen ebenfalls losgeworden. Sie hätte aus karmischer Sicht auch das Recht gehabt, ebenso den Tod der beiden Männer zu fordern. Gleiches Recht für alle. Nur hatte sie Vertrauen in die Lebensessenz oder Urquelle allen Seins, dass diese beiden Männer in jedem Fall etwas lernen werden über ihre Machtgeilheit und Angst. Wie das geschieht, geht sie nichts mehr an, das ist Sache der göttlichen Essenz, denn lernen wird jeder, ob freiwillig oder nicht. Ihre Seele hat gesehen, dass in der Jetztzeit ein anderes Leben geplant ist, wo sie nicht gemordet wird und viele gelebte Attribute, auch das unsägliche Misstrauen gegen alle Menschen, nicht mehr erforderlich sind. Sie hat es ablegen können, besser noch transformiert in diesem Moment und verlässt als freier Mensch diesen Ort.

Das Ganze ist jetzt natürlich im Zeitraffer erzählt, aber so oder ähnlich könnte es ablaufen. Bei ihr ist es bewusst geschehen, weil sie eine Seherin ist und die Telepathie praktiziert. Wenn jemand diese beiden Fähigkeiten noch nicht ausgebildet hat, läuft eine andere von vielen Möglichkeiten ab, wobei das keine Rolle spielt. Es kommt auf die Erlösung an, die durch Begegnungen in der Jetztzeit erkannt werden können.

Wie könnte nun eine weitere Zusammenarbeit mit unserem Medium aussehen? Sie könnte sagen:

„Ich will mit euch zusammenarbeiten."

„Beschäftige dich mit Kristallen und frage diese, was sie dich lehren können."

Wenn unser Medium klug ist, geht sie und besorgt sich den ersten Kristall oder, falls sie einen in ihrer Wohnung hat, nimmt diesen und fängt an zu experimentieren. Sobald sie dazu Zugang gefunden hat, schalten wir uns wieder ein. Und dann geht es weiter. Eine weitere Möglichkeit ist, dass wir wollen, dass sie ein Buch schreibt, und sie fängt an, stellt fest, irgendetwas stimmt noch nicht, folgt ihrer Intuition und findet den klaren Kanal und legt dann los. So oder ähnlich kann eine Zusammenarbeit aussehen. Das sind nur kleine Beispiele, und für Fortgeschrittene sieht das schon anders aus. Nur sei euch gesagt, niemand springt gleich auf den Gipfel, ohne vorher getestet zu werden. Es liegt an euch, was ihr selbst bereit seid zu geben. Wofür würdet ihr euch engagieren? Was ist es, das euch wirklich glücklich machen würde? Stellt euch vor, es gäbe kein Geld, was würdet ihr machen wollen? Was bringt euer Herz zum Singen?

Bevor ihr fliegen lernen könnt, lernt erst einmal laufen. Gewöhnt euch an die Zusammenarbeit mit uns und an unseren Arbeitsstil. Gewöhnt euch an unsere Anwesenheit. Vielleicht kommt es euch so vor, als ob jemand im Raum wäre, den ihr nicht sehen, aber fühlen könnt. Dann seid sicher, dass es so ist. Bei einigen gehen wir ein und aus, weil wir geladen sind, und dort herrscht ein Gedränge, das ihr euch nicht vorstellen könnt. Wir sind nämlich erfreut über eine Zusammenarbeit und können uns kaum zurücknehmen vor Freude. Wir sind bereit, alles zu geben, was ein Wesen aufnehmen und umsetzen kann. Umso mehr, wenn dieses Wesen noch unermüdlich tätig sein will. Diese Wesen erhalten unsere ganze Unterstützung und Förderung in jeder Beziehung, die dem Gesamten dient. Da ein Teil des Gesamten auch immer das Gesamte beeinflusst, muss jeder dafür sorgen, dass es dem Teil genauso wohlergeht. Ihr werdet noch gewahr werden, dass alles Leben Bewusstsein hat, und auch die Erde wird euch teilhaben lassen an ihrem Bewusstsein. Diejenigen, die bisher ihre Augen verschlossen haben, weil nicht sein durfte, was nicht sein soll, werden nicht umhinkommen, mit wachen Augen die Geschehnisse zu betrachten. Niemand kann diese mehr negieren.

Wie sieht nun ein Zusammenschluss einer Gruppe aus? Wir wollen uns ein Beispiel einer Gruppe ansehen, die intensiv zusammenarbeitet und spirituell entwickelt ist. Erst einmal teilen wir der Gruppe unsere Wünsche mit, und die Gruppe teilt uns ihre Wünsche mit. Vielleicht geben wir auch nur einem der Gruppe einen bestimmten Wunsch bekannt, die anderen Mitglieder erhalten andere. Die Gruppe setzt sich nun zusammen und findet den besten Weg, dieses Anliegen auf der Erde zu leben und umzusetzen. Ob andere das gut heißen, spielt keine Rolle. Sie erhalten dazu unsere ganze Unterstützung, in geistiger Hinsicht wie auch in materieller. Das, was diese Gruppe leistet, zieht Kreise nicht nur auf der Erde, sondern im gesamten Raum. Es kann auch sein, dass ein anderer Planet Hilfe benötigt. In dem Fall suchen wir denjenigen, der am geeignetsten ist für diese Aufgabe. Wir stellen den Kontakt zu dem Planeten her und derjenige wird seine Aufgabe wahrnehmen. Vielleicht stellt ein Planet einen Kontakt von sich aus her und wir fördern die Verbindung. Was immer erforderlich ist, geschieht, damit es dem Teil des Gesamten und dem Ganzen gut geht.

Galaktische Föderation Nun setzt sich die Galaktische Föderation aus einzelnen Stellvertretern zusammen, die im Namen der Föderation auch Beschlüsse fassen. Diese Beschlüsse müssen einstimmig sein, denn jeder muss klar zu dem stehen, was er entschieden hat. Wenn so ein Beschluss gefasst wurde, wird dieser allen anderen mitgeteilt, damit jeder die Information erhält. Nun könnt ihr natürlich sagen, dass andere Mitglieder, die nicht im Rat vertreten sind, eine andere Meinung haben und sich dem Beschluss nicht anschließen. Möglich wäre das und würde bei berechtigten Bedenken erneut dem Rat vorgetragen werden. Tatsächlich passiert das eher selten bis nie, weil jeder weiß, dass der Rat seine Beschlüsse immer zum Wohle aller fasst. Einige von euch beklagen sich nun und meinen, der Rat hätte sich gegen das Wohl der Erde entschieden. Das stimmt so nicht, ganz im Gegenteil.

Erinnert euch, dass ihr alle, die ihr auf Erden seid, mit dem Experiment des Seth einverstanden wart und sogar teilnehmen wolltet. Deswegen seid ihr hier. Im Verlauf dieses Experimentes oder durch den Missbrauch einiger sind Umstände eingetreten, die für uns nicht so vorhersehbar waren. Es war ursprünglich nie geplant, dass die Erde so tief fallen sollte. Der damalige tiefste Punkt sollte die fünfte Ebene sein, zu der alle problemlos Zugang haben. Ein Absturz auf die dritte Ebene der Dichte ohne die entsprechenden Vorkehrungen, die dafür hätten getroffen werden müssen, war schlichtweg nicht einkalkuliert. Da haben auch wir alle lernen müssen, dass mehr Sicherheitssysteme oder klare Regeln erforderlich gewesen wären, damit dieser Zustand nicht eintreten konnte. Inzwischen hat der Rat der Galaktischen Föderation einstimmig beschlossen, dass die Zone des freien Willens allen zugänglich sein soll, dass jeder die Bibliothek nutzen darf, aber, und das ist jetzt wichtig, die Absicht stimmen muss. Also die Frage, warum will jemand die Bibliothek nutzen. In dieser Bibliothek ist alles Wissen zusammengefasst und enthalten, was je ein Wesen auf dieser Erde gedacht, getan, erlernt, gefühlt oder geplant hat. Es ist keine Bibliothek im herkömmlichen Sinne, sondern ein biologischer Computer, der all dieses Wissen in sich gespeichert hat. Die Frequenzhalter der Zeit, wie ihr sie kennt, haben inzwischen Zugang zu diesem System wie auch zu intergalaktischen Systemen, da es für eine Zusammenarbeit erforderlich und sichergestellt ist, dass sie keinen Missbrauch treiben. Für den Fall, dass auf dieser oder einer anderen Erde der Galaxien ein solcher Frequenzabfall in irgendeiner Form geplant ist, hat der Rat entsprechende Vorkehrungen getroffen, die ein sofortiges, direktes Eingreifen ermöglichen. Der Beschluss des Rates ist erlassen worden, dass alles Leben zu schützen ist, dass die Entfaltung des Einzelnen zu ermöglichen ist, ohne dass deshalb dem anderen Schaden zugefügt werden darf. Jemand, der derartige Machtansprüche leben will und eine Weltherrschaft anstrebt und auch andere Universen unter sich begraben will, bekommt ein eigenes Holon. In diesem Holon wird er gewahr werden, was es heißt, andere zu unterdrücken und zu missbrauchen. Er wird fühlen und empfinden, was er anderen zumutet, und diese Empfindungen können nicht mehr vom Verstand unterdrückt werden. Er hat keinen Einfluss darauf, was und wie lange er etwas fühlt. Das kann unangenehm werden. Es ist ungefähr wie im Kamalokabereich*, den ein Wesen nach seinem Tod aufsucht, um den Emotionalkörper zu klären. Aus diesem Holon wird derjenige erst entlassen, wenn er gelernt hat, und wird dann in der entsprechenden Region leben, wo er schwingungsmäßig hingehört. Die wenigsten werden sich noch bereiterklären, dem anderen als ein Spiegel zu dienen.

Zu den goldenen Zeiten von Atlantis gehörte, dass sich jeder leben konnte, ohne dem anderen Schaden zuzufügen oder verurteilt zu werden. Durch den damaligen Frequenzabfall und das Kippen des Neigungswinkels der Erde haben sich die Dinge anders entwickelt. Das, was euch abhält, wahrhaft hinzusehen, sind im Grunde genommen zwei Sachen, nämlich Schuld und Scham. Die Schuld hat man euch größtenteils eingeredet, euch weisgemacht, dass ihr ja so schuldig seid, damit ihr euch relativ leicht bestrafen lasst und infolgedessen alles unzensiert hinnehmt, noch in Dankbarkeit, weil ihr so schlecht seid. Nach dem Motto, letztendlich müsst ihr froh sein, wenn ihr überhaupt etwas bekommt. Das ist natürlich großer Unfug.

Die Scham sitzt tief in euch verborgen und fördert das Schuldgefühl, nährt es sozusagen und existiert aus einem einzigen Grund, weil ihr euch nicht mehr liebt, nicht auf euch selbst hört. Ihr seid den Anweisungen im Außen gefolgt und habt euch einreden lassen, dass ihr schlecht und unfähig seid. Das habt ihr geglaubt und glaubt es noch heute. Die Nächstenliebe beginnt jedoch bei euch selbst. Wenn ihr euch selbst nicht lieben könnt, könnt ihr keinen anderen lieben. Wenn das eine nicht geht, geht auch das andere nicht. Oftmals verwechselt ihr Liebe mit Bewunderung, und der „Markt der Liebe" ist einer der größten der Erde. Wenn ihr Partnerschaften eingeht, dann in den meisten Fällen deshalb, weil ihr Liebe wollt. Der andere soll euch gefälligst lieben. Wie soll das gehen, wenn ihr es selbst nicht könnt? Was soll der andere euch dann geben? Und wenn ihr jemanden findet, der bereit ist, euch zu lieben, beißt ihr euch eifersüchtig daran fest, denn es könnte ja der Einzige sein, und den wollt ihr nicht verlieren. In den letzten zwanzig Jahren seid ihr dazu übergegangen, wirtschaftliche Partnerschaften einzugehen, damit es euch eine finanzielle Erleichterung bringen soll. Häufig habt ihr dabei draufgezahlt. Und wieder greifen Scham und Schuld. Ihr könnt diesem Kreislauf nur entkommen, wenn ihr beginnt, euch zu lieben.

Alle großen Meister haben das gesagt, ihr habt es immer wieder gelesen, aber weigert euch, weil ihr Bedingungen stellt, wie oder was man lieben darf. Wozu? Wenn die Urquellexistenzebene keine Bedingungen an euch stellt, wie ihr zu sein habt, und euch liebt, warum tut ihr es nicht? Ihr seid nicht heiliger als die höchste Ebene, dass ihr Bedingungen stellt. Was gibt euch das Recht, an die Vollkommenheit Bedingungen zu stellen? Zwar beklagen sich viele, dass sie nicht schön genug seien und Veränderung wünschen. Das ist in Ordnung. Nur, stell dich hin, liebe dich und sage dir, dass das, was du siehst, die Gesamtheit deiner Erfahrungen ist, die du je auf allen Ebenen gemacht hast, und dass du diesen Körper geformt hast der Erkenntnis wegen. Da nichts für die Ewigkeit ist, kannst du nun an die Veränderung gehen. Hast du Probleme damit, dich so zu akzeptieren, werden die Veränderungen, die du vornimmst, nicht halten, weil dein gesamtes System das nicht zulassen wird. Da du eine intelligente biologische Einheit bist, reagiert dein System und lässt sich nicht überrumpeln. Das merkst du daran, dass dein Körper sich immer wieder von selbst verändert. Auf bestimmte Abläufe deines Systems hast du keinen Einfluss, es sei denn, du bist bereit zu transformieren, und das wiederum bedeutet, dass du alles, was du in diese Inkarnation mitgebracht hast, alles, was du überwinden wolltest, auch tust, um siegreich daraus hervorzugehen. Damit tun sich die Menschen im Allgemeinen sehr schwer und fangen an, kompliziert zu werden, weil sie sich nicht vorstellen können, dass es einfach ist. In der Hauptsache habt ihr Angst, nicht gut dazustehen, oder Angst vor euren Emotionen und Gefühlen, dass sie euch überwältigen könnten. Das kommt daher, dass ihr sie zu lange unterdrückt habt in bestimmten Beziehungen und Situationen. Was nun genau soll transformiert werden, und wie macht man das?

Im Grunde genommen ist es einfach. Alles, was nicht Liebe ist, soll in Liebe umgewandelt werden. Unser Medium ist damals im Ägypten der Parallelzeit mit Hass und Verachtung im Herzen gestorben. Diese Attribute hat sie nun transformiert, indem sie vergeben hat; erst mal sich selbst und dann ihren Mördern. Das war es schon. Mehr gab es nicht zu tun. Die Urquellexistenzebene ist Liebe, und die gesamte Schöpfung ist aus Liebe heraus entstanden. Diese Liebe ist in unendlicher Fülle vorhanden, und jeder kann davon nehmen, soviel er will. Jeder kann davon geben in unendlichem Maß. Wenn du nun zurück zur Quelle willst, und das werden alle, da der Ruf erschallt ist, kommst du an der Liebe nicht vorbei. Was machen die anderen, die nicht in der Liebe sind? Sie verbinden sich wieder mit der Liebe. Sie bauen eine Brücke, um das Eine mit dem Anderen zu verbinden. Sie bereichern sich in ungeahnter Fülle, indem sie alles in Liebe transformieren und auch noch potenzieren. Warum fühlt ihr euch in der Gegenwart Aufgestiegener Meister so wohl?

Ihr Licht entfacht euer Licht, ihr Energiefeld heilt euer Energiefeld, ihr fühlt euch wohl, weil ihr geliebt werdet, gesegnet seid, ohne zensiert oder verurteilt zu werden. Ihr seid angenommen, wie ihr seid, und was euch nicht gefällt, kann geändert werden. Wenn ihr nun selbst den Königspfad zur Meisterschaft beschreiten wollt, lasst euch zeigen, was noch in Liebe transformiert werden sollte. Wenn ihr das nicht wandelt, habt ihr hinterher das Gefühl, umsonst gelebt zu haben, und steht gleich wieder bereit für eine neue Inkarnation, in der ihr wieder von vorne anfangen und lernen müsst. In dem Fall müsst ihr warten, bis ihr das planetare Imprint erhaltet, damit ihr auch die entsprechenden Bedingungen vorfindet. Das bedeutet, ihr müsst Situationen in eurem Leben erhalten, die euch vielleicht verletzen oder in anderer Form berühren, damit ihr diese in Liebe verwandelt. Was in Liebe gewandelt wurde, kann niemandem mehr Schmerz zufügen. Liebe beflügelt. Dadurch erfahrt ihr Heilung und könnt weiter aufsteigen.

Viele denken, wenn sie auf Erden berühmt sind, werden sie glorifiziert, weil sie ein paar Bücher geschrieben und mal unkonventionell gehandelt oder eine Entdeckung gemacht haben und gelobt worden sind. Und ich sage euch, die Erfahrungen und Entdeckungen der gesamten Menschheit sind erfasst. Sie gehen nicht alle in eure Geschichtsbücher ein und dennoch sind sie alle erfasst. Jede einzelne Erfahrung ist im biologischen Computer gespeichert und wird dort gelagert, sodass andere darauf Zugriff haben und damit arbeiten können. Wenn du mal berühmt warst, dann gehört das zu dem Teil deines Lebens, der aber mit der Umwandlung in Liebe nichts zu tun hat. Vielleicht hast du gerade in deiner Berühmtheit vergessen, dass du deine Aufgaben wahrnehmen wolltest, vergessen, dass du deinen Hass in Liebe umwandeln wolltest. Vielleicht hast du deinen Hass gelebt, indem du dir gesagt hast, dass Berühmtheit dir ermöglicht, verachtend auf alle anderen zu blicken. Vielleicht aber konntest du nur dich nicht lieben und hast gehofft, dass wenigstens andere es können, und Applaus mit Liebe verwechselt. Gewöhnt euch daran, hinter die Kulissen zu schauen, und lasst euch nicht immer von den Kulissenschiebern ablenken. Es gibt viele Blickwinkel im Leben. Eurer ist weder der einzige noch der allein richtige. Bei uns ist nur „berühmt", wer den Königspfad beschreitet und als einziges Reisegepäck die Liebe im Rucksack hat. Und je größer der Rucksack, desto besser. Das wird von uns bewundert und hat ewigen Bestand. Alles andere betrifft eine kurze Lebensspanne und wird als Erinnerung abgelegt und gespeichert in der Bibliothek.

Die Menschheit ist aufgerufen, Hüter dieser Bibliothek zu sein, und das ist eure Aufgabe als neues Ratsmitglied der Galaktischen Föderation. In dieser Bibliothek ist alles Wissen zusammengefasst, und jeder, der einen Mitgliedsausweis hat, darf eintreten und hat Zugang. Ihr als Hüter sollt darüber wachen, dass niemand dieses Wissen missbraucht. Überlegt also, wem ihr einen Ausweis ausstellt und wem ihr Zugang gewährt. Was ist die klare Absicht? Was will derjenige mit den Informationen wirklich?

Die Erde rast auf SOL 4 zu, und das bedeutet, dass ihr immer mehr in den Photonenring der Sonne eintreten werdet, der mit Partikeln der Hauptzentralsonne gespeist wurde. Wenn die Erde SOL 4 einnimmt, heißt das, dass alles intensiver wird. Wenn ihr euch also nicht um euer Wohlergehen, eure Heilung und Transformation gekümmert habt, wird das für euch immens deutlich in jeglicher Hinsicht. In der euch verbleibenden Echtzeit ist es müßig, jeden eurer Körper heilen zu wollen und alles linear zu bearbeiten. Ihr solltet quantenhaft vorgehen. Normalerweise inkarniert jeder mit dem Wunsch, Liegengebliebenes zu transformieren. Einige unter euch sind gekommen und mussten den Imprint nehmen, den sie bekommen haben, während andere wählen konnten. Das bedeutet, sie konnten sich bestimmte Sachen nicht aussuchen. Die Zeitqualität ließ ihnen keine Wahl, und sie mussten ein Leben führen, das sie sich nicht ausgesucht haben, aber dennoch erlösen mussten, um zu ihrer eigentlichen Aufgabe oder ihrem Lebensauftrag zu kommen. Sie wurden geboren unter dem planetarischen Imprint, der die Planung manifestierte und für alle lesbar machte. Jetzt arbeiten diese Menschen mit dem planetarischen Schicksal oder Imprint zusammen. Wie ich bereits sagte, ist Generalamnestie erlassen worden. Ihr habt die Möglichkeit, eure Energiefelder danach auszurichten oder euch helfen zu lassen. Damit hat nicht jeder automatisch eine Spontanheilung erzielt, aber die Grundlage der klaren, reinen DNS-Information, wie es sein sollte. Diejenigen, die dem planetarischen Imprint gefolgt sind, haben Großes geleistet, für das wir euch bewundern, die meisten sogar mit Bravour. Es sind diejenigen, die bereits aufgestiegen sind und planetarisch übergreifend arbeiten. Sie haben sich über die bestehenden Einflüsse erhoben und sind zur Ursache geworden, während andere noch die Wirkung und Auswirkungen anderer Zeiten und Qualitäten leben. Sie sind es, die die Fäden der Marionette durchtrennt haben, um nicht gezappelt zu werden. Einige von ihnen arbeiten schon mit allem, was ist, zusammen.

Wenn ihr euer Leben meistern wollt, dann habt ihr mit der Geburt und eurem planetarischen Imprint Vorgaben und Einflüsse, denen ihr euch nicht entziehen könnt. Diese Einflüsse bestehen, ob ihr wollt oder nicht. Die Freiheit eurer Wahl besteht lediglich darin, dass ihr euch für oder gegen eine Regelung in Liebe entscheidet. Das allein kann gewählt werden und ist schon alles. Wenn ihr die Meisterschaft errungen habt, seid ihr leichter in der Lage, Einflüsse zu transformieren und mit ihnen zu arbeiten. Ihr seid diesen nicht mehr ausgeliefert und habt euch darüber erhoben und arbeitet oder dient den ganzen planetaren Systemen. Denn wenn dir ein Planet eine Aufgabe sendet, dir ein Bild zeigt, dem du nachgehen sollst, und du es dann tust und herausfindest, was es bedeutet, hast du somit das Energiefeld dieses Planeten sowie den Einfluss, den dieser auf seine Galaxie ausübt, geheilt. Stellt euch vor, euer Zeh schmerzt, das hat Auswirkung auf euren gesamten Körper und auf die Menschen eurer Umgebung. Wenn du nun diesen Zeh heilst, fühlst du dich körperlich besser und behandelst deine Umgebung freundlicher. Jeder profitiert davon.

Heilung benötigen auch wir und hoffen, sie durch euch zu erlangen. Das heißt, wir müssen mit euch zusammen Situationen im Schnellverfahren durchlaufen, die der Heilung bedürfen, weil wir Fehler gemacht haben. Das ist nicht immer leicht für uns oder für euch, dennoch, zusammen geht es schneller. Wir sind es, die es genauso eilig haben wie ihr, denn auch uns rinnt die Zeit durch die Finger. Zwar können wir die Zeit biegen, würden aber ungern noch weiter zurückgehen in der Zeit, um das Spiel wieder aufleben zu lassen. Anhand der Berechnungen war natürlich klar, dass allen nicht viel Zeit bleiben wird, bis die Bewusstseinsebenen gewechselt werden. Ihr habt genauso die Möglichkeit, eine Generalamnestie herauszugeben, wie sie von uns ausgerufen wurde. Das würde die Sache beschleunigen. Wir sind dankbar für all jene, die mit uns zusammenarbeiten und sich nicht scheuen, auch Gefühle zu dulden, die nicht zensiert werden, eine Träne der Barmherzigkeit zu vergießen, die uns gewidmet ist. Alles bringt Heilung, und wir bedürfen der Heilung genau wie ihr, denn wir sind eins.

Aufgrund der schon bestehenden Zeitqualität könnt ihr wieder mit den Tempeln von Atlantis arbeiten, und wenn ihr es zulasst, werden wir gemeinsam ein bisschen dort spazierengehen, um euch zu erinnern.

Wichtig ist, dass ihr begreifen lernt, wie wichtig euer Geist dabei ist. Ihr denkt immer, das Geistige hätte keine Wirkung, dabei macht ihr euch einfach nicht bewusst, dass euer geistiges Sein euer Leben so, wie ihr es lebt, vorgegeben hat. Alles beginnt mit dem Geist, der eine Idee entwickelt oder einen Gedanken, dem die Aufmerksamkeit folgt, um sich zu verwirklichen. Ich führe euch jetzt, linear betrachtet, zurück nach Atlantis, in eine Welt, in der es einem Wesen möglich war, in einem Körper zu existieren und sich mit anderen auszutauschen. Auf dieser Ebene fiel es allen sehr leicht zu manifestieren, was nötig oder gewünscht war. Wir haben in dieser Zeit experimentiert. Parallel dazu hatte Lemuria einen Akasha-Kristall erstellt, der alle Erfahrungen und alles Wissen speichern sollte. Lemuria und Atlantis wurden energetisch zusammengeführt, und beide Fähigkeiten wurden vereint. Während die Wesen in Lemuria eine große Vorarbeit bezüglich dessen geleistet haben, wie Wesen auf der Erde existieren können, war es jedoch in den Anfängen so, dass die energetischen Körper noch weit aus dem materiellen Körper herausragten. Lemuria lernte von den Pflanzen, wie man einen Körper stabilisiert, und die Anbindung an die geistige Einheit war noch in vollem Umfang vorhanden. Mit der Vereinigung von Atlantis verwertete man die gesamten Informationen, die es allen energetischen Körpern gestatteten, sich ganz und gar in einen Körper zurückzuziehen. Aber auch hier bestand noch eine klare Anbindung an die geistige Welt.

Die Tempel von Atlantis

Wir sehen ein Reich von großer Schönheit, Tempeln, Pyramiden, die aus verschiedenen Materialien bestanden und weit in den Raum hinausleuchteten. Die Wesen dort wandten sich Aufgaben zu, die sie gern verrichteten und von denen sie lernen konnten. Ihr müsst verstehen, dass viele Experimente mit dem Einverständnis aller durchgeführt wurden, weil man herausfinden wollte, was machbar oder verbesserbar war. Der Tod hatte in Atlantis nicht die Bedeutung, die er heute für euch hat. Jeder wusste, dass er jederzeit wieder inkarnieren kann. Einige haben ihr Leben einfach beendet, weil sie etwas Neues beginnen wollten. Die Bevölkerungsdichte war bei weitem nicht so, wie ihr sie lebt. Es herrschte eine gewisse Harmonie, eine Zeit, in der sich jeder um seine Angelegenheiten kümmerte. Es war auch der Bewusstseinszustand damals nicht von allen gleich.

Einige fielen ziemlich schnell aus einem ausgeglichenen Zustand in einen Zustand der Getrenntheit. Viele paarten sich mit bereits hier eingeborenen Lebewesen auf die eine oder andere Art, was die Geninformationen an diejenigen auf diesem Weg weitergegeben hat, die einen anderen Entwicklungsweg beschritten. Es gab also langsamere Entwicklungen oder Eingriffe, die Entwicklungen beschleunigten. Zu dieser Zeit wurde viel in Heiltempeln gearbeitet, wo große Heilungen erzielt wurden. Es gab Verjüngungszentren, was damals einfacher war, da ja alles auf einer höheren Ebene stattfand und nicht den mühseligen Weg durch eine Dichte nehmen musste, wie sie heute ist. Wir haben uns das Leben äußerst angenehm gestaltet, weil wir die Fähigkeiten dazu hatten und auch die Mittel, die uns das Leben auf allen Planeten vereinfachte. Andere haben für uns die Arbeiten erledigt, die wir nicht so gerne machen wollten. Auch hier nutzten wir verschiedene Möglichkeiten.

Unter anderem gab es den Tempelschlaf, den wir oft praktizierten. Wesen, die leichte Erkrankungen hatten, wurden mit dem Tempelschlaf geheilt, weil sie in leichter Hypnose in einen Schlaf gelegt wurden und mit entsprechender Vorgehensweise ihre Disharmonien schnell loswurden. Das, was zuerst für Heilungszwecke gedacht und gehandhabt war, wurde später missbraucht. Da mit zunehmender Dichte und Trennung der Weg zur geistigen Ebene nach „oben" erschwert wurde, geschah das auch natürlich nach „unten" zu eurem Unterbewusstsein. Und hier seid ihr am meisten manipulierbar. Die Informationen, die im Unterbewusstsein abgelegt wurden, müssen wieder entfernt werden. Sie sind sonst eine Aufforderung für euer System, die alten Muster immer wieder zu leben, so lange, bis sie transformiert werden. Wenn die alten Informationen entfernt werden, ist Platz für neue, schöne Eingaben, die ihr leben könnt. Ihr habt die Möglichkeit, euch entweder selbst Zutritt zu eurem Unterbewusstsein zu verschaffen oder euch Hilfe bei einer wirklich fähigen, vertrauenswürdigen Person zu holen.

Ihr findet in Atlantis in bestimmten Regionen Hallen, die eine besondere Aufgabe haben oder Informationen enthalten. Am wertvollsten war für uns *die Halle der Blume des Lebens*. Sie ist eine der kraftvollsten und heiligsten mit direkter Anbindung an die Quelle, jedenfalls so, wie wir sie erstellt haben. Wenn ihr euch eine geistige Pyramide baut, dann vergesst nicht, die Blume des Lebens mit dem entsprechenden Abschlusskristall und der göttlichen Spirale zu etablieren. Geistig könnt ihr euch eure Pyramiden so gestalten, wie ihr sie wollt, und ebenso einrichten. Bittet euer höheres Selbst um Rat bei der Erstellung eurer Pyramide. Ihr könnt euch dort so oft aufhalten, wie ihr wollt, dort arbeiten oder für eure Gesunderhaltung oder Heilung sorgen. Nutzt diese Möglichkeiten.

Eine der Hallen ist *die Halle der Aufzeichnungen*, in der die gesamte Schöpfungsgeschichte enthalten ist, für den, der sie noch lesen kann. Bevor ihr jedoch diese Halle im Geiste oder der Wahrheit betreten dürft, müsst ihr erst die Prüfungen des Sphinx bestehen. An ihm kommt niemand vorbei, denn er zeigt dir, was du dir unbedingt ansehen musst, und oftmals gehört eine gehörige Portion Mut dazu. Wenn der Sphinx es gestattet, darfst du weitergehen. Es gab in Atlantis viele Tempelanlagen mit Hallen, die eine besondere Bedeutung und Ausstattung hatten. Begib dich im Geiste nach Atlantis und finde dich dort wieder zurecht. Tauche ein in das Meer des Bewusstseins und lass dich führen zu den Orten, die mit dir zu tun haben. *Die Halle des Lebens* durfte nur in besonderen Fällen betreten werden. Es gab ganze Gebiete, deren Zentren wie eure Chakren aufgebaut waren, die man durchlaufen konnte, um Veränderungen herbeizuführen. Überall, wo man hinblickte, waren Schönheit, Weisheit und Harmonie gepaart und angeordnet. Es gab immer geometrische Strukturen, die eine spezielle Bedeutung hatten und bestimmte Energien dort hielten. Die Halle der Aufzeichnungen ist *die Halle von Amenti*, die ihr in Ägypten noch finden könnt. Auf jedem Planeten in jedem Universum, das wir je besucht haben oder wo immer wir uns niedergelassen haben, habe ich meine Signaturen hinterlassen. Für mich ist es wie eine intergalaktische Landkarte, die nach dem gleichen Prinzip aufgebaut wurde. Das hat den Vorteil, dass ich nicht lange suchen muss. Einige haben gemeint, dass ich damit Besitzansprüche stelle, was wirklich nicht der Fall ist. Aber es heißt auf jeden Fall: „Ich bin hier, auch wenn ich fort bin, und ich habe meine Spuren hinterlassen. Ich habe energetisch gearbeitet, und die Ergebnisse sind zumindest auf der materiellen Ebene zu sehen. Die Geheimnisse, die darin enthalten sind, sind noch nicht allen zugänglich. Auf die Absicht kommt es an. Für mich hat es den Vorteil, dass ich mich sofort wieder zu Hause fühle und der Lichtsignatur folgen kann, die mir als Landkarte dient. Meine Systeme sind selbsterhaltend und bestehen seit Jahrtausenden wie auch ich. Alles, was ich hinterlasse, hat einen guten Grund, ist energetisch wertvoll und verschafft mir die Möglichkeit, immer direkt den Kontakt herzustellen, ohne Einschränkung. Und wenn jemand glaubt, wir seien auf dem Weg und kämen noch, dem kann ich nur sagen: „Irrtum, wir sind schon lange wieder hier.“ Unsere Lichtstädte sind im Orbit positioniert, und wir kooperieren seit längerem schon wieder mit Terra. Anders formuliert, helfen wir beim Aufstieg. Indem wir helfen, erlösen wir einen Teil unserer Schuld, würden aber gern dennoch direkt wenigstens mit einigen von euch zusammenarbeiten, und das jetzt und nicht irgendwann.

Das, was einst als Experiment begann und Formen der Moral und Ehrerbietung dem Leben gegenüber hatte, ist bis zum heutigen Tag immer mehr abgefallen in eine Lebensverachtung und Missachtung, die für alle nicht mehr tragbar ist. So, wie Menschen sich behandeln oder auch misshandeln, ist aus unserer Sicht unter dem Stand eines Tieres. Keinem Tier würde es einfallen, ein anderes Wesen so zu behandeln, wie es der Mensch in seiner pervertierten Phantasie tut. Und bevor ein Planet aufsteigt, eskaliert alles, was nicht in der Liebe ist, um sichtbar zu sein, damit man endlich hinschaut und es ändert. Geändert werden kann nur im Inneren. Ihr versucht immer im Außen, in eurem Spiegel sozusagen, das Bild zu ändern, was nicht funktioniert. Der Spiegel kann nur zeigen, was in euch ist, wenn ihr vor ihn tretet. Ihr müsst begreifen lernen, dass ihr sozusagen alles Negative aussendet, was in der Welt passiert, und dieses eben sichtbar ist. Das jedoch wollen die wenigsten wahrhaben.

Ich gebe euch ein Beispiel. Stellt euch vor, jemand durchlebte eine Inkarnation, wo er misshandelt wurde. Er fühlte sich damals hilflos, erlitt Schmerzen und Leid. Diese intensiven Gefühle hat dieses Wesen mitgenommen nach seinem Wechsel auf andere Ebenen, was ihr als Sterben bezeichnet. Diese Gefühle und dieses Erlebnis werden als Imprint mit in die neue Inkarnation genommen, um erlöst zu werden. Dieses Wesen findet in der neuen Inkarnation nun immer wieder Menschen, die es körperlich oder seelisch misshandeln, die ihm Leid zufügen, und es wird sich hilflos fühlen. Das wird dieses Wesen leben müssen, damit es daran erinnert wird, dass diese Attribute erlöst werden sollen, oder anders formuliert, transformiert werden müssen in Liebe. Das Wesen lebt nun einige Jahre in diesem Zustand mit dem Hass auf andere, die ihm dieses Leid zufügen, ohne zu erkennen, dass es von seinem Unterbewusstsein als ständiges Signal ausging, damit andere ihm den Spiegel vorhalten, damit er dem Hinweis folgt und herausfindet, womit er sich beschäftigen soll. Wenn es diesem Wesen nun gelingt, tief in sein Unterbewusstsein einzutauchen und diese Inkarnation zu finden, kann diese in Liebe transformiert werden. Es bedarf nur der Vergebung gegenüber sich selbst und anderen. Das würde schon reichen. Das ausgesandte Signal ist nicht mehr erforderlich, der Imprint wird entfernt und kann durch liebevolle Planungen ersetzt werden. Die Menschen reagieren darauf, denn das Signal hat sich verändert, und der Spiegel zeigt jetzt Liebe, Fürsorge oder was immer die Planung verlangt. Es kann nur gezeigt werden, was vorhanden ist. Ohne die Zusammenarbeit mit den höheren Ebenen, den höheren Selbsten, werdet ihr nur schwerlich vorankommen. Wenn ihr Zugang zu dem Quantenbewusstsein habt, erlebt ihr alle Ebenen gleichzeitig, so wie es ab der fünften Ebene möglich ist. Hier habt ihr Zugang zu eurem gesamten Energiefeld und könnt es ändern. Dann seid ihr nicht mehr die Wirkung eurer Taten, sondern die Ursache, die die Wirkung genießen kann. Was mit dem anderen geschieht, der dieses Wesen misshandelt hat, geht niemanden etwas an, denn an dem gerechten Ausgleich kommt niemand vorbei. Ob Täter oder Opfer, beide müssen mit ihren Taten leben und sind gezwungen, diese zu transformieren, wenn sie frei sein wollen. Wenn jemand meint, dass er hier auf Erden hausen kann und nach ihm die Sintflut kommen soll, der wird sich wundern, was er an Sintflut noch erhalten wird. Ignoranz, Selbstherrlichkeit oder Brutalität schützen niemanden, schon gar nicht auf der geistigen Ebene. Im Gegenteil, hier erfährst du ganz ungeschminkt, was sich in deinem Sein abspielt, und es kann von dir nicht beeinflusst werden. Hier entscheiden höhere Mächte. Allein an deinem Seelenkleid und deiner Signatur kann man sofort erkennen, wes Geistes Kind du bist, und das ist ohnehin für alle aus dem Orbit auch jetzt schon erkennbar. Je ehrlicher du zu dir selbst bist, desto klarer kannst du vorgehen. Jemand, der vorgibt, er hätte das Recht, andere zu schänden, wird direkt erfahren, dass er Pflichten hat im Leben und dass ein Angriff auf das Leben generell niemandem gestattet ist.

Wir gehen nun weiter durch die Alleen von Atlantis, kommen an einem Blumenmeer vorbei und blicken auf einen See, der vor uns liegt. Wir betreten das Gras und lassen uns an diesem See nieder. In diesem See des Bewusstseins können wir nun erblicken, was unser nächster Schritt ist oder unsere Lebensaufgabe. Das Wasser fängt an, sich zu kräuseln, und wird zu leichten Wellen. Dann steigt aus den Tiefen etwas empor, das wir erst einmal betrachten. Es kann ein Schlüssel sein, den wir dankend entgegennehmen, oder wir erhalten ein Bild, das wir betrachten, welches uns die nächsten Schritte vorgibt. Wir bedanken uns und nehmen die Gaben an. Eine andere Möglichkeit ist, die Pyramide der Erinnerungen aufzusuchen. Wir gehen über einen großen Platz, in dessen Mitte ein Wasserbrunnen steht, und sehen schon die Pyramide vor uns in ihrem Glanz erstrahlen. Vor dem Eingang stehen zwei Wächter, die Kristallstäbe mit rotierenden Enden in ihren Händen halten. Wir bitten um Einlass, denn wir benötigen Erinnerung, um erlösen zu können. Die Wächter der Erinnerung scannen mit ihren Kristallstäben bestimmte Regionen an uns ab und sprechen folgende Worte:

„Ich empfange dich in Frieden, auf das du des Friedens sein sollst. Du bist willkommen."

Wir durchqueren die Pforte des heiligen Tempels der Erinnerungen und befinden uns in einem kristallinen Tempel. Wir begeben uns zur Mitte des Tempels, wo wir stehen bleiben. Hier nun kannst du um die Erinnerung bitten, die dir den inneren Frieden bescheren soll. Die Wände der Pyramide beginnen zu kreisen, Lichtsignaturen werden sichtbar und du kannst eine andere Ebene deines Seins betreten und auf eine Lebenssituation blicken, als Zuschauer sozusagen am Beginn und dann musst du dich in dieses Sein begeben, um auch Emotional diese Situation zu erleben. Die Emotionen erinnern dich direkt. Wenn du all das zulassen kannst, geschehen lassen kannst, kehrst du in die Pyramide der Erinnerungen zurück. Wenn du dann noch immer nicht auf deine Problematik gekommen bist, wird dir die Kristallmutter weiterhelfen und dir sagen, was dein Problem ist. Die Situation umgehen kannst du nicht und fragen ist erst hinterher gestattet. Die Antwort, die du erhältst kann sein, dass du als Hohepriesterin oder Hohepriester einst Arroganz, Stolz oder Überheblichkeit gelebt hast, es kann sein, dass du deinen damaligen Lebensauftrag in irgendeiner Form missverstanden hast. Vielleicht bist du davon ausgegangen, dass du nur Gott lieben darfst und niemand sonst, ohne zu erkennen, dass die göttliche Essenz in jedem ist und diese Essenz in jedem geliebt werden will. Was immer dereinst passiert ist, transformiere endlich, damit du dich dem Neuen zuwenden kannst. Wir haben keine Lust mehr zu warten.

In der neuen Zeitqualität ist äußerste Aktivität gefragt. Wenn ihr sitzt und wartet, dass jemand ein paar Texte channelt, und hofft, dass jemand damit euer Leben regelt, werdet ihr lange warten. Nur wer schon aktiv die neue Qualität lebt, der kommt voran. Ob ihr die Mittel für die neue Qualität habt oder nicht, spielt dabei keine Rolle. Seid endlich mutig. Ihr wolltet als Helden euer Leben regeln und nicht als Opfer dahinwelken. Nun habt ihr die Möglichkeit, und wenn ihr wollt, helfen wir euch. Ihr habt die intergalaktische Nacht durchschritten und mit SOL 5 tritt die Erde in den Lichtzyklus ein. *SOL* steht für die Solare-Omniverselle-Lichtenergie und ist eine intergalaktische Maßeinheit. Je mehr ihr in den Lichtsektor eintretet, desto mehr werdet ihr mit allem konfrontiert, mit eventuell vorhandenem Alten oder dem gesamten Neuen. Wenn ihr das Neue wollt, muss das Alte gehen, damit Platz ist und nicht Chaos oder Verwirrung herrschen. Die meisten Tiere verlassen die Ebene der Dichte bereits und sind schon in den neuen Regionen angesiedelt. Ihr werdet neue Tiere entdecken, neue Pflanzen und natürlich ein neues Universum. Das, was in euch ist, wird sich zeigen, und zwar in Kürze. Anders kann es nicht sein, da wir alle noch den Spiegel der Materie haben. Wesen aus dem Orbit werden sich zeigen, damit ihr euch langsam an sie gewöhnen könnt, ohne gleich ängstlich oder aggressiv zu reagieren. Es ist des Menschen Eigenart, dass er alles, was außerhalb seiner Sippe ist, als Feind und Futterneider betrachtet, jedoch ist das nicht unsere Absicht. Wir brauchen euch als dazugehörige Menschenfamilie mit der Erde genauso, wie ihr uns braucht. Von euch kommt nichts mehr Neues, ihr dreht euch im Kreis, samt eurer langweiligen Erfindungen, die euch nicht großartig voranbringen oder größtenteils nur für Kriegszwecke genutzt werden. Lernt, miteinander in Toleranz zu leben. Da ihr oftmals inzwischen unter das Tier abgefallen seid, habt ihr es etwas schwerer, da ihr euch erst selbst überwinden müsst und dann das Tier. Oft ist es die Scham über euer eigenes Tun, was euch abhält, der Wahrheit ins Auge zu sehen. Wenn ihr euch gestattet, in das Auge einzutreten, habt ihr es schon fast geschafft, denn es widerfährt euch ja nichts, was ihr nicht schon kennt oder bereits erlebt habt. Ihr werdet anfangs mit Bruchstücken der Erinnerung konfrontiert, bis ihr das gesamte Bild erkennt. Der innere Weg zeigt sich viel in Bildern, da die Seele mit Bildern arbeitet. Sie erzählt Geschichten, die ihr verstehen lernen solltet, bis ihr in der Lage seid, wieder klar mit eurer Seele zu kommunizieren. Wie ihr vorgeht, ist euch überlassen. Sucht und findet euren ganz persönlichen inneren Weg. Wenn ihr beginnt, zu urteilen oder zu zensieren, kommt ihr nicht voran und steckt fest. Ihr erzeugt dann Blockaden, die sich auch körperlich zeigen. Also solltet ihr niemanden und nichts verurteilen. Ihr selbst seid der Auslöser all dessen, was ihr seht und was euch begegnet. Fangt an und wir helfen euch, so ihr wollt, und beschleunigen das Verfahren.

Die Bruderschaft hat alle Hände voll zu tun, denn die Erde muss wieder ihre Mitte finden, und das soll sanft geschehen. Die Menschenfamilie muss sich als eine Einheit erkennen und mit der intergalaktischen Familie zusammenarbeiten. Du als Mensch würdest auch nicht im Normalfall deinen Zeh abhacken, weil er dir nicht gefällt, oder ihn beschimpfen oder bekriegen. Er gehört zu dir und bildet einen Teil deines Körpers, der es dir ermöglicht, so zu leben, wie du leben willst. Und auch wenn andere Wesen anders aussehen, gehören sie zu dem Ganzen der intergalaktischen Familie, die eben einfach nur ihren Systemen angepasst sind. Sie sind neugierig auf euch, weil auch sie von euch lernen wollen. Sie wünschen sich eine klare Kommunikation mit euch, sie wollen euch kennenlernen. Einerseits wollt ihr aufregende Erlebnisse, andererseits pendelt ihr zwischen Arbeit und Wohnung hin und her und beklagt euch deprimiert, dass nichts in eurem Leben passiert, und stöhnt vor Langeweile. Jetzt habt ihr die Möglichkeit, das zu ändern. Alles, was erforderlich ist, ist, geistig kreativ zu sein. Die geistige Kreativität kostet euch kein Geld. Ihr habt ekstatische Möglichkeiten, die ihr nur wahrnehmen müsst. Fangt an und seht zu, wie sich euer Leben verändert. Würzt das Ganze mit einem gehörigen Schuss Humor und ihr seid im Aufwärtswind. Macht genau das Gegenteil von dem, was ihr sonst macht. Ihr behauptet, dass euch das schwerfällt? Prima, nun könnt ihr den Weg des Helden gehen, den ihr immer gehen wolltet. Wenn ihr wüsstet, wie sehr euch die meisten eurer intergalaktischen Geschwister beneiden um eure Erfahrungen und die hier herrschende Vielfältigkeit, würdet ihr euch mutig erheben. Andere wundern sich, warum ihr so kompliziert vorgeht und wie ihr es immer schafft, euch selbst Steine in den Weg zu legen. Da ihr überwiegend mit der linken Gehirnhälfte arbeitet und euer Stirnfrontallappen sowie einige eurer Drüsen nicht mehr richtig arbeiten, seid ihr geistig eingerostet. Betätigt den Startknopf, damit die Systeme wieder in Gang kommen.

Kristallschädel

Die Kristallschädel sind aktiviert, und der Hauptkristallschädel sendet die entsprechenden Signale. Wenn ihr soweit seid, werdet ihr Zugang zu den höchsten Sonnenpyramiden haben, in denen die intergalaktischen Schädel aufbewahrt werden. Es wird euch an Informationen nicht mangeln. Mit dem Ende der alten Zeitqualität wird Michael sein Schwert niederlegen und ein neues Amt übernehmen. Und die alte und die junge Hüterin der Kristallschädel werden ausgetauscht werden. Sie alle haben großartige Arbeit geleistet, und wir sind voller Ehrerbietung und Hochachtung, denn auch sie steigen alle auf. Lernt, in den Kristallschädel einzutauchen und zu reisen, damit ihr reich an Erfahrungen zurückkommt. Aktiviert euer gesamtes Hirnpotenzial und nutzt es wieder. Macht den ersten Schritt, alles andere kommt automatisch. Auch hier macht der Versuch klug.

Nutzt die Möglichkeit der freien Wahl, damit ihr nicht nehmen müsst, was übrig bleibt. Wer hat euch gelehrt, dass ihr alles hinnehmen müsst und einen fatalen Fatalismus leben müsst? Wen autorisiert ihr denn ständig, der über euch verfügt? Habt ihr euch je darüber Gedanken gemacht? Wer hat euch weisgemacht, Engel würden nur auf Wolken schweben und stumpfsinnig vor sich hinlächeln? Niemand sitzt hier und spielt für alle Ewigkeiten die Laute und singt ausschließlich fromme Lieder. Niemand schreitet hier mit erhobenem Zeigefinger allwissend umher. Im Gegenteil, wir sind alle äußerst aktiv, und unser Medium weiß, dass auch klare Worte fallen, wenn man weiterkommen will. Engel sind niemals von stoischem Stumpfsinn geprägt und lächeln ewig vor sich hin und feiern bis zum Erbrechen Abendmahl. Auf so eine langweilige Sache würden wir uns nicht einlassen. Wir heiligen, was zu heiligen ist, und feiern, was zu feiern ist, und tun ansonsten unsere Pflicht, und das heißt, dass wir auf allen Ebenen aktiv sind. Natürlich gibt es auch Momente der Passivität da, wo es angebracht ist, sonst nicht. Engel stehen euch zur Verfügung und dienen euch. Sie verlangen nichts von euch, was ihr nicht erbringen könnt. Wenn es jedoch um eine intensive Zusammenarbeit geht, können sie auch fordern, dazu sind sie berechtigt, schließlich geben auch sie ohne Unterlass. Bitte beginnt wieder, kritischer zu sein, und hinterfragt mal ab und zu, ob etwas wirklich ist oder nur Schein und wem es letztendlich dienen soll.

Begegnungen der anderen Art

Einige von euch werden Begegnungen der anderen Art haben. Diese Wesen nähern sich erst geistig und dann körperlich, damit ihr eure Eingewöhnungsphase habt. Ihr könnt euch sozusagen persönlich kennenlernen und für ein Treffen oder eine Zusammenarbeit verabreden. Wie erkennt ihr nun, mit wem ihr zusammentreffen sollt? Fragt euer Gefühl, fragt euer Herz. Wenn es für euch ganz und gar nicht stimmig ist, schickt dieses Wesen weg, und es muss gehen. Ist es jedoch für euch stimmig, dann macht euch bekannt. Wenn sich Menschen auf Erden treffen, entsteht sofort ein energetischer Scann, der darüber entscheidet, ob ihr euch sympathisch seid oder nicht. Wenn ja, fangt ihr an zu kommunizieren und stellt Fragen, damit ihr den anderen besser kennenlernt. Wir im Orbit sind eher direkter. Wir benutzen nicht so viele blumige Worte, die letztendlich nichts aussagen, oder, wie ihr es nennt, den Smalltalk. Wir haushalten mit unserer Energie und kommen meist sehr direkt zur Sache, weil wir auf geistiger und telepathischer Ebene sowieso den Kern der Sache erkennen. Wozu also um den heißen Brei reden! Macht es wie die Kinder. Auch sie sind direkt und haben damit die größten Erfolge. Und wenn jemand nicht will, suchen sie sich einen anderen, der mit ihnen spielt. Sie lassen sich davon nicht aufhalten. Stellt auch anfangs direkt die Frage, was derjenige von euch will, der den Kontakt aufnimmt. Wenn ihr unsicher seid, was die Antwort betrifft, fragt euer höheres Selbst oder bittet es um Hilfe und Klarheit. Wenn das Wesen ohne Antwort verschwindet, lasst es ziehen, dann wollte es euch nur benutzen, weil auch ihr noch andere für eure eigenen Zwecke benutzt, und diente im Prinzip nur als Spiegel. Die freie Wahl habt ihr letztendlich, und diese bleibt euch. Die Verantwortung nimmt euch niemand mehr ab, da auch keine Entscheidung zu treffen schon eine getroffene Entscheidung ist. Wir richten uns da sehr nach euch aus. Für diejenigen, die den Königspfad betreten wollen, gibt es besondere Aufgaben. Lernt zu akzeptieren, wenn ein Mensch plötzlich aufsteht und sich zurückzieht. Vielleicht hat er gerade einen Ruf erhalten und meditiert auf unbestimmte Zeit. Akzeptiert, dass andere nicht mehr eure Unterhalter sind, sondern klare Aufgaben wahrnehmen, wenn sie Weltendiener sein wollen. Jeder kann sich einreihen. Gebt uns eure Wünsche bekannt, und die Galaktische Föderation entscheidet, was machbar ist. In den seltensten Fällen wird ein Wunsch abgeschlagen, sondern eher vertagt, weil einiges von dieser Person noch gefordert ist, dennoch kann parallel dazu schon mit den Vorbereitungen und der Erfüllung begonnen werden.

Aus dem intergalaktischen Raum stoßen neue Elemente zu euch, die mit dem Metatronischen Vollspektrum zu tun haben. Bisher habt ihr mit dem Halbspektrum gelebt, jetzt ist das Vollspektrum in Kraft getreten. Das bedeutet für euch neue Kombinationen des Lebens, der sich offenbarenden Möglichkeiten, neue Qualitäten, neue Blickwinkel und Zusammenarbeit mit den höchsten Sphären. Ihr wollt wissen, wie das im Einzelnen aussieht? Nun, was lasst ihr zu? Wie weit wollt ihr gehen? Für die Erde insgesamt werden auf der fünften Ebene die Möglichkeiten sein, wie sie für die fünfte vorgesehen sind. Da aber einmalig in der Schöpfungsgeschichte die Erde springen kann, das heißt, Ebenen im Schnelldurchgang durchschreiten kann bis in die höchsten Höhen, gibt es keine Begrenzungen. Wenn ihr ständig nach klaren Richtlinien und Rahmenbedingungen fragt, begrenzt ihr euch und andere damit. Beginnt mit einem Teil und seht, wo es euch hinbringt. Lasst euch überhäufen mit allen Gaben und Möglichkeiten, die ihr erhalten könnt. Was das alles ist, könnt ihr hier nicht ermessen, dazu seid ihr noch nicht kreativ genug. Bisher habt ihr euch mit geringen Mitteln immer im Kreis gedreht. Das ist linear betrachtet. Ihr habt einen Weg ins Auge gefasst und seid geradeaus marschiert, ohne zu sehen, dass ihr immer wieder an der gleichen Stelle landet, weil ihr im Kreis wandert. Hättet ihr euch Markierungen gemacht, wäre es euch aufgefallen, aber dann hättet ihr einen Schwierigkeitsgrad aufgeben müssen. Das Problem des Experimentes Mensch ist, dass er, wenn er zu lange in der komatösen Dichte bleibt, zuviel verliert und zu lange benötigt, um wieder seine Systeme herzustellen. Es war allen klar, dass ihr hierfür nicht mehr viel Zeit habt, deshalb sind wir hier, um zu helfen und die Sache zu beschleunigen. Wir zeigen euch die Wege, die ihr gehen müsst, um voranzukommen. Schwelgt nicht so viel in der Vergangenheit, seht hin, transformiert und Schluss. Dann geht es auf zu neuen Taten und neuen Wegen. Wenn ihr immer stehen bleibt und in eure Tagträume verfallt, kommt ihr nicht voran. Wenn ihr Träume habt, setzt einen Zeitpunkt, an dem diese in Erfüllung gehen sollen. Seid dabei realistisch und verlangt nicht, dass ihr morgen Millionär seid, wenn in euch das Programm der seelischen Armut gelebt wird, die sich im Außen auch durch Armut zeigen muss. Wenn ihr das nicht erkennt, arbeitet euer Verstand gegen das Seelenprogramm und ihr werdet keinen Erfolg haben. Euer Scheitern wertet ihr dann als eigenes Versagen und fühlt euch schlecht, ohne zu erkennen, dass ihr es euch selbst versagt habt und nicht die anderen, weil ihr das eigene Programm noch nicht beendet habt. Jeder kann in unermesslicher Fülle leben, wenn der innere Seelenfilm gegen einen neuen ausgetauscht wird. Ihr entscheidet selbst, wann ihr die ständigen Wiederholungen satt habt. Wenn ihr mit dem alten Programm fertig seid, könnt ihr entscheiden, ob ihr von der Erde gehen oder bleiben und wie ihr hier weiter verfahren wollt. Die meisten Menschen konnten das schon vor ihrer Geburt entscheiden, einige wenige nicht. Sie sind als Frequenzhalter gekommen und haben die Aufgaben und Programme übernehmen müssen, die sie erhalten haben, darunter einige sehr schwierige. Sie haben es gemeistert und ihre Meisterschaft angetreten, auch wenn sie sich wie alle anderen anfangs zu sehr mit dem Thema identifiziert haben. Nun jedoch sind sie wirklich frei und können den gesamten Input aufnehmen. Unsere Freude darüber ist unermesslich, weil wir loslegen können. Die Leinen sind gekappt und neue Ufer sind in Sicht. Auch wir brauchen nicht mehr auf der Stelle zu treten. Sie sind es, die schon die neuen Abenteuer begonnen haben und bereit sind für die Galaktische Föderation. Sie lassen sich von keinem mehr aufhalten und gehen konzentriert ans Werk.

Das Wassermannzeitalter bringt die Bewusstseinserweiterung. Die Wasser auf Terra haben mit der Reinigung begonnen und niemand kann sich dem entziehen. Reinigt euch innerlich, dann erleichtert ihr Terra das Vorgehen. Das, was in euch gereinigt wird, muss auch im Außen in der Natur gereinigt werden. Der einzige Müllproduzent der Erde ist der Mensch, der einzige Umweltverschmutzer der Erde ist der Mensch. Die Natur an sich ist selbstreinigend und selbsterhaltend. Sie gibt das gegebene Leben in den Lebenskreislauf, wo jeder seinen Teil davon erhält. Ihr müsst lernen, wirklich sozial zu wirtschaften. Das, was man euch bisher als freie Marktwirtschaft oder Planwirtschaft verkauft hat, sind Vorgaben Einzelner, die bestimmen, was ihr haben dürft und auch welche Qualität es hat. Dieses Vorgehen ist weder frei noch sozial, denn es geht in jedem Fall mit Ausbeutung einher. Der soziale Aspekt erübrigt sich hier von selbst. Lernt umzudenken, vor allem aber hinter die Fassaden zu schauen.

Berufungen

Etliche machen sich auf, um ihre Berufung zu leben, ohne zu wissen, was denn eigentlich ihre Berufung ist. Sie fragen andere und wollen gesagt bekommen, was sie tun sollen. Wir sagen euch jedoch, die Berufung steckt tief in euch. Ihr habt sie verbuddelt und müsst sie ausgraben. Ein anderer kann es euch nicht sagen, warum sollte er auch? Viele glauben, sie seien lichtvoll, weil sie in sozialen Bereichen tätig sein und anderen helfen wollen. Wer sagt euch, was wirkliche Hilfe ist? Vielleicht dient ihr nur Faulpelzen, die von euch den Job gemacht bekommen wollen, den sie selbst nicht machen wollen. Das kann nicht funktionieren. Sie suchen sich Wahrsager und liegen weiter auf der faulen Haut und warten, dass sich das Gesagte erfüllt, was es nicht tun wird, da diejenigen immer noch faul sind. Also wird auch nichts passieren von der Weissagung. Dann werdet ihr beschimpft, weil ihr nichts taugt, denn die Erfüllung lässt auf sich warten. Vielleicht wollt ihr Heiler werden, und die Heilung soll von demjenigen selbst bezahlt werden, also sollt ihr zaubern. Schließlich gibt es ja Krankenkassen, und wenn jemand zahlen soll, wird er unwirsch. Jahrelang hat er Geld für Unsinn und krankmachende Untugenden hingelegt, was ihn auch nicht weiter gestört hat. Und wenn ihr nicht zaubert, dann taugt ihr wieder nichts, schließlich hat derjenige selbst bezahlt und verlangt oder erwartet Ergebnisse von euch, die er von anderen weder erhalten noch erwartet hat, deshalb ist er ja bei euch gelandet. Und wenn nun du ein berufener Heiler oder berufener Seher bist und demjenigen die Wahrheit sagst, dann reagiert er sauer, denn du hältst ihm vielleicht ein Licht hin, dass er nicht sehen will. Du forderst seine Eigenbeteiligung, was neu für ihn ist.

Warum also wollt ihr anderen helfen? Wollt ihr bewundert oder belobigt werden? Braucht ihr Anerkennung? Schmeichelt es eurer Eitelkeit? Lenkt es von euren eigenen Problemen ab, die ihr euch nicht ansehen wollt, denn ihr seid ja so beschäftigt damit, Gutes zu tun. Nun, wie ihr seht, kann man eine Situation aus vielen Blickwinkeln betrachten und die Absicht dabei ist wichtig.

Wenn du nun ein berufener Heiler oder Seher bist, dann funktioniert beides. Die Vorausschau und die Heilung, denn du weißt, wo du den Hebel ansetzen musst, und wenn du noch mit uns zusammenarbeitest, ist es ein Sieg aller. Verabschiedet euch von dem, was ihr selbst für gut haltet, und hinterfragt öfter, warum ihr etwas für gut haltet. Vielleicht ist es nur gut, weil es euch nicht weh tut. Diejenigen, die euch im Leben die größten Probleme bereitet haben, haben euch am meisten geliebt, auch wenn ihr das nicht anerkennt, denn sie haben euch auf euer inneres Programm aufmerksam gemacht, damit ihr es erkennt und erlöst. Den wenigsten ist es gedankt worden, dennoch gebührt ihnen der Dank. Es war ein Spiel von Aktion und Reaktion auf euch und sie zugleich, denn auch ihr habt reagiert und ihnen ebenfalls den Spiegel vorgehalten. Dabei wart auch ihr nicht zimperlich. Die Tür schwingt immer nach beiden Seiten aus.

Wenn ihr nun eure Berufung finden wollt, könnt ihr entweder direkt an die Quelle gehen und nachsehen, oder ihr geht in den Baum und begebt euch zur Wurzel. Sucht und findet, was dort versteckt liegt. Vielleicht begegnet ihr den Nornen. Hört, was sie zu sagen haben. Auf den Weg machen musst du dich schon selbst. Niemand wird es dir servieren. Euch allen steht alles zur Verfügung, fangt an. Niemand braucht auf Erlaubnis zu warten. Geht in die Selbstermächtigung und ergreift die Meisterschaft. Kein Meister ist vom Himmel gefallen. Auch die großen Meister sind den Weg über die Erde gegangen hinein ins Vergessen, haben gesucht, gefunden und überwunden. Daraus sind sie als Meister hervorgegangen und aufgestiegen. Sie kennen die Fallstricke, die das Ego legen kann, denn es ist im Laufe von Jahrtausenden sehr erfinderisch geworden und hat Angst um seinen Rang. Ihr seid diejenigen, die Erkenntnis wollten und vom Baum der Erkenntnis gegessen habt. Sinnbildlich durch Eva, die Erde, bis diese den Ruf Ave hörte.
Ave
Wenn ihr Ave rückwärts lest, seid ihr wieder bei Eva. Abstieg und Aufstieg sind vorgegeben. Also bittet um die Erkenntnis, die euch fehlt, damit es vorangeht. Auch Eva muss sich als Knotenlöserin betätigen und den universellen karmischen Knoten auflösen, der sich ihr intergalaktisch in den Weg gestellt hat. Sie ist dabei, es zu tun, und wir helfen. Findet eure eigenen Knoten, und wenn ihr nicht vorankommt, dann lasst euch helfen, damit der Weg endlich frei ist. Denn Freiheit ist es, was die Erde anstrebt, und sie erreicht es.

Das Spiel hat neue Regeln erhalten durch Arcturus und fordert den brüderlichen Zusammenschluss, gemeinsam etwas zu entwickeln und loszulassen. Gemeinsame Projekte zu entwickeln, von denen alle profitieren und bei denen jeder mitmachen kann. Die Zeit der einsamen Wanderer ist vorbei und das Spiel hat schon begonnen.

Die neue Zeitqualität beinhaltet die Öffnung des Bewusstseins und das Nach-außen-Gehen, also das Teilen des Wissens miteinander. Der Ursprungsgedanke wird umgesetzt. Wenn du also irgendwelchen Geheimbünden angehörst und diese weiter im Geheimen vorgehen, zerfallen sie automatisch, da sie gegen die Zeitqualität arbeiten und somit keinen Bestand haben. Wie der Frühling alles nach außen treibt, damit es sich dem Sonnenlicht entgegenreckt, so zeigt die Universalseele nun auch ihr Gesicht. Sie will geheilt sein und sich mit anderen Seelenanteilen zusammenschließen. Daher werden sich Gruppenseelen finden, die gemeinsam mit galaktischen Angehörigen und Clans zusammenarbeiten, um wirklich Großes zu schaffen, von dem das Gesamte profitiert. Weiter werden verschiedene Gruppenseelen zusammen Projekte in Angriff nehmen, um neue Schöpfungen entstehen zu lassen, sei es hier auf Terra oder anderswo. Wir werden gemeinsam die unterirdische Welt ergründen und die Schätze bergen, die noch dort versteckt sind. Wenn ich sage „Schätze bergen", heißt das nicht, dass einige losrennen, um sie zu verkaufen und egoman gewinnorientiert vorzugehen. Die neue Zeitqualität zeigt dir, dass dir nichts gehört. Die Erde gab es schon Millionen von Jahren vor dir, und sie wird auch nach dir bestehen. Jeder wird erkennen, dass er über Leihgaben verfügen darf, und lernen, dass man Leihgaben ordentlich behandelt. Wenn sich Terra von dem Gröbsten erholt hat, wird sie neu erblühen in einer noch nie dagewesenen

Pracht und Herrlichkeit. Die Freiheit gibt Terra Raum, und sie wird weitere Räume erschließen und diese nutzen, um ihre Vielfalt zu erweitern.

Die Drachenfamilie kehrt zurück, um ihren Dienst hier fortzusetzen. Sie bringt ihre Kenntnisse ganz vorzüglich auch in der Heilung ein. Die DNS von Terra wird eine intergalaktische Erweiterung erfahren, wie es zuvor noch nie geschah. Der Intergalaktische Rat hat beschlossen, diesen Anschluss wieder herzustellen, da einige Frequenzhalter bereits darüber verfügen. Das bedeutet für euch Menschen, dass ihr dauerhaft mit dem gesamten Universum in Kontakt steht. Wenn ihr mal ruhen wollt, dann müsst ihr das deutlich machen, damit sich der Rest zurückzieht. Ansonsten entsteht durch diese Anbindung ein Dauerkontakt, der einen permanenten Austausch gewährleistet. Terra ist bereits Mitglied des Intergalaktischen Rates und hat somit volles Mitspracherecht, also die gleichen Rechte wie alle anderen Mitglieder und die gleichen Pflichten. Da nun Terra in Windeseile oder mit Siebenmeilenstiefeln die Ebenen durchschreiten kann, benötigt sie zusätzliche Integrationen, die sie derzeit schon verarbeitet. Die Nadis sind aktiviert und die Energien fließen ungehemmt. Das heißt für euch Menschen, dass die Veränderungen auf Terra nun noch schneller voranschreiten. Lernt loslassen, lernt, Veränderungen anzunehmen, und haltet nicht fest. Wenn ihr festhaltet, sind eure Hände voll, sodass nichts Neues darin Platz hat. Erinnert euch, dass Offenheit gefordert ist, und das bedeutet anzunehmen. Bisher habt ihr euch lebensfeindlich auf Terra verhalten, untereinander und auch galaktisch gesehen. Die Frage aber ist, was genau verteidigt ihr? Das, was ihr wirklich verteidigt, wisst ihr nicht einmal, weil ihr selbst an die Informationen nicht herankommt. Also behauptet ihr, dass ihr euren Besitz verteidigt, der euch nicht gehört. Noch nicht einmal euer Leben gehört euch, denn auch das ist eine Gabe, die ihr erhalten habt. Ihr habt euch nicht selbst erschaffen. Wenn euch aber nichts gehört, was also verteidigt ihr eigentlich?

Maske

Mit eurer Geburt und dem bei der Geburt erhaltenen Imprint habt ihr euch eine Maske aufgesetzt, damit niemand euer „Problem" erkennen oder es sozusagen nicht an euch ablesen kann – das Problem, das einfach ein Attribut oder ein Gefühl ist, das ihr in eurer letzten Inkarnation aufgrund einer bestimmten Erfahrung mitgenommen habt, um es zu erlösen. Und dann habt ihr es versteckt tief in euch, um es rechtzeitig wiederzufinden und zu befreien. Da ihr jedoch mit dem ersten Atemzug ins Vergessen geht, habt ihr auch vergessen, was ihr hier wolltet. Vor lauter Ablenkung habt ihr sogar vergessen, dass ihr etwas versteckt habt. Nun jedoch ist die Zeit reif, und die Energien drängen darauf, dass ihr das erlöst, was euch plagt und euer Leben hier auf Terra massiv beeinträchtigt. Darüber beginnt der Mensch meist ab dem 33. Lebensjahr zu reflektieren, ihr nennt es oft Midlifecrisis. Dabei ist es nur der Aufruf der Seele, die um die Befreiung ersucht, damit sie sich weiterentwickeln kann. Wenn sie nicht gehört wird, dann verschärfen sich die Probleme, damit sie nun berücksichtigt werden. Ignoriert man diese weiterhin, entstehen Folgen, die unschön enden können, was sich auch in Form von üblen Krankheiten zeigen kann. In vielen Fällen werden diese Mitteilungen von der Astral- oder Ätherebene ausgesandt, die sich später auch in körperlichen Regionen zeigen. Mit dem Frequenzwechsel wird der Druck erneut erhöht, denn keine Seele will alten Ballast mitnehmen. Die Astralebene ist eng mit dem Ich eines jeden verknüpft, und das Ich untersteht dem direkten Einfluss. Das bedeutet für den Menschen, dass die niederen vier Körper geheilt werden müssen. Die höheren Ebenen sind davon ausgenommen, da diese nicht erkrankt sind und der Mensch diese Anbindung nur unterbrochen hat und wieder die Vereinigung der niederen mit den höheren Chakren herstellen muss. Das Denken und Fühlen des Menschen sowie die daraus folgenden Handlungen unterliegen euren bisherigen Erfahrungen. Ihr seid mit einem geprägten Weltbild hierher gekommen, mit dem Imprint der Geburt, der euch sozusagen die Vorgaben in die Wiege gelegt hat. Darauf baut ihr auf, sammelt entsprechende Erfahrungen, die euch eine vermeintliche Bestätigung eurer Ansichten liefern, und behauptet, recht zu haben. Unter dem von euch eingenommenen Blickwinkel und den Erfahrungswerten, die ihr gesammelt und nach eigenem Gutdünken umgesetzt habt, habt ihr natürlich auf eure Art recht, vergesst aber dabei, dass es noch andere Blickwinkel und tausend weitere Handlungsmöglichkeiten gibt. Jemand, der eine andere Sicht der Dinge hat, sieht die Sache ganz anders und würde auch entsprechend unterschiedlich handeln. Und wenn ihr euch weit genug von euch und eurem wahren Kern entfernt habt, empfindet ihr Schuld, weil ihr nicht mehr auf eurem eigenen Weg seid. Ihr habt auf andere gehört und nicht auf euch selbst. Vielleicht haben andere entschieden als ihr selbst, und statt auf euren eigenen Weg zurückzukehren, lauft ihr weiter in der Hoffnung, dass sich alles von selbst regelt. Und wenn das nicht geschieht, verfallt ihr in depressive Zustände, hört aber immer noch nicht auf euch selbst. Der Mensch hat nun die Aufgabe, sich diesem Einfluss zu entziehen, sein wahres Ich zu finden, seine wahre Lebensaufgabe zu finden und diese umzusetzen. Wenn du damit beginnst, wirst du all das erhalten, wonach du dich ein Leben lang gesehnt hast. Denn nun stehst du mit beiden Beinen im Leben als dein eigener Meister, der anderen als Licht dient und selbst Fackeln anzünden kann, die anderen in der Dunkelheit den Weg weisen können. Mut zur eigenen Wahrheit und Beharrlichkeit gehören dazu. Jeder Mensch hat nur eine eigene Wahrheit. Sie gehört ihm aufgrund der Erfahrungen, die er mit seinem Imprint, mit seiner eigenen Rolle, die er hier gespielt hat, gemacht hat. Insofern hat jeder recht, allerdings nur aus diesem Blickwinkel heraus. Es gibt also nichts zu verteidigen, sondern zu finden, zu akzeptieren, was einmal war, und es zu transformieren. Dann kann man loslassen und ist frei für sein neues Leben auf Terra.

Drachenclan

Die Sternenflotte steht hinter dem Intergalaktischen Rat, der entschieden hat, dass Terra mit allen Rechten und Pflichten aufgenommen ist. Das bedeutet aktive Zusammenarbeit auf allen Ebenen. Die Drachenfamilie hat begonnen, im Einzelnen wie auch im Gesamten die DNS wiederherzustellen und brachliegende Teile zu aktivieren. Das könnt ihr daran merken, dass ihr euch in einem Ebenenwechsel befindet und Dinge seht, die vorher für euch nicht sichtbar waren, oder fühlt, dass etwas verändert ist, je nach Fähigkeiten des Einzelnen. Die gesamte DNS wird wieder mit Licht geflutet, was auch körperliche Reaktionen auslöst. Die neuen Ebenen fordern die Gesamtheit, sodass auch körperlich die Gesamtheit erstehen muss. Also werden eure Systeme wieder hochgefahren, sodass ihr nach einiger Zeit auch über das gesamte Potenzial eures Gehirns verfügen könnt. Damit werden die Grundlagen gelegt, um eure Fähigkeiten wieder zu erweitern oder dem eigentlichen Urzustand zuzuführen. Ihr werdet bemerken, wie Areale eures Gehirns einerseits mit einer Person in Kontakt stehen, zugleich ein anderes Areal euch eine andere Ebene mit dem dortigen Geschehen zeigt, während ihr zugleich mit eurer eigenen Tätigkeit beschäftigt seid. Und das ist nur der Anfang, der Beginn einer wunderbaren neuen Erfahrung. Einige von euch werden intensiv mit dem Drachenclan zusammenarbeiten, insbesondere die berufenen Heiler, die Unterweisung erhalten und sich vorzugsweise auf die DNS und die niederen Körper spezialisieren. Heilung betrifft immer das Gesamte, und da ihr ein Teil von Terra seid, werden eure Systeme genau das mitmachen, was Terra durchmacht, um wieder vollkommen integriert zu sein. Ihr könnt euch davon nicht ausklinken. Das, was mit Terra geschieht, geschieht auch mit euch, denn ihr seid eine biologische Einheit. Einen Einfluss darauf habt ihr nicht, wenn ihr die Ebenen wechseln wollt. Wer sich für ein gesondertes Holon entschieden hat, wird auch das sehr schnell merken.

Neue, ausreichende Versorgungslinien werden gelegt, neue Tore eröffnet, sodass auch von nächst höheren Ebenen einfließen kann, was erforderlich oder benötigt ist. Wenn ihr euch auf einer bestimmten Ebene befindet, erhaltet und arbeitet ihr immer von den darüberliegenden Ebenen aus, wo der geistige Input stattfindet, um dann materialisiert zu werden. Die Materie an sich wird geistiger werden und dadurch schneller wandelbar. Da ihr auf Kohlenstoff basiert seid, ist die kristalline Struktur diejenige, die euch einen rasanten Aufstieg und einen Zusammenschluss aller ermöglicht. All jene, die sich schon mit Kristallen beschäftigt haben, erkennen immer mehr, wie viel Möglichkeiten sich bieten, wenn man mit ihnen arbeitet. Klar und rein wie ein „Christ-All" müsst ihr wieder werden, in der Ganzheit oder der Einheit all dessen, was vorhanden ist. Euer Bewusstsein wandelt sich, je mehr ihr die Erinnerung zurückerhaltet. Mit zunehmender Erinnerung fügt ihr das Puzzle zusammen und erhaltet wieder ein klares Bild.

Ab der fünften Dimension habt ihr nur die Möglichkeit, eurer Intuition zu folgen. Wenn ihr also sehr an den Verstand gebunden seid, werdet ihr oft in die Irre gehen. Lernt, eure Intuition zu fühlen. Die Eiszeit, die ihr im Außen erlebt, ist der

Spiegel eures Inneren, der inneren Kälte des Verstandes, die ihr lebt. Wenn die Liebe Einzug gehalten hat, wird der Frühling auch auf intergalaktischer Basis erscheinen und die Schöpfung sich in einem neuen Ausmaß zeigen.

Eure interstellaren Geschwister freuen sich auf euch. Denn wenn ihr euch ändert, wenn ihr wieder zur Ganzheit zurückfindet, dürfen auch sie etwas anderes machen. Sie drängen darauf, denn auch sie steigen auf und müssen loslassen. Heilung ist immer ganzheitlich, zum einen körperlich, zum anderen intergalaktisch. Alles ist mit allem verbunden, und alles hat auf das Gesamte einen Einfluss. Jeder Gedanke von dir erschallt im universellen Raum und ruft dort Veränderungen hervor. Jedes Gefühl ist ebenso gehört und zieht herab, was in dir ist. Bewegt euch nun wieder vom Baum der Erkenntnis zum Baum des Lebens. Hier benötigt ihr Wurzeln, damit sich die Blüte entfalten kann.

Wassermannzeitalter

Da das Wassermannzeitalter nach Freiheit ruft, werden die Völker dem Ruf folgen, sodass sich niemand, der sich als Diktator betätigt, halten wird. Niemand ohne Integrität wird führen, niemand ohne Zusammenarbeit mit dem Intergalaktischen Rat wird führen. Und wenn hier von Führung gesprochen wird, bezieht sich das auf eine Übergangsphase, die eine neue Ordnung herstellt, nämlich eine Ordnung der Brüderlichkeit, der Fürsorge, der Liebe und des Wohlergehens. Wenn diese Ordnung hergestellt ist, dann hält jeder bei sich selbst Ordnung. Wer das nicht macht, wird aus der höheren Ebene fallen, wenn auch nicht ohne Vorwarnung. Es gibt Schlichtungsmöglichkeiten, die in Anspruch genommen werden können. Streit um deinen Wohnort wird es nicht mehr geben, denn die Erde selbst bestimmt, wo ihr wohnen werdet. Sie wird euch genau dort leben lassen, wo ihr am besten dienen könnt. Bittet die Erde, euch diesen Platz zu zeigen, und sie wird es tun. Und erst wenn dort euer Sein nicht mehr dem Gesamten dienen kann, erst dann wechselt ihr den Wohnort. Viele von euch sind in den letzten Jahren oft umgezogen, und das hatte auch damit zu tun. In der neuen Zeitqualität läuft dies insgesamt viel bestimmter und klarer ab. Die Menschen werden intensiv mit der Erde zusammenleben und immer und überall auf ihre Wünsche eingehen. Und wenn jemand glaubt, er könne anderen mit Gewalt etwas wegnehmen, der wird sich sehr wundern. Derjenige wird erkennen, dass sich die gesamte Natur in einem einzigen Moment des Seins gegen ihn auflehnen kann und er unter Umständen alles verliert.

Die neue Ebene ist keine Freiheit des Verstandes allein, der sich zum Herrscher erkoren hat, sondern es ist eine Freiheit der Liebe, die nach klaren Gesetzen lebt. Damit sind nicht die Gesetze der Erde gemeint, die von Menschen gemacht und jederzeit veränderbar sind. Es sind so viele, dass ihr sie selbst nicht alle kennt und infolgedessen auch nicht halten könnt. Da es von Menschen gemachte Gesetze sind, die euch in der Vergangenheit gedient haben, die aber größtenteils dehnbar und auslegbar sind und von vielen als nicht gerecht empfunden wurden, werden sie auch durch Menschen zerfallen. Die Menschenfamilie wird auf die ewig gültigen intergalaktischen Gesetze zurückgreifen und diese auch auf der Erde leben. Diese sind absolut überschaubar und werden von allen unter allen Umständen eingehalten.

Die intergalaktischen Familien schließen sich zusammen und bringen vorrangig das ein, was ihr ureigenes Talent ist, ihre Weisheit und Wissenschaft. Ein gegenseitiges Fördern wird auf Terra stattfinden, was auch bedeuten kann, dass du dich mit Themen beschäftigen solltest, die dir nicht so gefallen. Vielleicht sind es gerade diese Themen, die dich voranbringen und dir neue Dimensionen eröffnen. Viele von euch haben begonnen, den Weg durch das goldene Tor zu wählen, etliche haben es schon durchschritten. Für ein paar Menschen wird sich nichts ändern, denn sie werden unbemerkt ein Holon wechseln, in dem sie weiter verfahren wie bisher.

Alle jene, die die Veränderungen auf Terra sehen und spüren, sind noch dabei. Die Elemente sorgen für die notwendige Reinigung, was ihr auf der Erde und auch in euren Körpern bemerkt. Es sind Veränderungen, die nicht wirklich klar zu diagnostizieren sind und auch nicht lange anhalten. Erinnert euch, alles ist Energie, und die Energien positionieren und richten sich neu aus. Die Ausrichtung erfolgt auf die Urzentralsonne hin, deren Frequenzen direkt auf Terra treffen. Diese Informationen setzt Terra um und letztendlich auch ihr, wenn auch noch mehr auf der unbewussten Ebene. Das, was zurzeit noch als kollektives Interesse der Angst vorherrscht, wird sich wandeln in ein kollektives Sein in Liebe. Während der Lemurischen Periode habt ihr als eine Einheit Großes erschaffen, denn ihr hattet ein gemeinsames Ziel, das ihr fest im Visier hattet. Euer kollektives Unterbewusstsein wird zurzeit gereinigt. Ihr merkt es daran, dass euer Verstand oft nicht mehr folgen kann. Die Geschehnisse folgen dicht aufeinander oder gleichzeitig, der Verstand wird überfordert und muss beiseite treten. Er hat keine Zeit mehr, sich auszumalen, welche Szenarien ihm oder dem Kollektiv Angst einflößen könnten. Er wird sich hinten anstellen und den Platz einnehmen, der ihm zusteht. Das allumfassende Sein hat Vorrang und das weiblich nährende und erhaltende Prinzip ist in Kraft getreten. Deshalb verschwindet alles auf Terra, was dem alleinigen kalten männlichen Prinzip unterliegt. Das bedeutet nicht, dass alle verblöden, sondern dass der Verstand seine Aufgabe als Weltendiener wahrnimmt und die Aufmerksamkeit darauf ausrichtet.

Der einst androgyne DNS-Strang wurde in eine weibliche und eine männliche Spirale unterteilt, sodass ihr euch entscheiden musstet, welches Prinzip ihr leben wolltet. Die Unterdrückung des Weiblichen entstand mit Atlantis, denn ohne diese wäre ein Aufbau, so wie er erfolgt ist, nicht möglich gewesen. Vereinbart war, dass das Männliche das Weibliche durch die Zeit der großen Dunkelheit führen und beschützen sollte. Diese Vereinbarung wurde vom männlichen Prinzip nicht eingehalten. Es unterdrückte und misshandelte die weiblichen Anteile in höchstem Maße. Die Ära des Lichts jedoch hat begonnen und das Weibliche führt das männliche Prinzip. Ihr habt die Möglichkeit der Rache und seid damit weg von der fünften Ebene oder der Vergebung, wo ihr willkommen seid. Wenn Männer nun denken, Frauen müssen vergeben, wenn sie aufsteigen wollen, und sie haben Narrenfreiheit, dann irren sie sich. Das weibliche Prinzip kann euch zur Rechenschaft ziehen, denn es ist mächtig sauer, das solltet ihr wissen. Es gibt die Möglichkeit, dass Frauen euch vergeben und dennoch alleine weitermachen, weil ihr einfach noch lernen müsst, oder es gibt die Möglichkeit der Ausgewogenheit. Einige Frauen haben den Stab der Macht geteilt, und das bedeutet für die Männer einen wichtigen Sinneswandel. Eure größte Furcht wird wahr, denn das, wofür ihr euch am meisten schämt, ist euer Missbrauch der Kraft und die Lieblosigkeit, mit der ihr vorgeht und so degeneriert seid, dass ihr Frauen inzwischen als Ware oder Eigentum betrachtet und behandelt. In einigen Ländern werden Frauen unter dem Tier gehandelt. Aber auch an euch wird der Wandel nicht spurlos vorübergehen. Und wenn ihr euch nicht eines Besseren besinnt, wird es für euch ein böses Erwachen geben.

Und nun kommt die nächste gute Nachricht: Ihr müsst Verantwortung übernehmen. Das Delegieren von Drecksarbeit ist nicht mehr. Die Rosinen eines Kuchens sind für alle da. Erinnere dich, bevor du dich für einen männlichen Körper entschieden hast, warst du immer weiblich und bist aus dem Weiblichen hervorgegangen. Das ist die Natur der Dinge.

Die Zone des freien Willens entscheidet auch darüber, wer du bist und was du tust, was eng miteinander verknüpft ist. Oder anders formuliert, du tust, was du bist. Ein Avatar unterscheidet sich von einem niederen Wesen dadurch, dass er hohe Empfindungen halten kann. Er ist Lichthalter, er ist Frequenzhalter der höchsten Frequenzen, bis er eins ist mit dem höchsten Licht. Ein niederes Wesen lebt seinen Egoismus und seine niederen Triebe, seinen Stolz und seine Eitelkeiten. Das Ego steht hier im Vordergrund. Dieses Wesen fühlt sich isoliert von allen anderen und ist nur mit sich selbst beschäftigt. Ein Avatar hingegen ist mit allem verbunden. Das fühlt er und lebt er in der Fürsorge des Seins, verbunden mit der Weisheit, die ihm zu Gebote steht. Und wenn du deine Weisheit erlangen willst, dann musst du darum bitten, denn im interstellaren Raum drängt dir niemand etwas auf. Es steht bereit für dich, wenn du dich in einem Moment deines Seins entscheidest, dass du darüber verfügen willst. Wenn du nun Standleitungen zu deinem Clan oder denen willst, mit denen du zusammen Neues kreierst, dann brauchst du nur darum zu bitten. Das ist alles. Damit hast du einen dauerhaften Kontakt hergestellt, der sofort wirksam ist. Deine körperlichen Systeme müssen nun angepasst werden, das ist unumgänglich, denn du musst lernen, mit deinem KA-Körper zu reisen. Infolgedessen müssen sich deine Systeme trennen können und dennoch zum Teil verbunden bleiben. Stell dir vor, du schwebst über dir und siehst dich von oben unten liegen. Und nun stell dir vor, du siehst dich dort liegen und beginnst eine Reise ins Universum. Das, was du auf deiner Reise zurückgelassen hast, gibt dir Halt und ermöglicht dir den weit entfernten Kontakt. Und hierher wirst du zurückkehren, um dein Leben im Alltag neu zu ordnen. Wenn du telepathisch bist und über Standleitungen verfügst, hast du dauerhaften Kontakt zu deinen interstellaren Geschwistern. Nun entscheidet dein höheres und höchstes Selbst, was für dich das Beste ist, und genau das wird eingeleitet. Wenn du annimmst, was dir geboten wird, dann kommst du schnell voran. Die Zusammenarbeit beginnt schon mit dem Moment, wo du deine Absicht geäußert hast. Und du beginnst dich von der linearen Ebene zum Quantensystem zu bewegen. Hier erfährst du leibhaftig, dass du mit allem, was ist, in Verbindung stehst. Du erkennst, dass alles von dir ausgegangen ist und zu dir zurückkehrt. Du sammelst ein und transformierst und kehrst selbst zurück zum Ursprung deines Seins. Und genau hier erhältst du deine neue Lebensaufgabe, die du zum Wohle aller einbringen kannst. Wenn du diese annimmst, stehen deine interstellaren Geschwister bereit, um mit dir diese Aufgabe in aller Vollkommenheit durchzuführen. Und sei dabei versichert, dass dir alle Wege geebnet sind. Nichts und niemand wird sich dir oder deiner Lebensaufgabe in den Weg stellen. Du lebst im Jetzt, dem Ort deiner Kraft, der kein Karma aufweist, der keine Vergangenheit oder Zukunft hat. Hier bist du frei und stehst auf einem neuen Fundament mit klaren Aufgaben und Zielen, auf die du zuschreitest. Du wirst deine Mitmenschen mit anderen Augen betrachten und erkennen, was sie teilweise noch mit ihren alten Mustern erschaffen, und du weißt, dass du nicht eingreifen darfst, bis dich jemand darum bittet. Und dann kannst du demjenigen eine Fackel anzünden nach Anweisung des höheren Selbstes, das für ihn bereitsteht.

Und ein weiteres Licht ist in den Himmeln angezündet und ein neuer Raum ist erhellt. Du hast deine und seine Schatten betrachtet und liebevoll transformiert. Wenn du alle Schatten transformiert hast, stehst du selbst im Licht, ohne Schatten zu werfen, denn du bist in den Zenit eingetreten und deine Energiefelder werden neu geordnet. Das kannst du körperlich spüren. Du lebst eine andere Wertigkeit, denn du weißt nun, dass es Wichtigeres gibt, als sich ständig im Schlamm des Opferdaseins zu wälzen.

Erinnere dich an Atlantis, schreite mit mir durch diese Gegend, vorbei an Gebäuden, in denen Avatare leben. Nimm ihr Licht auf und frage, ob du sie kurz berühren darfst. Damit erhalten deine Systeme einen Input an Licht und diese Informationen breiten sich in dir aus. Erinnere dich an den Gruß, wenn zwei sich begegnen. Sie kreuzen die Arme vor ihrem Brustkorb und das Wahrzeichen von Atlantis leuchtet überall. Es ist die Lotusblume, Symbol der Erhebung des Bewusstseins, die sich aus dem Schlamm emporreckt. Und je höher sie steigt, desto klarer ist das Wasser, desto reiner das Bewusstsein, bis sie über den Wassern schwebt. Du findest dieses Symbol fast überall, wie auch die Lotusteiche, die angelegt wurden. Gehe ein bisschen spazieren an diesem Ort und lass dich verzaubern von der Schönheit, der Anmut und der Harmonie. Genieße die Ruhe hier und finde deinen Platz, den du dereinst innehattest, deinen persönlichen Platz der Ruhe, der Geborgenheit und der inneren Einkehr. Hier bist du erblüht zu einem neuen Wesen mit bedeutungsvollen Aufgaben, die dein Sein und das Sein aller bereichert haben. Siehe dich lächeln, denn hier weißt du, hier bist du eins mit allem, was ist.

Wir unternehmen nun eine Reise ist das vergessene Land, durchschreiten die Milchstraße und fragen, ob wir willkommen sind. Dann warten wir auf einen Leitstrahl, der uns direkt zu dem Ort bringt, zu dem wir wollen. Auf diesem gleiten wir sanft an unser Ziel und befinden uns in den Bergen von Urs Major. So weit das Auge reicht, sehen wir Berge und Täler. Die Berge sind voller Höhlen und verwinkelten Gängen. Einige Wesen der Drachenfamilie begrüßen uns und bringen uns zu einer Höhle. Wir fühlen, dass wir diese Gegend und diese Wesen kennen. Merke dir diese Höhle, in die du geführt wirst, denn du wirst sie noch öfter aufsuchen. Mitglieder des Drachenclans sagen dir, was du machen sollst. Vielleicht führen sie dich in einen Raum und geben dir Anweisungen oder legen dich auf einen Tisch, der aus einem bestimmten Material ist. Was immer erforderlich ist, wird geschehen, damit du heil bist. Vielleicht bist du beeindruckt von der Kraft des Ortes, von der Kraft dieser Wesen, die seit Urzeiten existieren und wieder auf die Erde kommen, denn auch sie haben eine Aufgabe hier zu erfüllen, die sie gern mit dir gemeinsam durchführen würden. Ihre Weisheit ist groß und sie sind Spezialisten der DNS. Ihre Aufgabe ist es, den gesamten Strang freizulegen und mit dem heiligen Feuer anzufüllen. Sie helfen dir, in Glanz und Glorie wiederzuerstehen als ein vollwertiges Mitglied insofern, als du nun wieder über deine Ganzheit verfügst.

Urs Major

Vielleicht führen sie dich in deine kristalline Pyramide, die du damals im stellaren Raum erstellt hast. Sie zeigen dir deine Pyramide und händigen dir den Abschlusskristall aus, den sie für dich gehütet haben. Du setzt nun diesen Abschlusskristall wieder an die offene Spitze der Pyramide und die Spirale allen Lebens rotiert. An der Spitze der Pyramide wird nun die Blume des Lebens sichtbar, lichtvoll, wie du es von Blitzen her kennst. In der Mitte steht dein kristalliner Tisch. Lege dich dorthin und lasse geschehen. Sieh dich um und erinnere dich. Du kannst auch die Pyramide neu einrichten. Was immer deine Intuition dir rät, tue. In deine Pyramide darf nur der eintreten, dem du Einlass gewährst. Auch hier kann Heilung für dich stattfinden. Die Mitglieder der Drachenfamilie sind deine Vorfahren, deine Ahnen und letztendlich du selbst. Alles, was du siehst, und alle, die du triffst, kennst du aus der alten Zeit. Genieße diesen Aufenthalt und begib dich dorthin, wann immer du willst. Erschaffe dir weitere Pyramiden, vielleicht aus Rosenquarz oder anderen Kristallen. Du kannst in ihnen arbeiten, dich dort erholen, reinigen, heilen oder verjüngen. Du kannst Wesen einladen, um Zwistigkeiten zu klären und den Frieden wiederherzustellen. Deiner Phantasie sind keine Grenzen gesetzt. Dein höheres Selbst sollte dabei sein und die Führung übernehmen. Kehre nach einer Weile gestärkt zurück in deinen Körper, den du zurückgelassen hast, und fühle, wie deine Zellen diese Informationen aufnehmen und umsetzen. Spüre die neue Vitalität, die sich ausbreitet, und erkenne die neue Ausstrahlung, die von dir ausgeht, und entfache die innere Flamme, das ewige Licht, das für alle leuchtet. Quantenmäßig warst du nie fort. Du hast Ebenen erschaffen, in denen du bestimmte Erfahrungen machen wolltest, und nun kehrst du zu deinem Standort zurück.

Wenn du weiter durch Atlantis gehst, siehst du Schilder, denen du folgen kannst. Vielleicht sind es Glyphen, die du nicht sofort wieder verstehst. Folge deiner Intuition oder bitte dein höheres Selbst, dich zu führen. Bitte um dein persönliches Mandala, das du dir mitgenommen hast, damit du dich erinnerst. Siehe, wie es aufsteigt aus der Tiefe deines Seins und nun klar vor dir steht. Wenn dir die Erinnerung noch fehlt, lass dich führen. Hier geschieht nun, was du dir bestimmt hast und weshalb du hierhergekommen bist.

Alle, die zurzeit inkarniert sind, waren in Atlantis aktiv und haben eine bestimmte Aufgabe übernommen. Deshalb sind sie hier, und deswegen habt ihr auf Terra eine Überbevölkerung. Viele Avatare sind inkarniert. Wenn es um den Aufstieg geht, sind sie immer dabei. Spezialisten sind gekommen, die lange Schläfer waren. Sie mussten fremdes Karma übernehmen, weil sie den genauen Zeitpunkt benötigten, um in einen Körper einzuziehen. Ein Teil ihrer selbst hat sich über einen gewissen Zeitraum betätigt und das fremde Karma transformiert. Sie starben den mystischen Tod, damit danach die gesamte Energie diesen Körper übernimmt. Sie stehen mit allen höheren Körpern in Verbindung, denn sie haben ihr Ego aufgegeben, damit Größeres die Führung übernehmen kann. Viele haben diesen Vorgang bewusst miterlebt, und es war nicht leicht. Dennoch sind sie die Säulen unter euch, die euch den nötigen Halt geben.

Die Säulenhallen von Atlantis

Erinnere dich und folge mir durch eine der Säulenhallen von Atlantis. Durchschreite diese von einer Seite zur anderen und lasse die Energien wirken. Was siehst du? Was wandelt sich? Was erfühlst du? Was ist erforderlich? Vielleicht gesellen sich Wesen zu dir oder die eine oder andere Säule verändert sich. Lass geschehen und nimm diese Informationen auf.

Nimm nun meine Hand und folge mir zur Halle der Lebensbücher. Wir klopfen an die Pforte und bitten um Einlass. Nachdem die Pforte geöffnet wurde, treten wir in eine große Halle. An den Wänden stehen Regale, auf denen unzählige Bücher gelagert sind. Du bist nun inmitten dieses Raumes und weißt genau, wo dein Buch steht. Hole es dir, nimm es vom Regal. Setz dich und lies in deinem Buch der Aufzeichnungen. Wenn alles für dich stimmig ist, kannst du das Buch zurückstellen. Wenn du aber feststellst, dass du ein neues Leben führen willst, dann übergib das Buch einem Wesen, das nun diesen Raum betritt. Dies kann dein höheres Selbst sein oder ein anderes Wesen. Bitte nun darum, dass dein Buch umgeschrieben wird. Du kannst selbst Wünsche anmelden oder die Wunschlosigkeit proklamieren und dein höheres Selbst einen Eintrag vornehmen lassen. Wenn du fertig bist, dann bedanke dich und lasse dich hinausgeleiten.

Wir gehen nun weiter zum Tempel der Erinnerung. Auch hier bitten wir die Wächter um Einlass. In der Vorhalle begegnen uns Wesen, die uns ein heiliges Gewand anlegen und uns zu einem weiteren Raum führen. Wir warten, bis wir gerufen werden. Wenn sich diese Pforte öffnet und wir eintreten dürfen, lassen wir uns zu einem weiteren Buch oder einer Tafel führen. Beide sind aus Gold, wie auch der gesamte Raum. Einer der heiligen Altvorderen steht neben einem Altar, auf dem nun das goldene Buch oder eine goldene Tafel liegt. Trete näher und lies. Wenn es dir noch nicht vergönnt ist, zu lesen, dann bitte die Elohim, deinen heiligen Namen zu singen. Halte Andacht und warte, bis du wieder aus diesem Raum geführt wirst. Bedanke dich wieder bei allen Beteiligten.

Vielleicht machst du einen täglichen Spaziergang durch Atlantis und entdeckst immer Neues, bis du eines Tages den Schlangentempel findest und betrittst. Auch hier stehen mächtige Wächter, die diesen Tempel hüten. Manche von euch werden hier den alten heiligen Tanz der Schlangen tanzen, andere werden sich hüten, diesen Tempel zu betreten. Wenn du zu den Mutigen gehörst, die diesen Tempel betreten wollen, lasse geschehen, was immer geschieht. Es wird dich erheben. Gehe danach hinaus in die Welt und tue das, was dir in diesem Tempel gegeben wurde, und sei versichert, dass es eine große Wirkung hat.

Orion-Shakar Wir reisen nun zusammen zum Orion in das Gebiet von Orion-Shakar, das eine Region der Klippen und Felsen ist. Wenn du dich hierher begibst, kannst du erkennen, was noch alles für dich bereitsteht. Dir selbst wird diese Region äußerst dunkel vorkommen, was an der Konstruktion deiner Augen liegt, dennoch ist sie ausgesprochen lichtvoll. Es ist ein intergalaktisches Tor zur universellen Mutter, die dir zeigt, was wichtig und richtig ist. Und wenn du schon auf Orion bist und Zusammenarbeit wünschst, kannst du dich leiten lassen. Bekunde deine Absicht und ein Empfangskomitee wird bereitstehen. Vielleicht geht ihr zur Überwachungszentrale der Sicherheitszone. Sieh dich um und schau auf die Monitore, Sensoren, Laserausrichtungen und was es sonst noch hier gibt. In dieser Zentrale wird der Raum überwacht. Kometen, die auf die Erde zurasen, wurden hier abgefangen, umgeleitet oder zerstört. Diese Zentrale ist so lange erforderlich, bis die Erde einen eigenen Schutzschild hat und technisch selbst soweit ist, sich zu schützen. Vielleicht darfst du die Nebel des Orion betreten und dir dort Mitteilungen holen, die für dich von Interesse sind. Es gibt so einiges zu erkunden auf Orion, das dich auf Erden voranbringt.

Lasse dich einladen, eine der Lichtstädte zu besuchen, die im Orbit schweben und von gigantischem Ausmaß sind. Sie sind getarnt, und eine befindet sich ganz in deiner Nähe. Für dich wirkt das Licht gleißend und du musst dich einen Moment daran gewöhnen. Vielleicht kannst du anfangs nur Ausschnitte eines Raumes, eines Platzes oder eines Gebietes erkennen. Je öfter du hier bist, desto besser wirst du dich zurechtfinden, und alles wird dir wieder vertraut. Es gibt hier Kammern, in die du dich begeben kannst, um deine Zellen mit Licht anzufüllen. Du kannst auch Depots anlegen und diese mit zur

Erde nehmen und dort einlagern, sozusagen das Lagerhaus von Terra füllen. Hier finden unterhaltsame Runden statt, an denen du teilnehmen oder dir Rat holen kannst. Es geht hier sehr humorvoll zu und du kannst die Leichtigkeit genießen, die dir gut tun und dich beflügeln wird. Erkenne, dass du nicht mehr Versteck spielen musst, weder mit dir selbst noch mit uns. Niemand zensiert dich, und das, was wirklich zählt, ist die Aufrichtigkeit, denn diese bietet dir einen festen Boden unter deinen Füßen. Alles andere ist auf Sand gebaut und wird zusammenfallen wie ein Kartenhaus bei der leisesten Brise.

Die neue Zeitqualität fordert die Offenheit. Das bedeutet nicht, dass ihr euer Herz auf der Zunge tragen sollt und jedem mit euren Problemen oder eigenen Wahrheiten hinterherlaufen sollt. Es bedeutet aber, dass ihr euch Menschen eures Vertrauens suchen könnt, mit denen ihr ausgesprochen offen sein könnt. Probleme, die euch schon lange bewegen, könnt ihr ansprechen und ans Licht holen lassen. Damit habt ihr einen Schatten weniger. Ihr werdet Frequenzhalter finden, die euch weder verurteilen noch Vorwürfe machen, denn sie haben den Blickwinkel des Gesamten. Sie finden sogar euer Problem, vielleicht eines, an das ihr zuvor nie gedacht habt. Bei ihnen könnt ihr eure alten, verstaubten Vorstellungen über Bord werfen und euren Geist frei machen für einen neuen Lebensweg, den ihr danach einschlagen werdet. Es geht nicht anders, denn die Seele sehnt sich danach, und sie wird alles daransetzen, diese Freiheit zu erlangen. Hakt euer bisheriges Leben als Erfahrung ab, aus der ihr lernen konntet, denn ihr habt eigene, teilweise grausame Spiele inszeniert, aus denen ihr als Helden hervorgehen wolltet. Habt euch Mitspieler gesucht, die sich aus Liebe bereiterklärt haben, mitzuwirken an dieser Inszenierung, und auch Zuschauer haben von euch gelernt. Schreibt nun ein neues

Drehbuch, wechselt die Bühne und bittet um eine bedeutungsvolle Aufgabe für euer Sein auf Terra.

Wir sind jedenfalls oft fasziniert von eurem Einfallsreichtum auf Terra, müssen aber ebenso oft wegsehen, weil wir diese Inszenierungen oft nicht ertragen können. Es ist in Ordnung, wenn ihr an eure Grenzen gehen wollt, aber denkt daran, dass es Zeit ist, euch auf das Neue zu besinnen, das von euch noch eine Menge Energie fordern wird. Beendet also die alten Spiele jetzt und sorgt für neue Energien, die euch aufbauen und stärken. Nur was du selbst besitzt, kannst du teilen. Sorge also dafür, dass du etwas hast, was du teilen kannst mit anderen.

Künftige Veränderungen

Es werden viele neue Berufe entstehen und natürlich viele alte Berufe von der Bildfläche verschwinden. Die Forschung wird eine neue Dimension erhalten, denn hier habt ihr viel nachzuholen, da euer Verstand feststeckt. Da ihr die Erde misshandelt, gibt sie euch auch keine neuen Inspirationen, und von uns erhaltet ihr keine, solange ihr auf dem Kriegspfad wandelt und noch Diktatoren auf der Welt herrschen wollen. Die Gefahr des Missbrauchs ist noch zu groß. Das wird sich ändern. Diktatoren werden fallen, so wie alle, die glauben, ein Volk mit Ausbeutung beherrschen zu können, sich selbst alles nehmen und bestimmen, was andere haben dürfen. Ihnen rufen wir zu, dass sie den alten Zeiten Ade sagen können, denn noch bevor ein Plan zur Sicherung ihres Stuhles entworfen wurde, sind sie nicht mehr. Den kriminellen Strukturen sei gesagt, dass sie, wenn sie so weitermachen, in ein Holon abwandern werden.

Ihr werdet erwachen, und der neue Tag wird sein, als wäre nichts geschehen, und ihr werdet nur noch euch selbst begegnen. Ihr werdet lernen müssen, eure Machenschaften zu ertragen, und werdet am Schluss unterliegen, wenn ihr uneinsichtig seid. Ich hoffe und wünsche euch, dass ihr euch schnell umentscheidet und erkennt, dass es letztlich ihr selbst seid, denen ihr das alles antut. Ihr werdet den Schmerz der Grausamkeiten, die ihr anderen zufügt, am eigenen Leib verspüren. Es bleibt euch überlassen, wie ihr damit umgeht. Der freie Wille bleibt euch insofern erhalten, als ihr wählen könnt, ob ihr zur Liebe zurückkehren wollt.

Die anderen werden sich erfreulicheren Aufgaben zuwenden. Das neue Sein wird euch Freude bereiten, und alles, was ihr tut, wird durchtränkt sein von Liebe und Kreativität, denn danach sehnt ihr euch im Grunde genommen. Die Welt erstickt an dem kalten Verstand, und viele eurer Systeme wurden einst von alten, verknöcherten Männern erschaffen, und ihr habt daran festgehalten. Das alles ist nicht mehr zeitgemäß. Eine Anpassung und Neuausrichtung muss erfolgen, wenn ihr euch nicht verlieren wollt. Eine der schwierigsten Aufgaben, die ihr zu bewältigen habt, ist das Thema Sicherheit, denn alle bisher aufgestellten Sicherheitsstrukturen, die größtenteils nur dazu dienten, euch zu kontrollieren, werden von einem Moment zum anderen verschwinden. Das bedeutet nicht, dass Anarchie herrschen wird, sondern es bedeutet, dass ihr lernen werdet, dass es nur eine Sicherheit gibt, und diese ist in euch selbst. Kurzum, ihr müsst euch auf euch selbst verlassen. Die Verantwortung, die ihr bisher an Institutionen oder Menschen abgegeben habt, werdet ihr zurückholen müssen, denn ihr benötigt euer gesamtes Potenzial.

Wenn ihr in die Welt blickt, seht ihr doch schon, wie die Naturgewalten oder die Göttin zur Reinigung ausgeholt hat. Vieles an Überraschungen hat sie noch parat. Die Kumaras* leisten ganze Arbeit, und ihr werdet euch wieder auf euch selbst besinnen müssen. Ihr könnt das auch freiwillig tun. Achtet auf die Natur und die Tiere und schenkt ihnen eure Aufmerksamkeit. Die Erde wird so sanft wie möglich vorgehen, aber dennoch werden Regionen, die einer großen Reinigung bedürfen, diese auch erhalten. Fragt die Erde, wo euer Platz sein soll, und begebt euch dorthin. Dort seid ihr willkommen, dort hält sie einen Platz für euch bereit, der auf euch zugeschnitten ist. Hier wird sich euer Sein entfalten wie die Blätter einer Blume.

Elektrizität, wie ihr sie kennt, wird einem neuen System weichen. Alle Systeme, die auf Getrenntheit basieren, werden durch zusammenwirkende Einheiten ersetzt. Solange diese noch funktionieren, werdet ihr über kurz oder lang eine Fernsehsendung erhalten, die allen Informationen zukommen lässt. Wir nutzen eure bestehenden Systeme, um den Kontakt mit euch zu intensivieren. Viele Wesenheiten werden sich persönlich zeigen, damit diejenigen, die weder Telepathie noch anderes beherrschen, die Möglichkeit haben, ihre Angst vor Fremden zu überwinden. Hier werdet ihr in Neuheiten eingewiesen, die ihr auch in eurem Alltag umsetzen könnt. Es sind Anleitungen, die ihr leicht umsetzen könnt, die euch Erleichterung bringen und den Grundstein für neue Technologien legen. Aufrufe werden erfolgen, in denen die Namen derjenigen genannt werden, die für Sonderaufgaben bereitstehen. Wer Interesse hat, sich bestimmten Gruppen anzuschließen, kann dies gern bekunden. Wir werden euch auch Bilder und Filme zeigen aus anderen Regionen im Weltraum, damit ihr eine Vorstellung erhaltet, was es sonst noch gibt. Zum Beispiel werdet ihr Planeten sehen, wie ihr sie kennt, auf denen kein Leben für euch zu sehen ist. Dann wird euch gezeigt werden, dass und wie Wesen dort leben und worüber sie verfügen. Von eurer niedrigen Warte aus konntet ihr sie nicht sehen. Ihr werdet erstaunt sein. Das Leben hat auf jeder Ebene unterschiedliche Gestalt. Während euch auf einer Ebene nur geometrische Figuren entgegenkommen, habt ihr auf der anderen Ebene zarte Lichtsignaturen. Wenn ihr denn telepathisch seid, werdet ihr auf jeder Ebene die Wesenheiten erkennen können, denn dann seid ihr in der Lage, hinter die Materie zu sehen und das Wahrhaftige zu erkennen. Nichts wird euch verborgen sein.

Ihr werdet über ein sogenanntes Äther-Fernsehen verfügen. Der Hohe Rat wird zu allen sprechen und sich über ein „himmlisches Fernsehen" zeigen, den sogenannten intergalaktischen Monitor oder Orbit-TV. Er wird in regelmäßigen Abständen zu euch sprechen, immer dann, wenn wichtige Entscheidungen anstehen, die von allen mitzutragen sind. In dem Fall findet dann ein geistiger Zusammenschluss aller statt, die sich auf dieses Ziel konzentrieren, als Einheit zusammenstehen und einen Transformationsprozess oder neue Kreationen einleiten. Wir alle finden das immer sehr interessant, können auch viel davon lernen und lassen uns inspirieren. Doch bevor ihr etwas auf die Erde bringen wollt, fragt Terra, ob es ihr recht ist. Fangt bitte nicht eigenmächtig an, etwas zu kreieren ohne Absprache. Terra könnte es euch übelnehmen und euch daran hindern, indem sie die Mittel nicht zur Verfügung stellt, oder der Rest des Orbits wäre vielleicht nicht begeistert, weil es entweder ungeeignet ist oder anderweitig schaden könnte. Bedenkt, dass ihr alles, was ihr hier auf Terra manifestieren wollt, woanders wegnehmt, und das sollte euch von Herzen gegönnt sein. So, wie ihr anderen bisher ohne zu fragen genommen habt, funktioniert die neue Ebene nicht, denn es geht um das Wohl aller, nicht nur des Einzelnen. Ziel ist es, mit so wenig wie möglich auszukommen und doch alles zu haben, was man braucht oder wünscht. Wenn ihr manifestieren könnt, wird das Horten von allein aufhören. Ihr werdet euch nicht mehr mit all dem Ballast einengen wollen. Wenn ihr Reisen unternehmt, wird für euch gesorgt sein, denn ihr seid Teil der Familie und euch wird gegeben. Ebenso umgekehrt werdet ihr Familienmitglieder, die euch besuchen, auch bewirten und es ihnen angenehm gestalten. Solche Aufenthalte sind von unterschiedlicher Dauer und dauern eben so lange, wie es nötig ist. In der Jetztzeit ist das unwichtig, denn im ewigen Jetzt gibt es keine Ungeduld mehr. Ihr werdet zu der Duldung übergehen, die euch das Neue ermöglicht. Wenn jemand längere Reisen unternimmt, wird er in einen sogenannten Reiseschlaf gelegt, was bedeutet, dass ihr eben fünfzig oder zweihundert Tage schlafen werdet, bis ihr am Ziel seid. Je nachdem, wie und wohin ihr reisen werdet. Auch das Vehikel ist entscheidend, das ihr nutzen könnt. Eure Systeme müssen bis zu einem bestimmten Grad berücksichtigt werden, und je nachdem, auf welcher Ebene ihr euch im Alltag bewegt, desto unterschiedlicher werden diese Reisen vor sich gehen. Auch der Zielort wird davon abhängig sein. Vorerst habt ihr genug im eignen Universum zu tun. Lernt euch kennen, lernt eure Erde kennen, und lernt den Raum kennen, der sich für euch neu eröffnen wird. Die neue Zeitqualität bringt massive Veränderungen auf der Erde und eurem Himmelsgewölbe mit sich. Die Ausrichtung der Sonne hat sich schon seit längerem verändert, und ihr müsst euch dementsprechend ebenfalls neu ausrichten, damit ihr an den Informationsfluss angeschlossen seid. Von der Urzentralsonne gehen unendliche Ströme von Lichtpartikeln aus, zuerst auf die anderen Sonnenkörper, die sich dann dort mit den Essenzen der einzelnen Sonnen verbinden und alle gemeinsam auf der Erde auftreffen. Die Sonnenwinde drehen und mit SOL 6 seid ihr in den großen Lichtkegel eingetreten. Ihr werdet spätestens im Sommer merken, dass das Tageslicht anfängt zu tanzen, zu flimmern auf eine neue, eigentümliche Art. Die auf die Erde auftreffenden Lichtpartikel enthalten Informationen, die ihr nutzen könnt. Diese Informationen dringen hinab in den kristallinen Kern, verändern das Innere, die Magmastruktur, die einzelnen Schichten der Erde sowie die Erdkruste, die seit Atlantis beschädigt ist. Die alten, verletzten kristallinen Strukturen werden immer reiner und klarer, denn auch sie werden geheilt. Auch eure Körper durchleben diese Veränderungen, da ihr Teil des Ganzen seid, eine Quintessenz sozusagen, in der sich der gesamte Raum widerspiegelt. Da sich alles verändert, verändert auch ihr euch, euer Leben auf Erden bis hin zur Urzentralebene. Ihr stellt euch die Ebenen überwiegend voneinander getrennt vor, was sie nicht sind. Sie greifen ineinander und beeinflussen sich gegenseitig. Nichts im gesamten Raum ist voneinander getrennt, alles ist immer mit allem verbunden.

Wenn man nun eine Schöpfung kreiert, so wie wir das getan haben, dann benötigt man auch ein Zeitfenster, in dem diese Schöpfung stattfinden und sich entwickeln soll. Wenn du Leben gibst, muss es sich entwickeln können, das ist oberstes Gesetz. Alles gegebene Leben entwickelt sich immer zum Höchsten hin und geht wieder ein in den Ursprung, von dem es ausgegangen ist. Jeder, der an einer Schöpfung beteiligt ist, hat in gewissen Abständen auch damit zu tun, ist aber dennoch immer mit ihr verbunden. Die Gesetze des Kosmos sind unveränderbar, die Gesetze der Menschen jederzeit. Die Menschen werden sich wieder an die kosmischen Gesetze erinnern und diese auf Terra leben. Ob ein Mensch diese bewusst lebt oder nur die Auswirkungen erfährt, ist dabei sekundär, da sich die kosmischen Gesetze immer erfüllen. Wir stehen in geschlossenen Reihen zusammen und sorgen für unseren Teil der Erfüllung. Schon lange haben wir begriffen, dass wir alle zusammenstehen als Grundlage für das Wohlergehen aller. Weder Ausbeutung noch Raubbau werden in den Gewölben geduldet.

Manches ist euch schwerer zu vermitteln, weil ihr einen Blickwinkel der Dreidimensionalität habt. Ihr blickt vor und zurück, nach oben oder nach unten und setzt einen Fuß vor den anderen. Versucht bitte mal, alle Blickwinkel auf einmal einzunehmen, dann erfasst ihr das Ganze mit der dahinterstehenden Absicht. Euer Gehirn muss das erst trainieren. Wenn es aber zu hundert Prozent funktioniert und nicht mehr auf den ca. dreißig Prozent reduzierten Status eingeengt ist, wird das für euch eine Leichtigkeit sein. Ihr werdet erfassen und wissen. Das ist der neue Lernvorgang: erfassen und wissen. Vorrangig wird sich das auf die Bedürfnisse von Terra, die hier lebenden Wesen und euer Universum konzentrieren. Einige haben sich schon in andere Gewölbe hineinbegeben, was eine große Gnade ist, und arbeiten mit den für diesen zuständigen Ätherwesen zusammen. Die Sylphen sind auf Erden und in euren Körpern bereits aktiv, wie auch die Echsen in hohem Maß.

Ihr Menschen könnt den Übergang in die neue Ebene am besten schaffen, wenn ihr geschehen und euch helfen lasst, da der Verstand dies nicht bewerkstelligen kann. Er ist nicht in der Lage, die aus den Herzen aller fließende Schöpfungsplanung zu sehen und dafür Vorbereitungen zu treffen. Noch nicht einmal wir, die wir hier im Orbit sind, haben dieses Bild komplett erhalten, stehen aber bereit für euch, um, falls nötig, einzugreifen und zu helfen. Der Verstand kann die Planung der Zukunft nur äußerst begrenzt entwickeln. Es geschehen zu schnelle Veränderungen, die alle plötzlich eintreten. Ab der fünften Ebene zählt eure Intuition und ihr kommt nur voran, wenn ihr eurer Intuition folgt. Der Verstand wird dabei so in den Hintergrund gedrängt, dass er sich notgedrungen auf seine wirkliche Aufgabe besinnen wird. In noch höheren Ebenen wird die Genialität der Geisteskraft wirksam.

Das, was zurzeit auf Terra geschieht, kann nicht so weitergehen. Die Bevölkerung explodiert, sodass ihr euch selbst den Lebensraum nehmt. Ihr zerstört die Natur aufgrund der immer mehr Platz beanspruchenden zunehmenden Population und bestehender Wirtschaftssysteme, die auf Ausbeutung beruhen und nur Einzelne reich machen. Flora und Fauna ziehen sich immer mehr zurück. Wenn die Natur beschließt, euch nicht mehr zu ernähren, sterbt ihr in einem Moment. Alles, was ihr auf Terra vorfindet, sind lebendige Wesen. Der Baum ist euer Bruder und könnte euch Geschichten der Erde erzählen, die vor Tausenden von Jahren stattgefunden haben, statt mit Plastik verklebt in irgendeinem Zimmer als Schrank zu stehen. Ihr habt den Baum nicht gefragt, ob ihr ihn roden dürft, und habt seinen Geist nicht eingeladen, mit in eurem Mobiliar zu wohnen. Somit habt ihr euch von seiner Lebendigkeit ausgeschlossen. Ihr seid so tief gesunken, dass ihr keinen wirklichen Kontakt zur Natur habt. Da ihr keinen wirklichen Kontakt zur Natur habt, versteht ihr sie nicht mehr und ehrt sie nicht mehr. Eure Emotionalkörper verrotten immer mehr, und wenn sich Emotionen zeigen, habt ihr Angst davor, sie könnten euch umbringen. Und das wiederum bedeutet, dass ihr den Kontakt zu euch selbst verloren habt. Wenn ihr zu uns Kontakt wollt, müsst ihr auch zu euch selbst Kontakt haben, und das geht nur, wenn ihr euch mit euch selbst aufrichtig beschäftigt. Die verbleibende Zeit erlaubt es nicht mehr, dass Milliarden von Menschen anfangen, über einen langen Zeitraum zur Heilung zu schreiten. Wenn ihr uns bittet, fangen wir an, an euren Systemen zu arbeiten, eure Energiefelder zu reinigen, was wir ja schon seit längerem tun. Auf anderer Ebene habt ihr uns dafür die Erlaubnis erteilt. Anders ist es mit dem, was ihr uns bewusst erlaubt. Ich sage es noch einmal, die Absicht reicht. Wenn ihr die Absicht aussprecht, Kontakt mit uns aufzubauen, seid ihr gehört. Wie das vorangeht, entscheiden wir, weil ihr das nicht entscheiden könnt. Ihr geht dabei entweder nach eurem Verstand oder nach dem Ego. Und beides ist nicht gefragt. Gefragt ist der Geist in euch, das ewige Göttliche, das wieder in den Vordergrund treten und euch übernehmen muss. Alles andere entwickelt sich von selbst. Es besteht auch kein Grund, nervös zu werden, es ist für alles gesorgt. Wenn ihr beschließt, eure alten Muster noch weiter zu leben, sind uns die Hände gebunden und wir warten, bis ihr soweit seid. Wir haben kein Problem damit, nur macht für euer Leben nicht immer andere verantwortlich. Erkennt, dass die Projektion von euch selbst ausgeht.

Ihr werdet Kontakt zu Parallelwelten erhalten und euch selbst wiedertreffen. Der Enkel wird dem Großvater begegnen, der als Enkel zurzeit hier inkarniert ist, um beim Aufstieg zu helfen. Und du wirst erkennen, dass du alles bist, was existiert, nur in einem anderen Gewand, mit einer anderen Aufgabe oder Rolle und mit einer anderen Einstellung, die du dir redlich erworben hast. Der Geist wird wieder lebendig sein für den Einzelnen, und dadurch wirst du in Kommunikation zu allem, was ist, treten. Es geht gar nicht anders. Auch werdet ihr erkennen, dass die herrschenden Naturgewalten eure unterdrückten Emotionen sind, die sich ihre eigenen Bahnen brechen und auf ihre Art wüten. Der von euch erzeugte Hass ist entstanden, weil ihr euch von euch selbst, von der Liebe zu euch selbst abgewandt habt und in den Selbsthass gegangen seid. Die Erde hat all das aufgenommen, denn nichts verschwindet im Universum. Da alles erhalten bleibt, muss alles transformiert werden, wenn es wieder heil sein soll. Ihr werdet lernen, Energiefelder zu setzen, die die Ausgewogenheit halten und auch das Wetter stabilisieren. Eine zweite Sonne, die eine geistige Sonne ist, wird scheinen und die Materie ein weiteres Mal wandeln. Ihr alle steht an einer Schwelle, wo ihr in die höchsten Höhen aufsteigen oder aber in die Vernichtung eurer selbst fallen könnt, die bis hin zur Auslöschung eures Seins gehen kann. Je grausamer ihr seid, desto mehr zieht sich dieser geistige Funke in euch zurück, bis er ganz erloschen ist. Wenn universell ein Name getilgt ist, darf er von keinem mehr erwähnt werden. Dennoch kann dieses Wesen weiter bestehen, ohne dass es von anderen Energie erhält. Wenn jemand immer tiefer in diese Grausamkeiten absinkt, kommt er an einen Punkt der absoluten Selbstvernichtung, wo dieser Funke komplett erloschen ist. Hütet euch davor.

Wenn es heißt, dass ihr wieder wie die Kinder werden sollt, dann bedeutet das, dass ihr offen sein sollt, aufeinander zugehen sollt, miteinander spielen sollt, staunen sollt, nichts festhalten sollt, sondern euch direkt auf das konzentriert, mit dem ihr euch beschäftigt. Seid nicht bösartig und kehrt zurück zu den Wurzeln, denn als Kinder hattet ihr noch eine stabile Anbindung an die geistige Welt. Ihr habt in beiden Welten gelebt und aus beiden Welten den Input erhalten. Ihr habt als Kinder vertrauensvoll ins Leben geschaut und konntet es nicht erwarten, Neues zu lernen, zu erfahren und euren Horizont zu erweitern. Ihr habt mit Freude gelebt und hattet ein Lachen im Gesicht, wenn euch etwas gelungen ist. Ihr habt euch keine Gedanken über das Morgen gemacht, sondern wart immer auf den Moment konzentriert. Kehrt dahin zurück, es bringt euch voran. Als Kind war für euch alles möglich, und das könnt ihr wieder zulassen. Alles ist möglich, auch für euch selbst im Hier und Jetzt.

Eine Überbevölkerung herrscht auch, weil in vielen Teilen der Erde die Kinder als Altersvorsorge missbraucht werden. Dass die Alten geehrt sind, steht außer Frage, nur werden sie in der neuen Zeitqualität versorgt sein. Kinder, die geboren werden, werden von allen willkommen geheißen, und ihre Aufgabe wird in Zukunft die Verwirklichung der Essenz des Alleinen, der Höchsten Triade, sein. Das Wohlergehen des anderen steht immer im Vordergrund. Und je mehr du gibst, desto mehr wirst du erhalten. Und das Vertrauen, das die Kinder leben, ist von euch allen gefordert. Bisher habt ihr mehr Angst gelebt, denn die hat euren Verteidigungsmodus, eure selbst erstellten Feindbilder erhalten und pseudo-gerechtfertigt. Das ist vorbei. Ab der fünften Ebene benötigt ihr eure Intuition, und das bedeutet wieder Vertrauen. Vertrauen gehört zur Liebe, Vertrauen in sich selbst und das Leben zu haben. Die Grundlage des Vertrauens schafft den inneren Frieden, gepaart mit der Erkenntnis, dass ihr alles Alte loslassen dürft, es aus dem Weg räumen könnt, um dem neuen, kreativen Wohlergehen Platz zu machen. Das Goldene Zeitalter ist ein Zeitalter der Gemeinsamkeit des Männlichen und Weiblichen sowie der Einheit allen Seins. Die Kräfte wirken alle zusammen und erschließen das Neue auf einer harmonischen Basis, was durch das Weibliche stabilisiert wird.

Intergalaktische Ordnung

Zur neuen Ordnung wird gehören, dass es Strukturen gibt, die durchgängig intergalaktisch gefestigt sind und sich als ausnehmend wirksam erwiesen haben. Wir haben zum einen den Intergalaktischen Rat, der seine Aufgaben von noch höheren Räten bis hin zu den Essenz-Räten erhält, den absoluten Meisterstrukturen, den Schöpfungshaltern, die harmonische Frequenzen, Licht, Weisheit und die bedingungslose Liebe allen Seins halten. Von dem Intergalaktischen Rat werden die Aufgaben weitergeleitet an die Stellaren Räte, die die Aufgabenverteilung nun an die Regionalen Räte weitergeben. Die Regionalen oder Planetaren Räte setzen sich zusammen aus jeweils 13 Wesen, die bereits von den höheren Ebenen aus arbeiten und dauerhaft mit dem interstellaren Raum in Verbindung stehen. Von den Regionalen Räten werden diese Aufgaben nun an die Mediatoren weitergeleitet, die für eine bestimmte Gruppe zuständig sind. Ausgenommen davon sind die Avatar-Gruppen, die ohnehin auch direkt zu dem Intergalaktischen Rat in Verbindung stehen. Die Aufgaben der Avatare fließen direkt ein. Alle anderen Räte sind darüber informiert. Ein Mediator hat die Aufgabe, die Harmonie einer Gruppe zu halten Das bedeutet nicht, dass alle Beteiligten nur fromm sind, sondern dass die Gefühle, die Wünsche ans Licht kommen und transformiert werden. Nichts wird mehr im Staubecken der Mutter Erde abgelagert und rottet dort vor sich hin, bis es explosiv freigesetzt wird. Bisher habt ihr nur ein Quäntchen an Gefühlen gelebt und diese noch unterdrückt, wenn sie euch unangenehm waren oder von der Gesellschaft zensiert wurden. Das ist vorbei. Jedes Gefühl hat seine Berechtigung, und ihr werdet zur Vitalität des Lebens zurückkehren. Ihr werdet Gefühle konzentriert zu anderen Planeten senden, die eurer bedürfen, denn Gefühle sind ein Bestandteil der Manifestation. Der biologische Shift, der euch ereilt, wird grandios sein, denn wenn ihr wieder Hand in Hand mit Mutter Natur arbeitet und lebt, werdet ihr eine ungeahnte Fülle erhalten und biologische Schöpfungen kreieren, die vorher noch nie dagewesen sind. Die Blaupausen liegen schon bereit. Es ist der Moment, wo ihr wirklich noch nie Dagewesenes zur Erde bringt. Das, was ihr jetzt habt, sind alles Wiederholungen, die immer langweiliger für euch werden. Tief in euch seid ihr euch dessen bewusst. Die Matrix wird eine Matrix der höchsten Allmacht, da sich der menschliche Wille wieder mit dem göttlichen Willen zu einer gewaltigen Kraft verbindet. Wir alle sind schon sehr gespannt, wie das im Alltag aussehen wird, und wollen aktiv mit dabei sein. Das Resultat der jeweiligen Gruppen wird mit anderen geteilt und allen zur Verfügung gestellt oder miteinander verbunden, um als Großes und Ganzes ein unbegrenztes Ausmaß einzunehmen. Die Gruppen selbst werden keinesfalls leben wie im Mittelalter, sondern Biologie und Technologie miteinander verbinden. Die Absicht jedoch wird sich ändern. Niemand wird sich über den anderen erheben und behaupten, er sei ein Führer, der anderen sagt, was sie tun oder lassen dürfen. Das Bewusstsein des Einzelnen weitet sich aus in der Erkenntnis, dass die gesamte Schöpfung von der Urquellexistenzebene ausgegangen ist und alles ein Bestandteil der höchsten Schöpfung ist. Und dieser Bestandteil wird geheiligt sein. Ein Angriff auf ein Wesen würde als Angriff auf das göttliche Sein gewertet und im gleichen Moment geahndet werden.

Jeder wird auf seiner eigenen Stimme bestehen und diese einbringen. Das, was wirkliche Meinungsfreiheit ist, werdet ihr erst noch erleben. Das bedeutet nicht, dass ihr alle Beteiligten beleidigt, weil euch gerade danach ist, aber es beinhaltet, dass ihr sagt, was eure innere Wahrheit gebietet. Diese innere Wahrheit ist ein Teil des Gesamten, das zum Bild des Gesamten beiträgt. Ein Puzzleteil sozusagen, das zumindest akzeptiert wird. Ihr werdet in ein gesundes Selbstbewusstsein finden, weil ihr euch weder von der Meinung der anderen noch von deren Anerkennung abhängig macht. Im Gegenteil, ihr werdet beflissen noch mehr Vielfalt auf diese Erde bringen und endlich die Möglichkeit eröffnen, dass jeder auch aus dem stellaren Raum hier promovieren kann. Es wird ein Hort des Wissens werden, zu dem der gesamte Raum Zugang hat. Auch wir haben aus der Vergangenheit gelernt und sorgen dafür, dass dieser

Universitätsblock nicht mehr missbraucht werden kann. Damals fiel die Freiheit aller mit einer Stimme nach dem Mehrheitsprinzip. Diesmal herrscht das universelle Gesetz der Nächstenliebe. Wer dieses Gesetz missachtet, dem wird der Zutritt verwehrt. Wer glaubt, sich einschmuggeln zu können, um hier erst sein wahres Gesicht zu zeigen, wird eines Besseren belehrt werden, denn die Verbindung zur Quellexistenzebene ist schon lange hergestellt, und an ihr kommt niemand vorbei. Die Essenz-Räte haben sich mit der Erde in einer noch nie dagewesenen Form vereint und halten die Zone des freien Willens, die zur Zone des freien Schöpferwillens mutiert. Das Licht eurer Herzen wird sich mit der geistigen und den natürlichen Sonnen vereinen und den gesamten Raum erhellen. Ihr werdet vereint das Lied der Herzen singen, das schon in vielen erklungen ist. Wenn ihr einen Blick in die Zukunft werfen könntet, würdet ihr wahrhaftige Schöpfergötter sehen, die Gewölbe um Gewölbe erhellen, nie müde werdend, eine Schöpfung der Liebe zu erschaffen. Ihr und die Erde seid von allen maßlos geliebt, und bei uns stehen viele in der Warteschlange, um sich an eurer intergalaktischen Universität zu immatrikulieren. Sie können es nicht erwarten, Zutritt zu erlangen. Heißt sie willkommen und lernt voneinander, um diese territorial angelegte Universität zu bereichern und das Wissen immens zu erweitern.

Der ursprüngliche Plan des Seth hat dazu gedient, dass ihr vom „Baum der Erkenntnis“ gegessen habt, hinabgesunken seid in die Dunkelheit, getrennt vom Alleinen-Bewusstsein sowie vom Unterbewusstsein, was euch erst diese Erfahrungen ermöglicht hat. Nie wieder wird je ein Wesen eure Erfahrungen wiederholen können. Sie sind einzigartig in der Geschichte des großen Lebensbuches der Schöpfung. Alle, die nach euch kommen, werden andere Möglichkeiten leben, und viele wünschten, sie wären dabei gewesen. Der Essenz-Rat hat beschlossen, dass die Grausamkeiten aus dem Bewusstsein getilgt und mit Frequenzbändern überschrieben werden. Einem derartigen Angriff auf die Göttlichkeit wird nicht mehr stattgegeben, denn die Seelen haben zu sehr Schaden genommen. Beschlossen ist, dass ein bestimmtes Bewusstsein immer gehalten wird und der Intergalaktische Rat in Absprache mit dem Essenz-Rat die Möglichkeit hat, jederzeit einzugreifen, um eine derartige Bestialität zu verhindern. Dies geschieht zum Schutz des Einzelnen und zum Schutz aller.

Dem Experiment des Seth hat man anfangs wenig Aufmerksamkeit geschenkt, es teilweise sogar belächelt. Viele haben sich dann zurückgezogen und abgewartet, wie es sich entwickelt. Zurzeit sind alle in höchstem Maß daran interessiert, wie die Vollendung voranschreitet, um der neuen Entwicklung den Raum zu geben. Seth und seine ursprüngliche Gruppe halten euer Unterbewusstsein, und es ist an euch, es freizulegen und die Membran zu entfernen, damit ihr in eure volle Kraft kommt.

Dieses Experiment bedingte, dass Ra sterben musste, damit eine Auferstehung erfolgen kann und eine Wiedergeburt möglich ist. In der neuen Zeitqualität ist es euch allen möglich, den Übergang, den ihr Tod nennt, auf eine besondere, lebendige Art durchzuführen. Ihr habt die Möglichkeit, den Zeitpunkt selbst zu wählen und jederzeit bewusst diesen alten Körper zu verlassen, um in einen neuen einzuziehen. Bisher musstet ihr sterben, um die alten Energiefelder abzugeben und loszulassen. Ihr habt inzwischen beschlossen, dass das zu umständlich und langwierig ist. Daher ist ein freier Übergang möglich geworden, bei dem das Wissen und das Bewusstsein erhalten bleiben, auf denen aufgebaut wird.

Neues Leben – neue Freiheit

Es wird offene Mysterienschulen geben. Zum Teil arbeiten die alten, jahrtausendelang bestehenden Schulen wieder öffentlich und zum anderen werden neue eröffnet, die einen intergalaktischen Charakter haben und Wissen vermitteln, das in der alten Zeit der Allgemeinheit nicht in dem Umfang zugänglich war. Die Kenntnis des *linken und rechten Auge des Horus** wird mit zur Basisausbildung gehören, zum Kindergarten. Ihr werdet immense Möglichkeiten erhalten, euren Erfahrungsschatz, euer Wissen und eure Kenntnisse zu erweitern. Dieses ist ein lebendiges Wissen, das in großen Potenzen einfließt. Kristalle werden hierbei eine große Rolle spielen. Diese werden euren Wohnbereich ausfüllen. Ihr werdet in der Lage sein, selbst Kristallbehausungen zu erstellen, die ihr wieder abbaut, wenn ihr sie nicht mehr benötigt. Einige von euch entscheiden sich, in der freien Natur zu leben, und werden enge Symbiosen mit den Bäumen eingehen. Andere werden Begegnungsstätten errichten, Zentren, in denen vieles unter einem Dach stattfindet.

Das Gesundheitssystem wird einen neuen Raum einnehmen, denn die Fürsorge für den Einzelnen und dessen Energiefelder, insbesondere der Emotionen und Gefühle, wird eine große Rolle spielen. Ihr werdet auf Wohlfühlzentren großen Wert legen, in denen ihr auf vielerlei Art verwöhnt werdet, und zwar energetisch in der Hauptsache und kosmetisch in neuem Sinn. Hier werdet ihr Verjüngungszentren nutzen, falls ihr euch selbst noch nicht verjüngen könnt, wobei die entsprechenden Hormone aktiviert werden.

Ein neues Sicherungssystem wird errichtet, das einen großen Einfluss auf euch hat. Da ihr mit euren Herzen aktiv verbunden seid, ist es wichtig, dass der Herzschlag der Erde geschützt ist, und das bedeutet, dass die Erde einen Schutzschild erhält, der immer wieder neu angepasst werden muss. Einige

Berufsstände werden sich darauf spezialisieren und nur für diesen Schutzschild sorgen und sofortige Anpassung durch Harmonisierung herbeiführen.

Eure Partnerschaften werden einen anderen Charakter erhalten. Ihr habt die Wahl einer lebenslänglichen Partnerschaft oder der befristeten. Keinesfalls werdet ihr wirtschaftliche Verbindungen eingehen, sondern Liebes- oder Aufstiegsverbindungen. Ihr werdet euch Partner suchen, mit denen ihr auf dem intergalaktischen Strahl reitet, um euch mit Licht zu erfüllen bis hin zur Auflösung, wenn es denn so gewollt ist. Diese Verbindungen können nur bestehen, wenn sie ausgesprochen ehrlich geführt werden und wenn jeder in der Lage ist, den anderen bedingungslos zu lieben. Während der Zeremonien des Strahls werdet ihr euch anders verhalten als sonst, und euer Partner sollte in der Lage sein, das alles mit Liebe und Gleichmut hinzunehmen, sonst funktioniert es nicht. Da bei diesem Vorgehen die Seelen miteinander verschmelzen, würde es euch Probleme bereiten, wenn durch Unehrlichkeit eine dritte Person Verunreinigungen einführen würde. Eure bisher geleistete Arbeit mit dem Strahl wäre zunichte gemacht. Wenn ihr also dieses Vorgehen beschließt, bittet um Hilfe, um ein Aufeinander-abgestimmt-Sein und um euren Schutz. Eure Gefühle werden bei diesem Vorgang so intensiviert, dass einer für den anderen wachsam da sein muss, um unter Umständen eine Führung zu übernehmen, damit das Wohlergehen beider gesichert ist. Es sind hoch ekstatische Vorgänge, die ihr in eurem eigens dafür errichteten Tempel durchführen könnt. Diesen Tempel könnt ihr jederzeit überall selbst errichten auf energetischer Basis und wieder abbauen. Erinnert euch, Schöpfung wurde ekstatisch in Liebe erschaffen. Und wenn du wieder in diese Gefühle kommen willst, musst du deine Systeme erst wieder daran gewöhnen. Dieser ekstatische Vorgang ist nicht mit dem zu vergleichen, was ihr in der derzeit praktizierten Sexualität erlebt, die überwiegend vom unteren zweiten Chakra gelebt wird und wo das Herz verschlossen bleibt. Ein offenes Herz dabei mit absolutem Vertrauen ist Bedingung für dieses Vorgehen. Gelebte niedere Sexualität ist gefühlsmäßig begrenzt, in der Hauptsache auf den unteren Bauchraum. Wenn du dagegen auf dem Strahl reitest, erlebst du hochexplosive Gefühle bis in die kleinsten Zellen deines Systems.

Die Menschheit wird danach trachten, die eigene Göttlichkeit in Vollkommenheit zum Ausdruck zu bringen und dafür immer wieder nach neuen Wegen zu suchen. Das, womit ihr bisher euren Alltag vollgestopft habt, ödet euch an, denn es ist von anderen vorgegeben und nicht aus euch selbst heraus entstanden. Ihr werdet eurer Berufung folgen, und diese wird aus euren Herzen fließen, um die Herzen aller zu berühren. Wenn ihr beginnt, euch eurer Berufung zu widmen, wird über die DNS die Genialität freigegeben, über die ihr verfügen könnt. Sie ist in euch geparkt und ihr benötigt wieder den Zugang dazu. Einige wenige arbeiten schon intensiv damit und werden euch gern helfen. Alles, was ihr dabei zu tun habt, ist, anzunehmen und den Weg zu gehen, der dorthin führt.

Eine neue, ungeahnte Freiheit wird geboren, deren Ruf bereits erschallt ist. Was wirkliche Freiheit ist, weiß von euch niemand mehr, denn eure Programme laufen überwiegend noch nach dem Muster von Angriff und Verteidigung. Diese Programme werden gelöscht. Nur so habt ihr die Möglichkeiten, wirklich neue Welten zu erobern im Namen der Liebe und nicht mit niederem Kriegsgebrüll. Eure Filme, die euch täglich vorgesetzt werden, beinhalten überwiegend kriminelles Vorgehen in einer degenerierten Primitivität, die sich weit unter den Tier befindet. Und das lässt man in euren Alltag einfließen, als sei es die Normalität eines Menschen, der das göttliche Licht in sich trägt! Was für ein Widerspruch, was für eine Anmaßung, als ob die göttliche Urexistenz etwas Proletenhaftes wäre, die mit Fäusten zu Werke geht!

Ihr werdet euch wieder auf das Wohlergehen aller besinnen und euch überlegen, wie ihr den Nächsten erfreuen und aufbauen könnt.

So wie ihr dereinst ausgegangen seid aus der Quellebene, geht ihr wieder dorthin zurück, wie die Wellen des Meeres, die kommen und gehen. Und alles, was von euch ausgeht, kommt ebenfalls zu euch zurück. Es spielt keine Rolle, ob es eure Gedanken, Gefühle, Ängste, Neid oder was auch immer ist. Alles, was ihr aussendet, ist ein Bumerang, der wieder bei euch landet. Die kosmische Mutter sorgt dafür. Ihr entgeht nichts und niemand. Alles ist aufgezeichnet im gesamten Raum und nichts geht verloren.

Bisher habt ihr jahrtausendelang eure Körper gestärkt und euren Machtmissbrauch über körperliche Stärke gelebt. In der neuen Energie werdet ihr euren Geist stärken und ihn zum Wohle aller einsetzen. Die gestärkte Geistenergie wird sich auch körperlich manifestieren, allerdings in Schönheit und Anmut. Gewalttätigkeit ist ein Armutszeugnis, das ihr euch nicht mehr ausstellen werdet.

Die Menschheit wird eine neue künstlerische Betrachtung erzeugen, nämlich die eines Lebenskünstlers. Das, was bei euch bisher als Kunst deklariert wurde und aus verschiedenen Klecksen oder bunten Strichen besteht oder gar zusammengelötetem oder geschweißtem Schrott und Blech, wird unter keinen Umständen mehr als Kunst angesehen. Das Bestreben nach wirklicher Kunst steht im Vordergrund, und ihr werdet, von Bauwerken angefangen über euren Alltag, alles künstlerisch gestalten. Eine neue Inspiration wird den Raum einnehmen, die bei einigen bereits hochwirksam ist und umgesetzt wird. In der nächsten Zeit kommt jedenfalls viel Neues und Schönes auf euch zu, denn ihr strebt immer mehr nach wirklicher Lebensqualität, die über den langweiligen, immer wiederkehrenden Konsum hinausgeht.

Der bisherige Konsum, der zwangsweise erschaffen wurde, dient lediglich dem Geldumlauf. Als das Gekkel* dereinst erfunden wurde von dem, dessen Namen nicht mehr genannt werden darf, ging ein Schock durch den gesamten Raum und euer Sklaventum begann. Lediglich die Hopi waren standhaft und haben es nie angerührt. Auch wenn man Indianer in Reservate gesperrt hat, haben einige davon wenigstens territorial ihre Freiheit behalten. Insgesamt steht euch immer weniger Lebensraum zur Verfügung. Früher starben Massen an Krankheiten, die sich epidemieartig ausbreiteten, oder durch Vernichtungskriege. Beides kurbelte die Wirtschaft wieder an. Je enger Wesen auf einem begrenzten Raum zusammenleben müssen, ohne sich entfalten zu können, desto aggressiver und asozialer werden sie. Jede Spezies benötigt einen entsprechenden Lebensraum. Es wird wieder mehr Platz für den Einzelnen entstehen, denn eine Menge Menschen haben beschlossen zu gehen. Es gibt Regionen, die evakuiert werden müssen, weil dort das Wasser dauerhaft den Raum einnehmen wird. Die Natur selbst wird dafür sorgen, dass das Gekkel keinen Bestand mehr hat. Es verschwindet aus dem Bewusstsein der Menschen, weil es für Trennung und Machtmissbrauch steht. Beides jedoch steht den Forderungen des Wassermannzeitalters entgegen. Ein gewisser Tauschhandel wird auch Planeten übergreifend stattfinden, jedoch wandeln sich eure Bedürfnisse stark, sodass vieles, was euch heute noch wichtig erscheint, morgen nicht mehr existent sein wird.

Euer so passives Leben, das ihr heute noch führt und größtenteils vor dem Fernseher oder Computer verbringt, ändert sich radikal. In beiden Fällen seid ihr außen vor, nehmt nur aus der Distanz am Geschehen teil und fühlt euch nicht verantwortlich. Dieses Verhalten führt euch immer mehr in die Lethargie. Gefordert jedoch ist die Aktivität und der Forscherdrang, und das bedeutet aktives Vorgehen, ausprobieren und weiter vorwärtsschreiten. Ihr werdet in einem interplanetarischen Austausch stehen, der weitaus spannender und interessanter ist, als ihr es euch vorstellen könnt, und es wird euch ein innerstes Anliegen sein, euch wieder aktiv im Leben zu empfinden. Ihr erfahrt eine Vitalität, die ihr lange vergessen hattet, und diese strahlt ihr aus. Ihr werdet euch über euch selbst erheben, und die göttlichen Tugenden werden von großer Bedeutung sein. Auf das Bisherige werdet ihr verächtlich zurückblicken, denn durch eine große, neue Toleranz wird niemand mehr uniformiert oder muss sich gesellschaftlichen Zwängen ergeben. Ihr werdet neue Ideen aufgreifen und euch von allem inspirieren lassen. Dadurch wird eine neue, interessante Vielfalt entstehen, die Freude erzeugt. Niemand wird mehr verurteilt, weil er anders ist. Vorrangig werden der göttliche Aspekt sowie die Berufung erkannt und mit Interesse verfolgt werden, mit welchen Ideen und Fähigkeiten einer seine Berufung lebt. Dadurch, dass ihr viel mehr Blickwinkel einnehmt und die spirituellen Aspekte mit einfließen lasst, werdet ihr in kurzer Zeit geniale Fähigkeiten entwickeln, und insbesondere durch die Zusammenarbeit der Gemeinschaft entstehen wieder Wunder.

Neue Berufe

Die meisten alten Berufe gehen. Aus der alten Zeit werdet ihr bestimmte Handwerksberufe mit hinübernehmen, die aber einen künstlerischen Schwerpunkt erhalten werden. Medizinische Berufe werden stark verändert auftreten mit neuen Möglichkeiten der Diagnostik und Therapie. In der Hauptsache wird es um energetische Behandlungen gehen, die über die Hände Begnadeter ausgestrahlt werden. Mit der Komplettierung eurer DNS wird es ein anderes körperliches und seelisches Bewusstsein geben. Größtenteils beeinflusst ihr selbst euren Zustand, sodass die bisherige medizinische Vorgehensweise entfällt.

Wissenschaften werden mit Spiritualität einhergehen, anders ist es nicht möglich. Diese werden auf die Basis eines würdigen Vorgehens und der Ehrerbietung gestellt. Ein Missbrauch oder gar Tierversuche in unmenschlicher Form sind nicht mehr geduldet. Ein Angriff auf jedwedes Leben ist ein Angriff auf die Göttlichkeit und fällt ab sofort direkt unter die universellen Gesetze mit allen Konsequenzen.

Die Technologie wird andere Formen annehmen, schon allein deshalb, weil ihr die Möglichkeiten anderer Materialien nutzt. Schwere, niedere Metalle werden nicht mehr verwendet werden. Erinnert euch, ab der fünften Ebene ist alles lichtvoller und schneller veränderbar.

Der Beruf des Heilers wird anfangs bis zur Stabilisierung einen großen Raum einnehmen, und auch diese werden mit neuen Möglichkeiten arbeiten. Einige beschäftigen sich schon intensiv damit und stehen in den vordersten Reihen. Des Weiteren werden Diplomaten, die auf interstellarer Basis arbeiten, gefragt sein. Das bedeutet nicht, dass viel geredet wird, ohne etwas zu sagen, sondern es kommt hierbei darauf an, welche Frequenz jemand halten kann, welche Kontakte selbst auf ihn zukommen und wie vermittelbar diese sind. Es müssen Menschen mit ausgesprochener Integrität sein. Sie dürfen sich nicht erschüttern noch einschüchtern lassen und absolut das Wohl aller im Auge haben.

Die Ordnung und Struktur wird vom *Rat der 13* bestimmt sein, in dem die Erde Mitglied ist. Während des Aufbaus dieser

Ordnung werdet ihr alle Hilfen erhalten, der direkte Kontakt bleibt danach weiterhin bestehen, wenn auch in einer gewissen Zurückgezogenheit. Mediatoren werden sich ablösen, denn sie schreiten voran und werden andere Aufgaben übernehmen und den Nachrückenden Platz machen.

Neue Schulen

Bei den neugeborenen Kindern wird die Berufung schon bei ihrer Geburt klar sein, und sie werden behandelt werden, als seien sie schon perfekt auf diesem Gebiet. Das fördert die Genialität. Ein altes, verstaubtes Schulsystem, in dem der Verstand auf linearer Basis stumpfsinnig lernt, wird dem Quanten- und Lichttriggern sowie der inspirativen Aufnahme der kosmischen Essenz weichen. Ihr werdet einen Input erhalten und diesen umsetzen und euch Wissenschaften auf neuen Gebieten zuwenden. Anfangs werdet ihr die bereits vorhandenen, stellaren Möglichkeiten aufnehmen, denn ihr habt viel nachzuholen. Durch euer langweiliges lineares Denk- und Lernsystem mit der entsprechenden egoistischen und konkurrierenden Absicht des Zieles seid ihr weit im Vergleich zu anderen zurückgefallen. Wissenschaften aller Art habt ihr bisher zur Knechtung, zur Zerstörung, zur Kriegsführung mit Waffen und Viren genutzt. Das ist der Grund, warum ihr zurückgefallen seid.

Die Kriegs- und Überwachungsmaschinerie, die teilweise unter der Erde, auf dem Mars oder in den Bergen einiger Länder etabliert ist, verschwindet. Die massiven Verletzungen der Erde, die durch unterirdische Tests von neuem Kriegsmaterial ausgelöst wurden, bedürfen der dringenden Heilung. Die Berufe und Interessen, die anfangs vorherrschen, werden sich vorrangig auf Heilung des Gesamten, Stabilisierung und Erneuerung konzentrieren. Ich sage es noch einmal, dass es darauf ankommt, zu sein und nicht zu machen.

Nach einer Übergangsphase werden sich die Menschen darauf konzentrieren, Licht zu halten und dunkle Räume zu erleuchten. Sie werden Licht in die Depots der Erde bringen und diese entsprechend auffüllen. Die Menschheit und das gesamte Sein hier wird sich als Weltendiener und Hüter der Erde betätigen in einer noch nie dagewesenen Art und Weise. Die Möglichkeiten hier sind schier unerschöpflich. Ihr bekommt vielleicht eine Ahnung, warum die Warteschlangen im Orbit so lang sind und die stellare Bruderschaft schon mit den Füßen scharrt.

Die Menschenfamilie wird wieder der Göttin huldigen und diese achten und ehren, so wie sie es verdient. Und wehe dem Mann, der denkt, er hätte gesonderte Rechte und könne sich darüber erheben. Ein Ausschluss aus der Gemeinschaft wäre das Geringste, was ihm widerfahren würde. Der Zorn der Göttin ist maßlos, und sie wird alles von der Erde nehmen, was nicht zu ihr gehört. Sie hat schon damit angefangen auf dieser Erde, und ihr werdet es noch deutlicher gewahr werden. Während der Jahre der Unterdrückung haben die meisten Frauen schon auf ihre Spiritualität hingearbeitet. In vielen Ländern wird ihnen Bildung verboten, damit sie brav kuschen. Man sagt ihnen weltweit, sie seien schlecht oder nichts wert, und etliche haben sich auch so benommen, besonders in den Industrieländern. Vorrangig hat man aus vielen glorifizierte Huren gemacht, die für die niederen Arbeiten zuständig sind. Das wird sich ändern, und zwar schlagartig. Die Frauen waren es, die oft den Frieden gehalten haben. Nun erheben sie ihre Stimme, und für manche Männer wird es ein schnelles und böses Erwachen geben. Der Ausgleich des Männlichen und Weiblichen wird wieder hergestellt, und das ganz massiv. Ich sagte euch schon, dass das Weibliche unterdrückt werden musste, um in einem linearen Zeitstrahl leben zu können und entsprechende Erfahrungen zu machen. Durch die veränderten Texte der sogenannten Heiligen Schriften hat man euch Geschichten glauben gemacht, die nicht der Wahrheit entsprechen, und die Frau auf eine Stufe der Duldung jedweden Machtmissbrauchs gestellt. Man hat den Frauen gesagt, sie seien unrein, ohne an die eigene männliche Unreinheit des jahrtausendelangen Missbrauchs zu denken. Eure großen Meister der neueren Zeit haben weder Religionen gegründet noch Bücher verfasst. Das haben andere nach ihnen getan und damit dem Missbrauch Tor und Tür geöffnet. Texte wurden weggelassen, verändert oder hinzugefügt, wie derjenige es für seine Macht eben brauchte. Die zurückgekehrte Göttin wird damit aufräumen und die Heiligkeit ihrer selbst wieder herstellen. Das Leben, das sie gibt und nährt, wird ebenfalls geheiligt sein, sonst wird sie sich unter Umständen von einer Gnadenlosigkeit zeigen, wie ihr sie noch nicht kennengelernt habt. Und gegen sie kommt ihr nicht an.

Dadurch, dass ihr eine geistige Sonne erhaltet, wird die Absicht eines jeden für alle sofort sichtbar sein. Die natürliche Sonne scheint für alle, die geistige Sonne wird nur die als lichtvoll zeigen, die es auch sind. Sie macht Lügner, Diebe und andere sofort sichtbar. Daher wäre es gut, wenn ihr euch auf ein Leben der liebevollen Umgangsweise miteinander konzentrieren und die alten, schlechten Tugenden fallenlassen würdet. Ihr seid eine Menschenfamilie, die miteinander auskommen muss und mit der interstellaren Bruder- und Schwesternschaft Kontakt will. Das bedingt, dass ihr aufrichtig seid und vor allem friedfertig, sonst ist euch nicht nur der Zutritt verwehrt, sondern ihr katapultiert euch auch selbst aus der fünften Ebene heraus. In dem Fall erhaltet ihr ein Holon.

Andere werden danach trachten, mit und in der Natur zu leben. Euer Wohnumfeld wird wieder geometrische Strukturen erhalten, die euch energetisch weiterbringen und nicht mehr krank machen. Ihr werdet euch mit Natur umgeben, um die biologische Anbindung, die ihr benötigt, wieder in vollem Umfang zu leben. Die Natur wird euch wieder lehren, und ihr werdet von ihr lernen, denn die gesamte Göttlichkeit zeigt sich auch in der Natur. Ihr müsst nur hinsehen.

Unterhaltung werdet ihr weiterhin haben. Niemand verwehrt euch das, und ihr entscheidet letztlich, was ihr wollt. Nur wird diese Unterhaltung einen anderen Charakter haben. Die meisten werden danach trachten, selbst Fähigkeiten zu erlangen oder wieder zu aktivieren. Wenn du in einer Inkarnation ein genialer Maler oder Musiker warst, wirst du diese Fähigkeiten über deine DNS wieder aktivieren. Was immer an Genialität vorhanden ist, wird sich zeigen.

Was heute noch in der Getrenntheit des „Ich bin-Aspektes" liegt, wird sich in ein „Wir sind-Aspekt" wandeln. Wir sind eins, wir sind eine Familie, die zusammenhält, und der Aspekt des Dienens, der heute noch als minderwertig betrachtet wird, erhält eine neue Dimension. Engel haben während der ganzen existierenden Zeit den Menschen gedient, ohne dass sie deshalb minderwertig waren oder so betrachtet wurden. Sie waren sich seit Anbeginn der Schöpfung nicht zu schade, euch alle Wünsche zu erfüllen, sogar diejenigen, die ihr euch selbst nicht erfüllt habt. Dankt es ihnen. Sie existieren in der Friedfertigkeit und Fürsorglichkeit mit und um euch, und sie haben kein Stolz-Problem wie ihr. Zwar ziehen sie sich auch zurück, wenn es ihnen zu bunt wird, sind dennoch immer für euch da. Wenn ihr dagegen einen Ruf erhaltet, lamentiert erstmal, dass ihr gefälligst die Mittel braucht, um diesem Ruf Folge zu leisten, statt aufzustehen und anzufangen. Was würdet ihr sagen, wenn die Engel euch ebenfalls Bedingungen stellen würden, nach dem Motto, ich würde ja helfen, aber ich muss erst mal die Sendung im Fernsehen zu Ende sehen oder meiner Faulheit frönen. Und dann brauch ich erst einen Zauberstab oder einen Koffer, um anzufangen. Wie würdet ihr euch fühlen? Niemand hat etwas gegen eine gewisse Bequemlichkeit einzuwenden, doch die Lebensgewohnheit, die Qualität ändert sich zusehends, und die Zusammenarbeit wird euch wie uns große Freude bereiten. Je höher ihr Ebenen durchschreiten wollt, desto mehr werdet ihr schon auch mit Bedingungen konfrontiert werden. Ihr lernt nicht nur zu fordern, sondern auch zu geben. Im Universum gibt es einen dauerhaften Energieausgleich, der unterschiedlich stattfinden kann. Wenn du dann bestimmte Aufgaben übernehmen willst, werden auch an dich Bedingungen gestellt werden. Das können auch Tests sein, wie weit deine bedingungslose Liebe fortgeschritten ist und wie du unter gewissen Voraussetzungen Licht halten kannst. Deine Fähigkeiten werden geprüft, damit niemand durch deinen Wunsch zu Schaden kommt. In jedem Fall wird dir geholfen, dein Ziel zu erreichen. Wenn du dann mit den Bedingungen einverstanden bist, kann es losgehen. Manche Verträge sind allerdings Verträge für die Ewigkeit, wo du nicht mehr alleine entscheiden kannst. Über die Möglichkeit eines glorreichen Aufstiegs entscheiden dann höhere Mächte, und du bist der- oder diejenige, die allen anderen dient auf ihre eigene Weise. Darauf haben seit Atlantis schon viele über den gesamten Zeitraum bis zum heutigen Tag hingearbeitet, und die Früchte ihres Studiums zeigen sich immer mehr. Sie haben schon lange das Einzige, was ihnen wirklich gehört, abgegeben, nämlich den freien Willen, und haben diesen dem kosmischen Willen unterstellt. Das heißt, dass sie Träger des kosmischen Willens sind und dafür alles erhalten, wessen sie benötigen. Sie sind die

Meister der Neuzeit, die Avatare, die die Hingabe leben. Sie halten die Frequenzen der bedingungslosen Liebe und des höchsten, reinen Lichts. Allein, wenn ihr sie berührt, nehmt ihr Lichtinformationen auf, die euch und euren Systemen weiterhelfen, wenn euer Bewusstsein dies zulässt. Das bedeutet nicht, dass ihr jeden anfassen sollt, um voranzukommen. Niemand kann sich etwas nehmen, das ihm nicht gehört. Steht es ihm nicht zu, wird es wieder genommen. Wenn es ihm jedoch zusteht, wird er es wissen und den entsprechenden Meister finden, von dem auch er erhalten kann. Die Frage in dieser Sache ist, wie viel von eurer eigenen Dunkelheit habt ihr erhellt? Wie lichtvoll seid ihr?

Die Welt, wie ihr sie seht, ist in der Betrachtungsweise von anderen völlig anders aufgrund der herrschenden Körpersysteme. Ihr habt verlernt, das allumfassende Bild zu erhalten. Ihr seht sozusagen nur, was überwiegend materiell ist, von Ausnahmen abgesehen, die den Geist des Ganzen miteinbeziehen. Das, was ihr mit den Augen eures Körpers seht, ist für euch wirklich. Aus universeller Betrachtung sehen andere euch ganz anders, als ihr euch vorstellen könnt. Für sie lebt ihr in kleinen Quadraten, ihr würdet sagen, in kleinen Rechenkästchen, in denen ihr euer Leben programmiert. Oder ihr werdet als reine Energie betrachtet, wo ihr als Licht- und Farbelemente mit euren lichten und dunklen Anteilen wahrgenommen werdet. Wieder andere erkennen euch durch die Signale, die ihr aussendet, oder anhand eurer Lichtsignatur. Für andere stellt ihr ein Bündel an geometrischen Formen dar, die entweder schwammig ineinander fließen oder in starken Mustern erstrahlen. Die Welt, wie ihr sie kennt, kann also unterschiedlich betrachtet werden, und jeder hat recht mit seiner Anschauung. Wenn euer geistiges Auge geschult ist, werdet ihr auch Wesenheiten nach anderen Aspekten zuordnen. Je höher ein Mensch aufsteigt, desto geistiger werden diese Welten, bis hin zu dem, was ihr Auflösung nennen würdet. Euer Geist wird sich ausbreiten und verbinden, vorerst mit dem eigenen Universum, dann darüber hinaus. Womit ihr euch aus dem bewussten Sein heraus verbindet, mit dem steht ihr in permanentem Kontakt. Auf der unbewussten Ebene und der höchsten Ebene seid ihr ohnehin verbunden, nur ist euch dies nicht bewusst. Die Einflüsse jedoch sind ständig vorhanden, und ihr ergebt euch diesen oder erhebt euch darüber. Je nach eurer eigenen Klarheit und Vorgehensweise. Um ein Leben, wie ihr es lebt, führen zu können, musstet ihr Trennungen hervorrufen, sonst hättet ihr nicht eure Erfahrungen machen können. Nur habt ihr euch leider dadurch auch von allem anderen getrennt gefühlt, was auch das Gefühl der Einsamkeit hervorgerufen hat. Anfangs wurde das Experiment mit der Ausgewogenheit des männlichen und weiblichen Anteils gestartet, was aber nicht funktionierte, da sich die Materie oder die weibliche Dichte unterwerfen musste, damit es funktioniert. Und wenn ihr die Geschichte von Adam und Eva lest, so war Eva das zweite Experiment, das sich freiwillig unterworfen hat. Allerdings ist das kein Werk der Ewigkeit, und weder die Misshandlung noch Ausbeutung oder Unterdrückung des Weiblichen auf Erden war geplant. Das Weibliche hat sich erhoben, und wenn ihr wieder den Kontakt aufnehmt zur geistigen Welt und für eine Zusammenarbeit bereit seid, zieht ihr euer zweites Bein sozusagen auch auf diese Ebene. Ihr kommt dann in einen Status des Gleichgewichts, das ihr halten sollt, und in euer wahres Selbstbewusstsein. Wir unterscheiden hier klar, dass damit nicht eure egomane Ausrichtung gemeint ist, also die Durchsetzung des Egoismus, sondern die Bewusstwerdung über euch selbst, nämlich das geistige Wesen, das ihr seid. Um euch auszudrücken, benutzt ihr einen Körper, der von der Erde ist und der euch ein Dasein hier ermöglicht. Dennoch müsst ihr euch mit eurem geistigen Kern wieder bekannt machen. Wenn ihr den Kontakt wollt, dann erhaltet ihr ihn all-umfassend mit allen gebotenen Möglichkeiten. Wenn ihr davon ausgeht, dass euch nur kleine, grüne Männchen begegnen oder Monster aus dem All schießen, irrt ihr euch gewaltig. All-umfassend bedeutet das gesamte Spektrum der vorhandenen Möglichkeiten. Die Frage ist, welche könnt ihr wahrnehmen? Die Verstandesbezogenen unter euch werden eher die materiellen Varianten wahrnehmen, weil sie eben vorzugsweise nur diese zulassen. Andere werden geistige Spezies aus den höchsten Ebenen wahrnehmen, die sich auch selbst verdichten können, wenn sie wollen. Ich sagte ja, je höher jemand aufsteigt, desto vergeistigter wird das Körperkleid und desto variabler ist es.

Jeder ist in der Lage, mit jedem geistigen Kern einen Kontakt herzustellen, was ebenso die Blume auf deinem Balkon sein kann wie Wesenheiten anderer Galaxien. Auf der geistigen Ebene kannst du alle Entfernungen in einem Nu überbrücken. Auf dem linearen Weg brauchst du lange, um die entsprechenden Distanzen zu überwinden. Ihr lernt, Zeitsprünge zu machen und Zeit zu verändern. Ihr werdet erkennen, dass Zeit eine Variable ist, und auch das wird die Wissenschaften weiterbringen. Wenn ihr dann noch die Qualität mit einbezieht, schreitet ihr mit Siebenmeilenstiefeln voran.

Das Experiment des Seth hat die Möglichkeit geschaffen, vom geistigen Sein in die Dichte hinabzusteigen und wieder aufzusteigen. Ohne die Möglichkeit des Aufstiegs würdet ihr versteinern und eure Seelen würden festhängen. Anders formuliert, ihr kämt nicht mehr nach oben, wenn man es aus dieser Perspektive betrachten wollte, oder anders formuliert, der Weg zurück in die geistige Welt wäre euch verwehrt, da ihr keine

Transformationsmöglichkeiten hättet. Die Schwierigkeitsgrade, die ihr selbst eingebaut habt, sehen andere aus der höheren Perspektive klar und deutlich. Wenn euch klar wäre, wie viele Schwierigkeiten und Steine ihr euch selbst in den Weg legt, wäre euer Leben in Kürze verändert. Die meisten unter euch sehnen sich wieder nach der Leichtigkeit des Seins und werden sie erhalten. Wir können erkennen, was ihr programmiert, ihr seht es nicht. Also bittet darum, dass die direkte Ursache aufgelöst oder transformiert wird, damit ihr eure Dramen beenden könnt. Dann braucht ihr nicht mehr die Auswirkung zu leben und fühlt euch nicht mehr wie ein Blatt im Wind, das hin- und hergeweht wird ohne eigenen Halt.

Sieger

Wir wollen Sieger an unserer Seite und eure Stärke. Wir würden ungern mit Duckmäusern zusammen sein wollen, sondern mit aufrechten Wesen, die wissen, was sie wollen, und auf die wir uns verlassen können. Kommt aus eurem selbsterschaffenen Jammertal heraus und benehmt euch wie Schöpfergötter, die ihr Leben selbst in die Hand nehmen. Wertvolle Aufgaben stehen bereit und warten darauf, in Empfang genommen zu werden. Uns ist es zu langweilig, die sich ständig wiederholenden Dramen mit anzusehen. Wir wollen die Freude mit euch teilen, euch teilhaben lassen an unserem Wissen, und wir brauchen eure Sicht der Dinge, eure Erfahrungen und Ideen. Lernt loszulassen und haltet nicht an dem Alten fest, nur weil ihr nicht wisst, was das Neue bringt. Ich verspreche euch, dass das Neue interessant ist und euer Leben bereichern wird, und dass ihr, wenn ihr diesen Schritt wagt und dann zurückblickt, selbst nicht mehr versteht, warum ihr euch so lange in den alten Verstrickungen gehalten habt. Da ihr die Ursache nicht mehr kennt, seid ihr in einem Labyrinth, wo ihr euch oft in der Ausweglosigkeit seht. Wenn ihr aber erkennt, dass ihr alles selbst inszeniert, dann ist der Weg frei.

Lasst euch helfen, wenn ihr alleine nicht vorankommt. Wenn ihr es allein schaffen wollt, sucht die Ursache und haltet euch nicht an den Auswirkungen fest.

Die Gruppen, die sich zusammenfinden, werden eure universellen Aspekte tragen, das heißt, dass ihr nicht alle auf einer dahinplätschernden Harmoniewelle schwimmt, sondern Gegensätzlichkeiten vereint. Das hat den Vorteil, dass ihr alle vorhandenen Blickwinkel einnehmt, um zur besten Lösung einer Sache zu gelangen. Bisher habt ihr von der Harmonie ein eigentümliches Verständnis, das jede Auseinandersetzung vermeidet. Auseinandersetzung bedeutet nicht Trennung, sondern das Finden einer Lösung ohne Schuldzuweisung. Toleranz und Akzeptanz sind dabei unerlässlich, wie auch der Respekt dem anderen gegenüber. Meinungen sind frei und können sein, wie sie wollen. Die meisten haben jedenfalls eine. Bisher habt ihr allein auf eurem eigenen Standpunkt beharrt, ohne dabei die Erfahrungen des Anderen gelten zu lassen. Das ist so, als würdest du immer in ein und dieselbe Ecke blicken und vor Langeweile stöhnen und jammern, um der Ecke die Schuld zu geben, dass sie da ist, statt aufzustehen und einen neuen Blickwinkel einzunehmen. Es gibt viele Ecken und Kanten, die man betrachten und miteinbeziehen kann. Du brauchst auch nicht deine Meinung zu verteidigen, weil es nichts zu verteidigen gibt, es sei denn, du verfolgst einen eigenen Plan damit, der nur dir dient. Das hat mit dem Einnehmen eines Blickwinkels auf souveräne Art nichts zu tun und dient nicht der gemeinsamen Lösungsfindung. Es geht auch nicht darum, sich mit eigenen Ideen aufzuspielen, weil man Bewunderung braucht, sondern darum, Weisheit zu erlangen und offen für die Wahrheit zu sein. Die Wahrheit jedoch hat viele Gesichter, die zusammen ein neues Gesicht entstehen lassen, das aus dem Einzelnen geformt und von der Gemeinschaft zum Leben erweckt wurde. Ohne deinen Teil, den du dazu beigetragen hast, wäre das nicht möglich gewesen.

Es gibt keine guten oder schlechten Aufgaben. Eure bisherige Zensur darin wurde an dem Geld festgemacht, was man als Ausgleich für seine Arbeit erhalten hat. In dieser Wertbeimessung habt ihr festgelegt, ob eine Arbeit wertvoll ist oder nicht. Unter den Engeln gibt es kein Geld, und jeder tut die Arbeit, die erforderlich ist, weil sie genau in dem Moment, wo sie durchgeführt wird, nötig ist, um dem Ganzen wie auch dem Einzelnen zu dienen. Hört auf zu werten, es bringt euch nicht voran. Und verknüpft nicht mehr die Arbeit mit dem Menschen, der sie durchführt, identifiziert euch nicht mit eurer Tätigkeit, um Bewunderung, Vorteile und Anerkennung zu ernten. Das bisherige Motto war: minderwertige Arbeit, also minderwertiger Mensch – und so behandelt ihr euch. Es ist lediglich ein Mensch, der aufgrund seiner Programme eine Rolle spielt und vorübergehend diese Arbeit verrichtet. Ändert er sein Programm, ändert er seine Tätigkeit. Deshalb kann er ein wertvoller Mensch sein, weil er dir als Spiegel dient und sich selbst auch lebt. Das ist wertvoll. Und diejenigen, die ihr als wertvoll erachtet, betreiben oftmals die kriminellsten Spiele der Ausbeutung und des Betruges, nehmen aber insgesamt eine bewunderte Stellung ein. Was ist los mit euch? Hört auf, euch so sehr im Außen zu identifizieren, sondern erkennt, dass ihr geistige Wesen seid, die ewig sind und unabhängig von der Rolle, die sie vorübergehend einnehmen. Ändere die Rolle und fühle dich besser. Und wenn du unbedingt eine Identifikation benötigst, dann identifiziere dich mit allem, was ist, denn das kommt der Wahrheit am nächsten. Dein Sein und die Aspekte deiner Existenzen sind absolut vielseitig, auch wenn du in der Vergangenheit nur einseitig gelebt hast. Fordere deine Macht zurück und bitte um ein interessantes Leben. Es sei dir gegeben.

Was ihr bisher an Wertung in euch tragt, wird gehen, denn die Menschheit wird sich wieder auf sich selbst besinnen. Sie wird erkennen, wie wertvoll ein Leben hier auf Erden ist, und diese Qualität auf allen Ebenen einfordern. Sklaven können sich nicht entfalten und nicht zu wirklich Großem erblühen, wenn sie nicht den Schritt in die Freiheit wagen. Beschäftigungen rund um die Uhr, die eine künstliche Zeit darstellt und keine biologische, lässt keine genialen Ideen oder Erfindungen zu. Dazu braucht ihr Muße und innere Einkehr, die euch für die entsprechenden Inspirationen öffnet. Massive Einschränkungen und das Beschneiden der Freiheit engen euch so ein, dass ihr auf Dauer ein permanentes Aggressionspotenzial ansammelt, weil die Seele sich nicht entfalten kann. Die Entfaltung jedoch wird aus der Menschheit hervorbrechen wie ein Urknall, und niemand wird mehr eine erneute Einengung dulden. Ihr werdet das sein und leben, was ihr euch vorgenommen habt. Die Bahn ist frei, damit das neue Bewusstsein einfließen kann, ein Einheitsbewusstsein der Nächstenliebe zu sich selbst und anderen. Die Wurzeln, die du verankerst, werden dabei helfen zu erkennen, dass jeder die lichtvollen Tugenden und die Tugenden der Dunkelheit in sich trägt, und zwar in umfassendem Potenzial. Es liegt an jedem selbst, welche Tugenden er wählt und ob es immer wieder die gleichen sind oder ob ihr in eine Schatzkiste greift, um euch das volle Programm anzusehen und neu zu entscheiden.

Stellare Bruderschaft und Intergalaktisches Friedenscorps

Die stellare Bruderschaft, die aus Frauen und Männern besteht, hat sich zusammengeschlossen, weil sie erkannt hat, welche ungeahnte Stärke sie entwickelt, wenn sie fest zusammensteht. Sie haben Gewölbe um Gewölbe erhellt und ein Friedenscorps gebildet, das dort Dienst tut. Die Friedenshalter haben eine sehr wertvolle Aufgabe und erhalten die Unterstützung aller. Der überwiegende Teil der Mitglieder besteht aus Frauen, die eine Spezialausbildung haben und denen die neuesten Errungenschaften zur Verfügung gestellt werden. Inzwischen gesellen sich immer mehr Männer hinzu, weil sie erkannt haben, wie wertvoll diese Aufgabe ist, denn sie ermöglicht allen eine Entfaltung und Bereicherung in der Sicherheit ihres Seins, das ohne das nie möglich wäre. Dieses Friedenscorps verfügt über Technologien der Meisterwissenschaftler, und das bedeutet das Neueste vom Neuesten. Sie schaffen den jeweiligen Ausgleich energetischer Art bis hin zur klaren Kampfansage, denn die Möglichkeit, in gesonderten Fällen einzugreifen, besteht jederzeit. Dieses Corps muss sich regelmäßigen Tests der Unerschütterlichkeit unterziehen, denn seine Aufgabe ist zu wichtig, als dass man instabile Persönlichkeiten damit betrauen könnte. Die Technologien, über die sie verfügen, können eine gesamte Galaxie auslöschen, und niemand würde riskieren, dass jemand die Nerven verliert oder dem Machtwahn verfällt. Dazu ist es natürlich noch nie gekommen, denn das würde den gesamten Raum schädigen, und das will niemand. Diese Belastungstests weisen klar aus, ob jemand immer das Ziel des Friedens im Auge hat. Die Angehörigen des Friedenscorps müssen regelmäßig Pausen einlegen, um sich energetisch neu zu stabilisieren, was auf den dafür geeigneten Planeten geschieht. Ihr würdet sagen, sie fahren zur Kur. In ebenso regelmäßigen Abständen finden neben den Erbauungen entsprechende Weiterbildungen statt, denn jede neue Wissenschaft, die für sie von Interesse sein kann, wird vorgestellt, und jeder macht sich damit vertraut. Auch die Missbrauchsmöglichkeiten einer Erfindung werden geprüft. Sie befinden mit darüber, ob eine Wissenschaft weiter ausgebaut wird oder zu viele Gefahren birgt, sodass eine Freigabe verweigert wird. Wir sprechen hier über intergalaktische Modelle von einem Umfang, den ihr euch auf Terra nicht vorstellen könnt. Das Friedenscorps hat immer und überall Zutritt und eine diplomatische Abteilung, die oftmals als Vorhut gesandt wird. Wenn es diesen diplomatischen Mitgliedern nicht gelingt, eine friedliche Wendung herbeizuführen, dann tritt sofort das Friedenscorps persönlich auf. Wenn Wesenheiten Besuch von den Diplomaten erhalten, ist das im Prinzip schon eine Warnung, sofort friedliche Zustände herzustellen. Sollten sich diese weigern, steht das Friedenscorps sofort in der Tür, noch bevor die Diplomaten abgezogen werden. Sollte sich ein System weigern, die Diplomaten überhaupt zu empfangen, greift das Friedenscorps ohne vorherige Ankündigung ein. Der Begriff Friedenscorps könnte zu Missverständnissen führen, weil einige meinen könnten, dass sie nur freundliche Gespräche führen und minderbemittelt wären. Das ist ganz und gar nicht der Fall. Sie gehören zur klarsten und reinsten Gruppe der Gewölbe und stellen, falls erforderlich, die klarsten Forderungen. Niemand muss vor ihnen Angst haben, denn den Frieden wahren sie immer und mit jedem, das heißt allerdings, dass sie auch Klartext reden und unmissverständlich vorgehen. Niemand sollte da falsche Vorstellungen entwickeln. Erinnert euch, die anderen Gewölbe sind nicht Zonen des freien Willens wie bei euch. Hier agieren Gemeinschaftsseelen unter einem höheren Aspekt. Das Friedenscorps hat es bisher immer geschafft, ganze Planeten auf einen Status zu bringen und zu halten, wobei hier die Androhung von Sanktionen durch alle anderen meistens ausreichte. Niemand wollte die Isolation riskieren und aus dem gesamten intergalaktischen Austausch ausgeschlossen sein. Wer Interesse hat, dem Friedenscorps zu dienen, kann sich schon mal bewerben.

Die interstellare Aufstiegsflotte

Das Friedenscorps arbeitet eng zusammen mit der interstellaren Aufstiegsflotte. Die Aufstiegsflotte hat Legionen von Mitarbeitern, die alle dem Gesamten zum Aufstieg verhelfen. Die Arbeit der Aufstiegsflotte ist interessant, da ihre Mitglieder oft erfinderisch sein müssen, um jeweils den besten Weg zu finden. Der Weg oder die Art und Weise hängt davon ab, wie die Systeme aufgebaut sind, also immer die Frage, wie etwas vor Ort funktioniert. Das hört sich im ersten Moment einfach an, ist es aber nicht. Wenn ihr an die Erde denkt, hat es einen langen Zeitraum eurer Zeitrechnung gedauert, bis die Aufstiegsflotte soweit war, in das System einzudringen und Fuß zu fassen. Sie mussten sogar sterben lernen, damit eine Auferstehung möglich wurde. Sie mussten in einem Körper leben lernen, damit sie die Spezies verstehen können, haben analysiert und probiert, bis der Weg klar war. Die interstellare Aufstiegsflotte ist bei einigen sehr begehrt, bei anderen weniger, denn ihre Mitglieder müssen über ausgesprochenen Mut verfügen, Neuland zu ergründen. Das liegt nicht jedem. Sie müssen sich aufeinander verlassen können, weil oftmals das Leben des Einen von den Fähigkeiten des Anderen abhängt. Wenn einer einen mutigen Schritt wagt, Neues zu erkunden, stehen Legionen bereit, ihm zu helfen und zu dienen. Der Zusammenhalt dieser Flotte ist ausgesprochen legendär, und ihr Codex fordert sogar die Selbstaufgabe und Hingabe des eigenen Lebens, wenn es sein muss. Das beinhaltet auch den absoluten Gehorsam jedes Mitglieds, anders geht es nicht. Der Ausspruch: „Alle für einen und einer für alle“ stammt von ihnen und gehört zu den Suren des Codex, die auf die Hingabe weisen. Sie gehören zu denen, die mit ihrem Blut unterschreiben müssen. Manche übernehmen so wichtige Aufgaben, dass das Wohlergehen ganzer Gewölbe davon abhängt oder nur der Befreiung eines Einzelnen dient. Unter ihnen sind so Mutige, dass sogar wir schon einen Schrecken bekommen haben. Wenn ihr an Terra denkt, mussten viele Teilnehmer dieser Gruppe über hunderttausendmal inkarnieren, und das in verschiedenen Rollen. Sie mussten Freud und Leid erfahren, Erfolg und Misserfolg, bis sie alle möglichen Modelle hinter sich lassen konnten. Die meisten Mitglieder sind zurzeit auf Terra inkarniert, und der Orbit ist voll von Legionen der Aufstiegsflotte zu ihrem Schutz und zur Zusammenarbeit. Sie sind momentan in Dauerbereitschaft und alle Systeme arbeiten auf Hochtouren. Die interstellare Aufstiegsflotte und das Friedenscorps arbeiten eng zusammen, tauschen sich regelmäßig aus und arbeiten zudem übergreifend mit allen anderen zusammen. Ihr Codex ähnelt sich in vielen Suren, sodass man schon überlegt hat, diese beiden Institutionen zusammenzulegen, da sie sich im Prinzip nur von ihrem Wappen her unterscheiden. Die Tätigkeiten greifen so ineinander, dass es eine logische Folgerung wäre, denn eine Aufstiegsflotte ohne Friedenscodex wäre nicht denkbar. Sie hat eine dienende Funktion wie auch das Friedenscorps, und ohne den Frieden wäre ein Aufstieg nicht möglich. Wenn ein Mitglied einen wichtigen Sonderauftrag erhält, kann es sich meistens den planetarischen Imprint nicht aussuchen, sondern muss nehmen, was es erhält. Wir sind oftmals selbst sehr verwundert, mit wieviel Erfindungsreichtum und Mut auf diesem Gebiet gearbeitet wird. Der Zusammenhalt der Aufstiegsflotte ist immens und beeindruckend, insbesondere ihre Hingabebereitschaft. Die Mitglieder müssen äußerst flexibel und wachsam sein, denn eine einzige Tat kann das ganze aufgebaute Gefüge verändern, sodass alles neu ausgerichtet werden muss. Manche Mitglieder kehren auch ohne den entsprechenden Erfolg zurück und sind dann niedergeschlagen. Dennoch werden sie bewundert allein für den Mut und die Bereicherung, die sie eingebracht haben.

Jeder von ihnen hat auf eigene Art das Bedürfnis, alles zu geben, was in seiner Macht steht, und nimmt Niederlagen oft sehr persönlich. Niederlagen passieren oftmals, wenn auch sie wie alle auf Terra ins Vergessen gehen müssen. Wenn es ihnen aber gelingt, Fuß zu fassen, agieren sie für den gesamten Raum in einer Art und Weise, die sie zu Helden des Raumes werden lassen, wobei sie natürlich nie vergessen, dass alle ihnen geholfen haben. Es besteht kein Grund, eitel zu sein, dafür mehr zur wahren Freude über jeden errungenen Sieg. Jedem ist klar, dass er ohne die anderen keine Chance hätte, und das Wohl der anderen hängt unter Umständen von einem Einzelnen ab. Jeder dient jedem und ist ständig bemüht, noch mehr einzubringen. Beförderungen innerhalb dieser Strukturen gibt es natürlich auch, aber diese werden von den höchsten Ebenen entschieden. Manche lehnen Beförderungen auch ab, weil sie an vorderster Linie dienen wollen, wenigstens für einen bestimmten Zeitraum oder bis ein bestimmtes Ziel erreicht ist. Dem wird in der Regel stattgegeben, da sie über hochgeschätzte Erfahrungen verfügen. In einigen Fällen holt man bereits beförderte Mitglieder zurück, da man ihr Wissen benötigt, und sie setzen sich dann für einen bestimmten Zweck ein. Der Codex der interstellaren Aufstiegsflotte beinhaltet auch, immer einem Ruf Folge zu leisten, da das Gemeinwohl über das Wohl des Einzelnen gestellt wird. Ganze intergalaktische Clans finden sich für bestimmte Projekte zusammen und arbeiten Hand in Hand. Wenn du ein hohes Maß an Hingabebereitschaft hast, kannst du dich gern bewerben. Die Wächter des Codex entscheiden dann darüber.

Beide Systeme haben noch eine Sondereinheit gebildet. Diese Sondereinheit nimmt Spezialaufgaben wahr. Sie hat ihre Ausbildung vom Friedenscorps und der interstellaren Aufstiegsflotte erhalten. Diese Ausbildung ist langwierig, in eurer

Zeitrechnung wären das an die Millionen Jahre, wobei ihr nicht vergessen dürft, dass die Schöpfung nicht überall so linear funktioniert und das Zeitsystem im Gewölbe anders wahrgenommen wird. Was bei euch Tausende von Jahren sind, geschieht hier in dem Augenblick eines Augenzwinkerns. Dennoch dauert diese Ausbildung im Vergleich lange, und fortgeschrittene Mitglieder bilden selbst auch aus. Je weiter sich jemand entwickelt, desto unvermeidlicher stößt er immer wieder an eine Schwelle, wo er sich einzelnen Tests unterziehen muss. Das ist unumgänglich, damit du als Sieger aus allem hervorgehst. Denn dein Sieg ist der Sieg aller, und es gilt immer, sich selbst zu besiegen, niemals andere. Andere besiegen zu wollen, hieße immer Gewalt, und damit hättest du den Test nicht bestanden. Je höher du aufsteigst, desto mehr gehst du zwangsläufig ins Dienen, da dir immer bewusster ist, dass der Dienst am Anderen immer ein Dienst an dir selbst ist. Das ist nicht voneinander trennbar. Du bist alles, was ist, und alles, was ist, ist auch in dir. Du lebst nur einen von vielen Aspekten auf den jeweiligen Ebenen, dennoch gehörst du zusammen. Und um in deine Stärke zu kommen, musst du alle deine Aspekte vereinen und falls erforderlich heilen. Das ist die angestrebte Vollkommenheit des Ganzseins.

Und so ergeben sich neue Perspektiven für euch, wenn ihr euch annehmt, so wie ihr seid. Das klingt zwar einfach, aber wenn es so einfach wäre, würdet ihr schon lange ein anderes Leben führen. Ihr neigt eher dazu, bestimmte Eigenschaften, die ihr als gut empfindet, anzunehmen und alles andere zurückzuweisen. Damit blockiert ihr euch selbst, statt klar zu erkennen, was alles vorhanden ist. Ihr könnt jeden Moment neu wählen, womit ihr euch anfüllt und welche Attribute oder Eigenschaften ihr leben wollt. Es ist eure Entscheidung.

Zurzeit werden alle alten Energiemuster gelöscht. Das heißt, dass alles auf Terra, was ausgedient hat, verschwindet. Wenn ihr als Sieger leben und wieder in die Stärke eurer Ganzheit gehen wollt, um mit der Einheit bewusst zusammenzuleben, müsst ihr die alten Gefüge loslassen. Wenn ihr euch an Vereinigungen, Organisationen und Systeme klammert, dann lebt ihr Schwäche, weil ihr glaubt, dass ihr nur durch diese Systeme existieren könnt. Die neue Zeitqualität jedoch beinhaltet eure Eigenständigkeit, beinhaltet ebenso, dass ihr euch erhebt und in eure eigene Macht geht. Alles, wovon ihr glaubt, abhängig zu sein, geht, damit ihr erkennt, dass ihr von nichts abhängig seid. Eure Schöpferkraft wird sich lebendig erheben und alles übernehmen, denn eure Pläne sind beendet und der neue Weg obliegt nicht mehr eurer eigenen Planung, es sei denn, ihr haltet daran fest und entscheidet euch für ein neues Holon. Ansonsten habt ihr die Möglichkeit, ein Goldenes Zeitalter zu erleben, das die Schöpferkraft in euch kreiert hat und das alle Möglichkeiten für euch bereit hält.

Das Goldene Zeitalter

Was bedeutet nun das Goldene Zeitalter für alle? Keinesfalls heißt es ein Leben wie im Schlaraffenland, wo einem die gebratenen Tauben in den Mund fliegen. Es bedeutet vielmehr, mit Geistesgaben ausgestattet zu sein, die im Alltag praktiziert werden, es bedeutet, fest in seiner eigenen Macht zu stehen und das Christusbewusstsein in kosmischem Sinn mit der Einheit allen Seins zu leben. Und das wiederum heißt, sich seiner Schöpferkraft bewusst zu sein und diese zum Wohle aller einzubringen. Ihr habt die Möglichkeit, euch wie eine Blume zu entfalten und nicht wie bisher euch immer im Kreis zu drehen, um immer wieder an dem gleichen Punkt anzukommen und die gleichen Runden mit allen Gegebenheiten endlos zu wiederholen. Auch von den Engeln kommt nichts mehr Neues, denn die alten

Programme werden gelöscht und finden einen Platz im Akasha. Deshalb fühlen sich viele von euch etwas leergebrannt und müde, ohne eine wirkliche Klarheit über das neue Sein. Das geschieht deshalb, weil die neue Planung nicht vom Verstand ausgeht, sondern vom Herzen, und nur, wenn ihr Zugang zu eurem heiligen Raum habt, werdet ihr wissen, wie es weitergeht. Prinzipiell kann euch niemand sagen, wie es für euch als Einzelne weitergeht, es sei denn, derjenige hat Einblick in seinen Herzensraum. In der Vergangenheit habt ihr vieles von anderen übernommen, um es nachzuahmen, und Kinder lernen anfangs durch Nachahmen. Jetzt ist es Zeit, erwachsen zu werden, sich weiterzuentwickeln und das hervorzubringen, was aus jedem Einzelnen hervorkommen will. Es ist eine wahre Herzensangelegenheit und das Herz wird mit dem Verstand Hand in Hand gehen. Eure bisherigen Unterdrückungen fanden schon hier in euch selbst statt, wo der Verstand die Gefühle oftmals unterdrückt hat. Jetzt kommt ihr in eine Ausgewogenheit von Vitalität und Freude, denn allen Anteilen eures Seins werdet ihr gerecht werden.

Die stellare Bruderschaft ist sehr direkt. Ich sagte schon, dass wir keine Energie mit diplomatischen Reden vergeuden, die ohne Inhalt sind. Wir kommen sozusagen zur Sache, und zwar direkt. Unsere Absicht dabei ist, zu helfen und nicht zu verletzen. Nur ohne den Kern der Wahrheit kommt niemand voran. Ihr seid es gewohnt, belogen und betrogen zu werden, Tag und Nacht. Zudem habt ihr auch nicht vor dem Selbstbetrug zurückgeschreckt. Inzwischen habt ihr damit eine Menge Misstrauen aufgebaut, sogar euch selbst gegenüber. Die meisten trauen sich noch nicht einmal selbst. Woher kommt das? Nun, weil ihr euch nicht kennt, weil ihr euch bisher nicht kennengelernt habt bis in eure tiefsten Geheimnisse, die ihr vor euch selbst verborgen habt. Zündet euer innerstes Licht an und seht nach, was da vorhanden ist. Macht euch mit euch bekannt. Misstrauen schürt Angst und bringt euch in den Verteidigungs- und Angriffsmodus. Lernt, euch selbst zu vertrauen und Vertrauen in eure eigenen Fähigkeiten zu entwickeln. Hört wieder auf euch selbst und lasst euch nicht immer von anderen sagen, was ihr tun und lassen sollt. Wenn ihr eure Macht zurückfordert, dann haltet sie fest und teilt mit anderen. Du kannst nur etwas teilen, was du hast.

Etliche von euch sind bis zur Selbstaufgabe gegangen und haben das mit Hingabe an das Sein verwechselt. Ihr liebt euch teilweise so wenig und verurteilt euch so hart, dass ihr euch selbst aufgegeben habt. Holt euch zurück. Niemand kommt perfekt hierher, jeder durchläuft eine Schulung, bis er sich weiterentwickelt hat. Auch jeder Meister musste ins Vergessen gehen, um an seinen inneren Kern zu gelangen, die Schwierigkeiten überwinden, um als Meister aufzusteigen. Ihr habt es viel leichter, da die Dunkelheit des Kali Yuga der Morgenröte gewichen ist und die Frequenzhalter euch den Weg geebnet und erleichtert haben. Ihr alle könnt in kürzester Zeit Riesensprünge vollziehen, wenn ihr weder euch verurteilt noch das, was ihr vorfindet. Denkt daran, dass ihr nicht mehr viel Zeit habt, das Alte loszulassen. Also tut es und geht frei und unbeschwert durch das Tor der Freiheit.

Das Löwentor oder das Tor der Freiheit ist nur einen Moment geöffnet, in dem ihr alle diese Entscheidung treffen müsst, egal wie euer momentaner Stand ist. Danach ist es für längere Zeit wieder geschlossen. Bitte verpasst diesen Moment, der einmalig in der Geschichte der Menschheit ist, nicht. Denn die Menschheit schreibt Geschichte, und zwar eine himmlische, die wirklich einmalig in diesem Gewölbe ist und eine große Auswirkung auf alle hat. Eure Freiheit ist unsere Freiheit und wir können es kaum erwarten. Wir helfen euch, die Erinnerung wieder zu erlangen. Ihr werdet uns sehen, Kontakt zu uns erhalten auf individueller und breiter Basis. Jedes Geheimnis wird aufgedeckt und zeigt sich aus dem Verborgenen. Eine neue, noch nie dagewesene Sehnsucht wird sich entwickeln, wieder eins mit der Bruder- und Schwesternschaft zu sein. Diese Sehnsucht ist auf unserer Seite genauso groß wie auf eurer Seite, und genau diese Sehnsucht ist es, die uns wieder zusammenführen wird und teilweise schon zusammengeführt hat. Ich sagte schon, dass wir es lieben, aktiv zu sein, und mit denen wir bereits zusammenarbeiten, die fordern wir auch in höchstem Maß. Niemand braucht zu denken, dass ihm alles in den Schoß fällt. Und wenn ihr das Tor der Freiheit durchschritten habt, geht es erst richtig los. Ihr werdet weder Zeit noch Lust haben, faul zu sein. Die Trägheit wird von euch abfallen und ihr werdet wieder die sein, die ihr wahrhaftig seid. Erst wenn die alten Programme total heruntergefahren sind, können die neuen Möglichkeiten einfließen, damit ihr neue Räume eröffnet und euch ausdehnt. Spielt mit allem, was euch einfällt, damit ihr die Fähigkeiten eurer DNS mit aktivieren helft. Fähigkeiten wollen gelebt sein, sonst ziehen sie sich zurück. Erkundet euch, indem ihr offen für alles Neue seid. Probiert und entdeckt alle eure Talente wieder, die ihr dann aktiv einbringen könnt. Alles ist nach wie vor vorhanden, muss wirklich nur wieder aktiviert werden. Lebt so, als ob ihr perfekt und vollkommen in allem seid, was ihr tun wollt. Das fördert ebenfalls eure Talente, die aus dem Herzen geboren sind und sich entfalten wollen wie ein Fächer, den ihr öffnet.

Während in eurer persönlichen Datei die alten Programme gelöscht werden, wird es auf der Erde noch in diesem Jahr heftige Bewegungen auf allen Ebenen geben. Weltweit wird es zu Unruhen kommen. Menschen werden sich erheben, Institutionen werden fallen, Überschwemmungen werden weiter

Chaos

stattfinden, Feuer werden lodern. Es wird insgesamt ein Chaos entstehen, das für die meisten unüberschaubar und nicht kontrollierbar ist. Das Chaos ist der Vorbote des Neuen und bedeutet zudem eine intensive Reinigung. Sorgt euch um nichts, was geschieht, denn das Chaos in euch zeigt sich im Spiegel der Natur. Sie persönlich legt Hand an und das gründlich. Das betrifft all das, was euch bewusst ist, aber auch, was euch nicht bewusst ist. Es ist wie ein Frühjahrsputz in euren Wohnungen, wo ihr euch von einigem trennt, was euch nicht mehr dient oder keinen Sinn mehr macht. Ihr habt eine neue Lebensqualität beansprucht, und die steht euch zu. Diese werdet ihr mit aller Macht einfordern, denn das Licht in euch will leuchten, sich ausdehnen, und das funktioniert nicht mit den alten, erdrückenden Mustern. Die Flagge der Freiheit ist aufgestellt und weht bereits im kosmischen Wind für alle sichtbar. Trennt euch von der Angst des Massenbewusstseins, mit der man euch noch gefangen halten und in alte Schemata ziehen will. Jeder bangt um seine Macht, dennoch ist es nicht die eure. Eure Macht findet ihr in euch und ebenso die Entschlossenheit, sie durchzusetzen. Nichts und niemand kann das aufhalten.

Danach gelten für alle völlig neue Werte, die den Menschen und alles Leben in den Vordergrund stellen. Die Achtung vor dem Sein und nicht mehr vor dem Haben tritt in den Vordergrund. Bequemlichkeiten dürft ihr natürlich haben, aber der Lethargie verfallen werdet ihr nicht mehr, denn dann ist die Hypnose endgültig aufgehoben oder ausgeschlafen, und ein Lächeln wird auf euren Lippen liegen und ihr werdet einander umarmen. Wir im Orbit haben unsere Arme schon ausgebreitet und reichen euch die Hand.

Ein neues Fragment wird einfließen, das euch in einen Zustand versetzt, der euer Herz öffnen wird, das ihr größtenteils verriegelt und versiegelt habt, damit ihr das Leid nicht allzu schmerzlich erfahren müsst, was zurzeit noch vorherrscht. Wenn sich dieses Gefühl der kosmischen Liebe in euch ausbreitet, werdet ihr wissen, was es heißt, glückselig zu sein. Viele Menschen haben in der alten Zeit lange Jahre darauf hingearbeitet, dieses Gefühl zu erlangen, das euch in einem winzigen Moment eures Seins hier ereilen wird. Eure Gefühle werden eine neue Dimension annehmen und an Intensität gewinnen.

Ihr werdet Zentren haben, wo ihr wieder mit den Hathoren wie einst im alten Ägypten zusammen Erfahrungen machen werdet, Heilung und Prävention erhaltet, damit ihr alle schnell auf einen gemeinsamen Stand kommt und euch schnell auf eure Androgynität zubewegen könnt. Ihr werdet wieder autark oder ganz in euch selbst sein, das heißt, dass eure männlichen und eure weiblichen Anteile wieder zu einer Einheit verschmelzen. Anders formuliert, werdet ihr die Halbspiralen wieder zusammenfügen zu einer ganzen und dadurch werdet ihr schneller zu eurem Lichtkörper kommen. Allein unter dem Blickwinkel der Androgynität werdet ihr Partnerschaften unter ganz anderen Voraussetzungen eingehen. Alles ist in euch, ihr werdet es leben und dafür keine andere Hälfte benötigen. Schließt ihr euch dennoch zusammen, wird es einen übergeordneten Zweck erfüllen. Vieles könnt ihr euch nicht wirklich vorstellen, weil ihr die Erinnerung nicht habt und an ein sehr eng eingegrenztes Leben gewöhnt seid. Im Prinzip kommt alles von selbst, weil es schon da ist. Es braucht sich nur noch zu zeigen.

Noch seid ihr in eurem Alltag gefangen in euch selbst, und vieles ist einfach unvorstellbar. Doch wird es wegbrechen und nicht mehr erscheinen und der Ersatz in einer göttlichen Qualität steht schon bereit. Ihr fühlt euch den Extraterristen oft unterlegen und unterstellt Dinge oder Fähigkeiten, die nicht vorhanden sind. Einfaches macht ihr oft kompliziert. Dabei verfügen viele im Orbit nicht über eure Fähigkeit, mittels Bewusstsein eine ganze Welt, ja ein ganzes Universum, zu verändern. Diese Änderung durch Bewusstsein ist auf Erden sichtbar und die biologische Intelligenz zeigt es euch. Ihr seid diesbezüglich einmalig und schreibt himmlische Geschichte, denn das erste Mal geht ihr in vollem Bewusstsein durch diese Veränderung, die in früheren Zeiten immer nur die Erde selbst mit Polsprüngen und Naturkatastrophen ohne die Beteiligung der Menschen vollzogen hat, und durchschreitet das Tor. Andere im Orbit wissen nicht, wie das funktioniert, darum sind sie alle hier versammelt und schauen mit Begeisterung zu. Etliche sind dabei von weit her angereist, weil sie sich das Spektakel nicht entgehen lassen wollen. Ihr seid dabei aufzuerstehen und die Welt mit euch. Trotz aller Widrigkeiten und Steine, die ihr euch selbst in den Weg gelegt habt, habt ihr es geschafft und einen unglaublichen Sieg errungen. Hier oben wurden schon Wetten abgeschlossen, aber wir alle wissen, dass es noch schöner kommt, als auch wir es uns vorstellen.

Telepathie

Das, was euch heute noch Sorgen bereitet, ist künstlich hervorgerufen, weil ihr noch überwiegend glaubt und nicht mehr wisst. Der Glaube wird dem Wissen weichen, und wenn ihr wieder wisst, wird es keinen Streit um Glaubensfragen mehr geben. Alle Kommunikationsprobleme werden der universellen Sprache der Telepathie weichen, niemand muss mehr Fremdsprachen lernen. Wie sonst, glaubt ihr, könnten wir mit euch kommunizieren? Wisst ihr, wie viele Kommunikationsmöglichkeiten es im Orbit gibt? Viele Leben würden nicht ausreichen, um das alles zu erlernen. Es wäre auch müßig, wenn ihr erst die Volkssprache zum Beispiel des Jupiter lernen müsstet, um mit dieser Wesenheit zu sprechen. Telepathisch ist das ganz einfach. Die meisten können über euer Energiefeld mit euch in eurer Muttersprache kommunizieren, aber ihr müsstet es im umgekehrten Fall auch können. Also geht den einfacheren Weg der Telepathien.

Wir bitten euch auch, von dem Gefühl, dass ihr den Extraterristen unterlegen seid, abzurücken und in euer Selbstbewusstsein zurückzukehren. Das Experiment ist zu Ende und mit Bravour abgeschlossen. Es hat gezeigt, dass die göttliche Intelligenz in jedem immer siegen wird. Oft hat der Mensch versucht, die göttliche kosmische Kraft klein zu machen und auf ein menschliches Niveau hinabzuziehen. Dennoch ist es genau diese Kraft, die in euch wirksam ist und mit aller Macht diese Veränderung herbeiführt. Bevor noch dieses Buch erscheint, tretet ihr in den Photonenring der Sonne ein. Dieser Vorgang wirkt wie eine Lichtexplosion auf eure Systeme, wie eine ungeheure Schubkraft. Bis 2012 werden Lichtinformationen freigesetzt, die ihr euch selbst programmiert habt, und zwar zu bestimmten Daten. Diese setzen spontan neues Wissen frei, das ihr sozusagen in euren Speichern abgelegt habt, damit ihr rechtzeitig darüber verfügen könnt. Wir hier im Orbit senden euch neue Lichtpakete, damit ihr schneller erwacht und diesen wichtigen Moment nicht schlaftrunken erlebt. Alles jedoch ist schon jetzt verfügbar und wird durch die auf die Erde auftreffenden energetischen Wellen in einem noch nie dagewesenen Maße aktiviert. Viele der Frequenzhalter haben sich mit der Urzentralsonne zusammengeschlossen, sodass die Erde unter Lichtbeschuss steht. Ihr könnt euch das so vorstellen, dass pausenlos ein Lichtregen energetischer Art auf die Erde niedergeht und als Impulsbeschleuniger dient. Fangt jetzt an. Stellt euch vor, ihr geht in ein universelles Einkaufszentrum, wo ihr euch aussuchen könnt, was ihr haben wollt. Ihr könnt euch dort inspirieren und eure Möglichkeiten auch aufzeigen lassen. Wenn ihr klug seid, lasst ihr euch dabei führen von eurem höheren Selbst, das euch hilft, euren Einkaufswagen vollzupacken. Worauf wartet ihr? Eine Erlaubnis wird euch niemand erteilen, es sei denn, ihr erteilt sie euch selbst. Wenn ihr erst um Erlaubnis bittet, ob ihr in eure Macht gehen dürft, könnte jemand aufstehen und euch dies verweigern, um sich über euch zu erheben. Wenn ihr in eurer Macht seid, tut ihr es ganz selbstverständlich. Vertraut darauf, dass es funktioniert.

Es kommt der Moment, wo ihr uns in vollem Umfang sehen werdet, und wir wollen nicht, dass ihr erschreckt oder ängstlich zurückweicht. Ich verspreche, dass wir sanft vorgehen werden für die, die noch nicht auf uns eingestellt sind. Schließlich sind wir keine Monster, sondern göttliche Wesen, mit dem Unterschied, dass wir uns dessen bewusst sind und nicht dem Experiment unterliegen. Fehler sind auch von uns gemacht worden, und wir reden diese nicht schön. Einiges ist passiert, auf das wir nicht vorbereitet waren, und dennoch nimmt dieses Experiment ein grandioses Ende.

Göttin

Weigert euch dabei nicht, eure weiblichen Attribute in vollem Umfang anzunehmen, sonst kommt ihr nur schwerlich voran. Das Weibliche hat beschlossen, den Stab der Macht zu teilen. Versucht deshalb nicht, in eine männliche Dominanz zu fallen, sonst wird euch die Göttin den Stab und den Boden unter den Füßen wegziehen. Sie ahndet jedweden Missbrauch. Ihr werdet eure Institutionen fallen sehen, die einst von alten Männern errichtet wurden und die einen veralteten und verknöcherten Fortbestand hatten. Diese männliche Illusion zerbricht an einem Tag, der greifbar nahe ist. Die Göttin wurde permanent unterdrückt, damit das Männliche sich erheben und befehlen konnte, was mit Liebe und Fürsorge nichts zu tun hat. Sie wird den männlichen Anteil wieder auf den Boden der Realität zurückbringen. Sorgt dafür, dass der Aufprall nicht zu hart wird. Das Männliche wird sich wieder auf die Liebe und Fürsorge besinnen, ohne Befehlsgewalt, denn jedwede Gewalt ist der Liebe entgegengesetzt und findet keinen Nährboden mehr.

Eine kosmische Kraft ist auf euch gerichtet, die ihr euch wie eine Laserbündelung vorstellen könnt und die unaufhaltsam in den Kern einfließt und sich ausbreitet. Der alte Magnetismus muss heruntergefahren werden, damit sich die Erde, die einst gefallen ist, wieder erheben kann. Das heißt, es muss eine Stoßkraft entwickelt werden, die es Terra ermöglicht, nach oben zu kommen, sich sozusagen wieder zu erheben. Die Rotation der Spirale, die einst angehalten worden ist, wurde wieder in Bewegung versetzt, und die entsprechenden Pulsare richten sich auf Terra aus. Das beinhaltet aber dennoch, dass die Schwingung des gesamten Raumes erhöht wird. Eine Schwingung zu erhöhen, bedeutet, diese zu beschleunigen. Je langsamer eine Schwingung ist, desto schwerer und dichter ist die Materie. Die Frequenzen werden zurzeit verbunden, das heißt, die tiefste mit der höchsten, und auf die nächsten Oktaven angehoben. Die neue Frequenz ist eine lichtvolle, denn ihr tretet in die Ära des Lichts ein. Es geht nicht anders und wird genauso sein. Niemand kann sich dem kosmischen Ablauf entgegenstellen. Eure Veränderungen im Inneren zeigen sich im Außen. Das ist kosmisches Gesetz.

Die größte im Raum befindliche Flotte ist eine Sondereinheit, die mit der Friedens- und Aufstiegsflotte zusammenarbeitet. Sie hat mit ihren Schiffen einen Schutzschild gebildet, der sich um die ganze Erde gelegt hat. Das ganze System ist auf Alarmstufe eins gestellt und alle sind rund um die Uhr im Einsatz.

Oberster Flottenkommandant dieser Sondereinheit ist Asthar Sheran. Er gehört zu den Söhnen des Melchisedek-Ordens, dessen Flagge wieder auf der Erde weht. Dieser Stamm hatte sich zeitweise zurückgezogen, um sozusagen aus der zweiten Reihe zu wirken. Dieser Clan ist dem göttlichen Willen unterstellt und aktiv in der Schöpfung tätig. Der Codex des Melchisedek-Ordens ist einer der wichtigsten überhaupt, denn du bist verpflichtet, deinen freien Willen abzugeben, damit der göttlich-kosmische Wille der höchsten Triade dich übernimmt, wenn du ein aktives Mitglied sein willst. Dem Orden beitreten kann jeder, der sich dazu berufen fühlt. Der Melchisedek-Orden ist ein Orden der höchsten Ordnung, da er eins mit der Urquelle ist, um aktiv an der Schöpfung teilzuhaben. Ein weiterer wichtiger Codex ist die Achtung und Heiligung allen Lebens in jedweder Form. Dieser Stamm ist äußerst aktiv und die aufgestiegenen Meister und Altvorderen bilden seine meisten Mitglieder. Die Farbe des Ordens ist purpur, das auf allen Ebenen sichtbar ist, unabhängig von der Struktur des Auges, und beinhaltet alle anderen Farben. Der Säkularorden, der sich daraus ergibt, ist der *Orden der freien Blüte*. Seine Mitglieder dienen als Aufstiegshelfer und Führer der geistigen Welt. Ihr Ziel ist es, den Weg zu ebnen, damit sich die Herzensrose in jedem entfaltet und das Juwel, das du bist, in höchstem Licht erstrahlt.

Melchisedek-Orden

Ein weiterer Säkularorden ist der *Orden der freien Bruderschaft*, der zum Ziel hat, die kosmische Autonomie in jedem Wesen zu fördern. Jedes Wesen soll in der Lage sein, das Kosmische mit Terra zu verbinden, um zum Adam-Kadmon-Körper* zurückzukehren. Seine Mitglieder arbeiten vereint darauf hin, dass ihr die Geistesgaben erlangt und euch auf dem spirituellen Strahl bewegen könnt. Je mehr Ebenen ihr durchschreitet, desto geistiger werdet ihr und somit lichtvoller, bis das

Licht die materielle Ebene aufgelöst hat und den Weg für eine neue Schöpfung ebnet.

Alles ging vom Licht aus und kehrt dorthin zurück. Licht ist nur anhand einer Reflexion sichtbar. Im Urzustand könntest du Licht nicht sehen, und manches, was du im Universum als dunkel erachtest, ist hellstes Licht. Damit Licht sich erkennt, benötigt es einen Reflexionsmechanismus, das heißt, es muss etwas geben, was dieses Licht reflektiert und auch sichtbar macht. Damit Licht sich erkennt, wurde sozusagen Tag und Nacht erschaffen. Damit war der Weg frei, sich selbst zu erkennen und daraus zu lernen und mehr über sich und die eigenen Möglichkeiten sowie die Varianten des Seins zu erfahren. Diese kosmische Intelligenz kommuniziert, lebt und ist untrennbar mit allem verbunden. Sie sucht immer wieder nach dem geeigneten Ausdruck ihrer Möglichkeiten im gesamten Raum und enthält alle drei Prinzipien, die die Grundstruktur allen Lebens in vereinigter Form sind. Diese Triade besteht aus dem weiblichen, dem männlichen und dem geistigen Prinzip und bildet die Lebensgrundlage allen Seins. Lehnst du den weiblichen Anteil ab, bist du sehr eingeschränkt, da du gegen das Grundprinzip verstößt und den Urzustand getrennt hast. Für die Schöpfung oder das Experiment auf Terra wurde das weibliche Element nicht getrennt, sondern nur zurückgestellt. Die Göttin ist jedoch in vollem Umfang zurückgekehrt und hat somit das Experiment beendet. Eine reine Verstandeswelt ist eine kalte, Tod bringende Welt, die dem Untergang geweiht ist, und das will niemand mehr. Die Allmacht der Liebe hat die Führung übernommen und teilt den Stab. Neue Strukturen brechen hervor, während die alten verschwinden. Und während sich die Einen an die alten Strukturen klammern, um damit unterzugehen, sind die neuen Strukturen schon in Besitz genommen von denen, die die Hände dafür frei hatten. Sie sind belebt und aktiviert in vollem Umfang. Ein Aufatmen wird durch die Menschheit gehen, und das Leben wird wieder lebenswert sein, weil endlich eine freie Entfaltung des Einzelnen möglich ist.

Eure gesamten Wirtschaftssysteme, inklusive aller Wirtschaftswunder, kehren nicht mehr zurück. Ausnahmslos alle eure Staaten sind pleite. Auch wenn von allen versucht wird, das Geld zu retten und die Menschen dabei zu opfern, wird es nicht gelingen, denn die Göttin duldet nicht, dass das Leben mit Füßen getreten wird und Schöpfungswesen dafür herhalten sollen. Das Sklaventum ist beendet, also befasst euch endlich mit dem, was ihr wirklich wollt. Stell dir vor, es gäbe kein Geld. Stell dir weiter vor, du hättest alles, was du brauchst. Was würdest du wirklich machen wollen?

Unser Medium hat mir gesagt: „Wenn man so lange als Sklave gelebt hat, weiß man nicht mehr, was Freiheit ist und wie man sie anfüllen soll, weil einem die Möglichkeiten nicht bewusst sind." Das ist verständlich, und wir helfen euch, neue Räume, neue Welten und neue Möglichkeiten zu eröffnen. Niemand wird dir sagen, was du machen sollst. Bisher hast du deinen Verstand vorgeschickt, damit du die Sicherheit deines Tuns erleben konntest. Das funktioniert nicht mehr, denn die kosmische Seele ist voll aktiv. Das bedeutet, dass sich alles aus dir selbst heraus entwickeln muss, es muss sozusagen deinem Inneren entspringen. Wenn es deinem Inneren entspringt, hast du selbstverständlich die Sicherheit, weil es von der kosmischen Intelligenz geformt und aus dir persönlich herausgestellt wurde. Der Verstand tritt immer mehr beiseite. Ihr merkt es daran, dass ihr erhebliche Konzentrationsstörungen habt, oft keinen klaren Gedanken fassen könnt, und vieles ganz plötzlich im Außen entsteht, was euer Verstand nicht planen konnte.

Ihr könnt euch wirklich nur noch auf eure Intuition verlassen, die euch führen wird. Und das Licht, das euren Weg erhellt, ist das Licht, das euch voranschreitet und aus euch selbst herausleuchtet. Ihr macht das, was ihr seid, nämlich Schöpfergötter, deren Licht erstrahlt und die aus sich selbst heraus alles neu kreieren. Diesmal auf einer menschenwürdigen Basis mit dem nährenden Prinzip der Mutter und zum Wohle aller. Anders funktioniert es nicht. Wer dennoch versucht, allein seinem Verstand hinterherzujagen, wird sich verirren und den eigenen Weg aus den Augen verlieren.

Intuition

Niemand kann sich gegen das kosmische Element stellen, auch wir nicht. Selbst wir sind wieder höheren Einflüssen unterworfen, denen auch wir uns anpassen müssen. Nur gehen wir leichter in die Passivität, also auf die empfangende, weibliche Seite und leben uns dann ohne Wenn und Aber. Wir machen uns nicht von der Meinung anderer abhängig, ob wir für unser Tun zensiert werden oder nicht. Niemand braucht zu glauben, dass Seth nur Freunde für sein Experiment gefunden hat, wenn auch alle momentan großes Interesse bekunden. Er hat die Möglichkeit eröffnet, dass Schöpfergötter in die Unterwelt hinabsteigen und wieder in die Himmel aufsteigen können. Was jeder, der daran beteiligt war und noch immer ist, daraus gemacht hat, steht auf einem anderen Blatt geschrieben. Ein Vorwurf deshalb sollte nicht an Seth adressiert sein noch an die kosmische Göttlichkeit. Es liegt in der Verantwortung eines jeden selbst, was er aus seinem Leben macht. Bisher seid ihr zwar eurer Planung gefolgt, doch diese ist nun aufgehoben. Ihr könnt noch eine Weile klagen, aber dann wird man euch den Rücken zudrehen, wenn ihr nicht aufhört. Bewegt euch aus eurem Jammertal heraus. Wenn etwas aufgehoben oder gelöscht wird, gibt es nichts mehr, dem man folgen kann. Es gilt, neue Wege zu gehen und diese anzufüllen mit allem, was euch erfreut. Du willst wichtig sein? Gut, dann bitte um ein wichtiges oder bedeutungsvolles Leben. So einfach ist das. Und wenn du mit uns zusammenarbeiten willst, dann kannst du das. Wir sind bereit und hocherfreut über jeden, der Interesse bekundet. Nichts ist für die Ewigkeit. Wenn dir unsere Zusammenarbeit nicht gefällt, dann kündige. Du kannst auch verhandeln, kein Problem. Was euch nicht wirklich klar ist, dass die Intuition keine Netzwerke benötigt, wie sie bei euch zurzeit noch bestehen, wenn auch sehr wackelig. Intuition ist sich ihrer selbst bewusst und geht ihren Weg ganz unaufhaltsam. Auch wenn der Verstand nicht begreift, was die Intuition macht, ist sie die erfolgreichere, weil die kosmische Seele und die kosmische Intelligenz keine Fehler machen, im Gegensatz zum Verstand, der nur einen engen Blickwinkel hat. Seine Fähigkeiten sind begrenzt. Auch wenn ihr ihn auf einen Thron gesetzt habt, seid ihr gefordert, ihn wieder vom Thron zu stürzen, damit ihr endlich frei und unbeschwert ohne Einengung euer Leben auf Terra und im Raum genießen könnt.

Eure Institutionen stürzen ein und ihr werdet auf eure Intuition angewiesen sein. Und wenn jemand bei dem Gedanken in Panik gerät, ist es der Verstand, der eigene Vorstellungen entwickelt und ein geistiges Szenario abspielt, in dem er alle Möglichkeiten durchkämmt, wie er am Leben bleiben kann. Auch der Verstand weicht dem kosmischen Prinzip und wird sich im Denken an eine wirkliche Weisheit anlehnen. Letztendlich wird er es euch danken, denn so alleinstehend in der heutigen Zeit ist er überfordert, und ihr als Menschen treibt ihn auch noch pausenlos an. Das lineare System ist beendet, und eure Gehirne nehmen wieder eine neue Position ein. Ihr schließt euch an den kosmischen Computer an, und der funktioniert eben anders. Wenn ihr etwas wissen wollt, stellt ihr die Frage und empfangt die Antwort. Ob ihr die Antwort versteht, ist eine andere Sache. Bisher haben Menschen auf dem aufgebaut, was sie gelernt haben. Das betrifft jedoch nur den geringen Teil der DNS, mit der ihr euch lebt. Wenn ihr eure DNS in vollem Umfang nutzt, könnt ihr auch über das Wissen verfügen, was ihr euch im Laufe vieler Inkarnationen angeeignet habt. Es wird wieder in euch lebendig. Einiges hat sich in wenigen Talenten gezeigt, die sich ein Mensch bewusst gemacht hat. Viele eurer Talente und Herzenstugenden sind euch aber nicht bewusst. Das heißt, der volle Umfang des Spektrums kann in dem reduzierten Zustand gar nicht gelebt werden. Mit der Toröffnung kommt ihr alle in einen Zustand, der damit vergleichbar ist, dass ihr oft nicht wisst, wo ihr zuerst zugreifen sollt. Ihr werdet sozusagen mit Angeboten überhäuft.

Eine neue Welle der Harmonie und Stabilität wird sich ausbreiten, die ausnehmend ansteckend wirkt. Denn die Sehnsucht nach Ruhe und Frieden, die tief in euch verankert ist, bricht sich ihre Bahn. Die graue Zone der Ungewissheit und Unberechenbarkeit weicht einem klaren Licht. Und dieses erfüllt in einer Klarheit den gesamten Raum, sodass die Menschheit aufsteht und einfach ihren Weg geht, ohne Wenn und Aber oder jemanden um Erlaubnis zu bitten. Die Erinnerung steigt wieder auf, und alle Programme stehen klar vor euch. Eignet euch für diesen Moment einen entsprechenden Humor an und nehmt nicht mehr alles so wichtig. Kehrt den Nichtigkeiten den Rücken und wendet euch den Wichtigkeiten zu.

Liebe

Bisher seid ihr überwiegend mit einem Trauer- oder Rachefeldzug beschäftigt, wenn euch ein anderer nicht die Liebe entgegenbringt, die ihr erhofft. Ihr glaubt, ihr müsstet euch in Partnerschaften einmischen oder diese auseinanderreißen, weil euch eine Person die Möglichkeit vermittelt, dass ihr liebenswert seid. Liebt euch endlich selbst – ohne Zensur. Nur dann kann euch auch der Spiegel die Liebe zeigen, die euer

Herz begehrt. Und wenn ihr euch endlich selbst liebt, dann stellt ihr fest, dass ihr nicht darauf angewiesen seid, anderen hinterherzujagen, damit diese euch gefälligst lieben sollen. Alles, was ihr braucht und wollt, ist in euch selbst. Hört auf, Suchende zu sein, und geht stattdessen auf die Seite der Findenden und schließt endlich mit euch selbst Frieden. Alles beginnt in euch, niemals woanders. Im Unterbewusstsein seid ihr mit euch selbst im Krieg, versklavt euch selbst, weil ihr euch nicht alles erlaubt, wonach ihr euch sehnt. Dabei erfindet ihr Ausflüchte und macht andere verantwortlich, damit ihr nicht beginnen müsst. Greift zu und streckt endlich eure Hände nach der Liebe aus und tretet das größte Erbe an, das man euch anbietet. Wenn ihr euch weiterhin weigert, dann schlagt ihr euer Erbe aus, das euer Schlüssel zur Freiheit ist. Liebe ist der Aktivator, der Impulsgeber, der Beschleuniger, der euch in die höchsten Höhen katapultieren kann, wenn ihr annehmt und zulasst. Ihr glaubt immer wieder, dass ihr unwert seid, eine unermessliche Liebe zu empfangen, und findet Ausreden, damit ihr sie nicht erhaltet, seien es körperliche Makel, die Nörgelei anderer oder eure eigene. Niemand schreibt euch vor, wie ihr zu sein habt, damit ihr geliebt werdet. Niemand stellt diese Anforderung an euch, außer ihr selbst. Verknüpft auch nicht die Liebe mit eurem Status, nach dem Motto, wenn ich wer bin, stehen mir Liebe und Bewunderung zu. Wofür wollt ihr geliebt werden? Wofür wollt ihr bewundert werden? Macht euch das klar, was der eigentliche Grund ist. Manche betrachten sich als Helden, weil sie Leidelegien feiern, die andere einfach nicht bewundern wollen, dieses Vorgehen nicht einmal verstehen, und sind dann enttäuscht, wenn die Bewunderung des Helden ausbleibt. Macht euch immer wieder klar, und zwar ungeschminkt, warum ihr etwas tut und warum ihr etwas wollt. Wenn ihr nicht wisst, was ihr tut, wie wollt ihr es verändern?

Der Meister ist in jedem aktiv oder schlafend, je nach Status. Und wenn ihr nicht in der Lage seid, absolut ehrlich zu euch selbst zu sein, könntet ihr Probleme bekommen. Die neue Zeitqualität hält sich nicht mehr damit auf, dass jemand einen anderen benutzt, um etwas zu erhalten. Ihr betretet den Raum der Meisterschaft, und ein Meister benötigt keinen anderen Meister, damit es ihm gut geht.

Eure bisherigen Gesellschaftsformen der Diktatur, der Demokratie, der Monarchie zerfallen und machen einer neuen Weltordnung Platz. Es ist eine Weltordnung der „Hüterschaft der Einheit". Alles gehört zusammen, ist eins und wird mit Wohlergehen bedacht. Die Erde und jedes Leben wird gehütet, geachtet und geehrt. Wer sich dagegenstellen will und glaubt, durch rabiate, bestialische Gewalt seinen Platz verteidigen oder behaupten zu können, wird sich eines Besseren belehren lassen müssen. Zurzeit habt ihr noch die letzten Auswirkungen der unterdrückten Aggressionen, die in Bereichen der Erde verschüttet wurden und ans Licht brechen. Der Sand rinnt jedoch durch die Eieruhr und die Fanfaren wurden geblasen. Diejenigen, die glauben, dass sie einen anderen Menschen zertreten, missbrauchen und zu Tode misshandeln können und sich noch als Helden dabei vorkommen, weichen den Friedfertigen, die die Erde übernehmen. Es liegt nicht mehr in eurer Macht zu entscheiden, wo ihr weiterleben werdet. Ihr werdet von der Einheit als uneinsichtig eingestuft, und das bedeutet, dass ihr euch weigert, Einsicht in euch selbst und eure Grausamkeiten zu nehmen. Ihr erhaltet sozusagen einen Platzverweis und verlasst das Spielfeld. Die Shekina wird sich im Vorfeld um euch kümmern, und eure Angst wird zunehmen, denn immer wenn sich jemand von der Liebe entfernt, steigt er in das Boot der Angst. Wenn ihr Hilfe benötigt, sei sie euch gewährt, aber trefft eine Entscheidung, solange ihr selbst noch eine treffen könnt. Niemand, auch wir nicht, halten uns mehr mit Vorreden auf. Die Wahrheit kommt ans Licht und niemand kann diesen Vorgang aufhalten. Wir dienen der Wahrheit und nicht dem Betrug oder dem Selbstbetrug.

Wenn du ehrlich zu dir selbst bist, lässt du Federn. Wir haben auch Federn lassen müssen, um zu klarer Erkenntnis und zum Sieg zu gelangen. Es gibt Momente der absoluten Schwäche und in der Hauptsache der Scham über ein Leben, das du geführt hast, weil es der Liebe zu dir und zu anderen entgegenstand. Niemand wird dich dafür verurteilen. Du allein bist es, der den eigenen Richter zitiert und hart urteilt. Beginne stattdessen, dir selbst zu vergeben, und vergib den anderen, die dir nur als Lakai und Spiegel gedient haben, damit du erkennst, was du mit dir machst. Statt zu urteilen, solltest du dankbar sein, denn die Erde und alles Leben haben dir diesen Diskurs ermöglicht, in dem du reifen und wachsen konntest. Und an dem tiefsten Punkt der stehenden Acht kannst du dich durch die Illumination, die dir die Erde und auch die Drachenfamilie ermöglichen, mit dem höchsten Punkt der stehenden Acht wieder verbinden in einem einzigen Moment deines Seins. Der gesamte Raum beneidet dich um diese Möglichkeit.

Erkenne, dass du einen gewissen Fatalismus lebst und alles als gegeben hinnimmst. Es ist die Zeit der Meister und Meisterschaften, und die beginnt immer mit einem selbst. Wer ein Licht anzündet, braucht über keinen Schatten zu springen, weil das Licht den Raum erhellt und es daher keine Schatten mehr gibt. Allein dadurch, dass dir wieder bewusst ist, was du tust, und insbesondere mit welcher Absicht du es denn tust, hast du eine Meisterschaft über dich selbst errungen. Greife nach dem Siegerkranz, der dir hingehalten wird. Verschwende dein wertvolles Sein nicht mehr, sondern steuere auf das Ziel zu. Der männliche göttliche Aspekt lässt mehr mit sich handeln als der weibliche, und die Göttin wird dich wirklich das Fürchten lehren, wenn du dein Lebensschiff nicht auf Kurs bringst.

Beendet das alte Spiel endlich. Ihr werdet immer weniger Menschen finden, die sich bereit erklären, euer Spiel zu spielen, denn ein Meister kümmert sich um sich selbst und gibt sich nicht mehr her für andere Prinzipien, die nicht aus der Liebe sind. Ein Meister hat die Erbschaft angenommen, die Liebe zu sich selbst entdeckt und lebt diese kompromisslos. Er duldet nicht mehr, dass ihn jemand missbraucht. Und wenn du nicht das alte Spielfeld verlässt, wirst du allein übrig bleiben. Arcturus Dominion hat bereits das neue Spiel des Gebens ausgerufen und sucht noch Teilnehmer.

Antichrist

Der Antichrist der Erde, der seine Bollwerke errichtet hat, wird sie selbst einstürzen. Niemand braucht ihm die Arbeit abzunehmen. Ursprünglich sollte verhindert werden, dass es den Menschen gelingt, das Erbe der Liebe anzutreten, indem man ihnen Bücher gab, die nicht der Wahrheit entsprechen, die aus dem Kontext gerissen wurden, mit deren Inhalt man die Menschen knechtete, ihnen Angst machte und sie gnadenlos in Abhängigkeit hielt. Die Angst vor Tod, Teufel und Sünde, die Angst vor einem strafenden Gott und einem absolut unwerten und schuldhaften Menschen war es, die man damit speiste. Sie scheuten sich nicht vor Tod bringenden Instrumentarien, wie Verbrennung, Rufmord, Folter, Verleumdung und Diebstahl. Sie entschieden, was ihr wissen und lernen durftet und was nicht. Sie maßten sich an, die Einzigen zu sein, die mit Gott sprechen dürfen und ihr nur über sie in den Himmel kommt.

Euer Meister Jesus Christus hat euch Anderes gelehrt, leider ist es nicht in der Wahrhaftigkeit zu euch gedrungen. Eins jedoch ist jedem klar durch ihn, nämlich dass die kosmische

Allmacht, die gnostisch Vater genannt wird und im Prinzip eine Triade ist, alles ist, was ist. Ihr alle seid ein Aspekt von ihr, ausgezogen, um Abenteuer zu erleben. Der Vater liebt sich und seine Aspekte, also dich, ohne irgendwelche Zweifel. Er hat niemals gesagt, wie du zu sein hast, damit er dich liebt. Er liebt dich, weil er sich selbst liebt, und er vergibt dir, weil er sich selbst vergibt. Wenn du hier Zweifel hast, dann bist du es, der sich selbst nicht vergibt, dann bist du es, der Himmel und Hölle zugleich in sich trägt und die Hölle nicht in den Himmel transformiert. Warum sollte ein Kind nicht direkt mit seinem Vater sprechen können? Ein Vater würde das nie verweigern! Ihr unterstellt der allmächtigen kosmischen Intelligenz minderwertige menschliche Züge und versucht, daraus ein Wesen zu machen, das eure niederen Instinkte lebt und gefälligst eure Bewertungen und Zensuren zu übernehmen hat. Das ist keinesfalls der Fall. Die allmächtige kosmische Intelligenz liebt euch bedingungslos. Es gibt keine Bedingungen, die an euch gestellt werden. Es gibt auch keinen strafenden Gott. Warum auch? Wenn die allmächtige kosmische Intelligenz sich in allem liebt, wofür, bitte, soll sie sich bestrafen? Das alles macht absolut keinen Sinn, und ihr solltet eure Kritikfähigkeit wieder aktivieren und euch der kosmischen Logik zuwenden. Lasst euch nicht immer etwas einreden, was nur anderen dient, nämlich deren Macht und Geldgier. Das sind die Säulen, auf denen der Antichrist sein Refugium aufgebaut hat, und diese Säulen stürzen bei der leichtesten Brise ein. Sie werden niesen und das Bollwerk einstürzen. Und das Wissen, das sie euch bisher vorenthalten haben, wird euch sowieso erreichen. Da ihr in die Lichtära eintretet, bleibt nichts verborgen. Im Licht ist alles sichtbar, ihr müsst nur hinsehen. Wenn ihr die Augen weiterhin vor der Wahrheit verschließt, können auch wir euch nicht helfen. Alles ist ganz einfach, niemand muss etwas kompliziert machen, nur um interessant zu wirken. Die Schöpfung ist einfach und daher absolut klar. Und weil sie so klar ist, existieren unumstößliche kosmische Gesetze, die ihr vergessen habt. Als Menschen habt ihr ursprünglich Gebote erhalten, damit ihr Richtlinien für ein liebevolles Miteinander habt. Doch noch nicht einmal ein paar simple Gebote konntet ihr einhalten. Wer Gebote übertritt, wird deshalb noch lange nicht geahndet, aber zur Ordnung ermahnt. Wer die kosmischen Gesetze übertritt, wird das Ergebnis spüren mit aller Macht, ob du diese kennst oder nicht, und dennoch hat die Gnade immer Vorrang. Und was einige am meisten ärgert, ist, dass es Menschen gibt, die aufstehen und keine fremde Autorität mehr dulden. Sie haben die Hand der allmächtigen kosmischen Intelligenz entgegengestreckt und halten diese unverrückbar fest. Der Hintergrund des Ärgers Einzelner ist doch nur, dass sie ein paar unmündige Sklaven verloren haben, die ihnen nicht mehr hörig sind. Auferstehung hat auch etwas mit aufstehen und Eigenständigkeit zu tun, und diese Menschen, die die Meisterschaft anstreben, stehen fest wie ein Fels in der Brandung, und darüber hinaus erhalten sie von uns allen unbegrenzt Unterstützung. Wenn jemand etwas von euch will, fragt euch wenigstens, warum und wo für euch der Vorteil liegt. Gibt es für euch keinen Gewinnanteil, dann weist das Anliegen zurück oder erklärt euch bewusst bereit, übers Ohr gehauen zu werden, aber ohne dann zu jammern und zu klagen. Macht diese Erfahrung und schließt sie ab, ohne sie dauernd mit euch herumzutragen. Hakt es einfach ab.

Was nun eure Penetranz an Untergangsszenarien angeht, liegt es an euch, ob ihr den Angstmachern folgen wollt, und wenn ihr wild auf Untergang seid, werdet ihr ja Freude daran haben. Wenn etwas untergeht, heißt es auch, dass es keinen Bestand hat, es verschwindet. Und falls ihr das Verschwinden des Geldes und der damit verbundenen Gewalt wollt, feiert deren Untergang. Es gibt immer Möglichkeiten, eine Sache aus mehr als nur einem Blickwinkel zu betrachten. Das, was euch daran Angst bereitet, ist die Frage, wovon ihr leben sollt. Die Vorstellung will irgendwie nicht in euren Kopf, dass ihr auch so alles haben könnt. Das Tier windet sich bei dem Gedanken, dass es anderen auch gut ergehen kann, dass es nichts zu horten, zu knechten, zu kämpfen oder zu sammeln gibt und sich niemand mehr über Geld definiert. Das Ende der Geldexistenz war schon klar, als es erfunden wurde. Nichts ist für die Ewigkeit. Erinnert euch, das neue Spiel heißt *geben* und nicht zocken. Da euch sowieso nichts gehört, verteilt die vorhandenen Ressourcen gerecht an alle, ohne etwas dafür zu verlangen. Als Weltendiener habt ihr die Fürsorgepflicht, dass alles Leben sehr gut versorgt ist mit allem, was erforderlich ist. Wenn du jemandem etwas vorenthältst, wird auch dir vorenthalten. Das bedeutet nicht, dass ihr eure Energie verschleudert oder euch laufend an andere verschenkt, sondern auch einen Energieausgleich erhaltet, denn dieser steht euch zu. Der gesamte Kosmos ist auf Energieausgleich aufgebaut, und der Ausgleich wird immer gewahrt, dafür sorgen höhere Mächte. Das Gleichgewicht und die Ausgewogenheit stabilisieren das Gesamte.

In der neuen Zeitqualität werdet ihr das Licht im anderen leuchten sehen und erkennen, dass ihr zusammengehört. Das beinhaltet nicht, dass sich jeder rüde verhält, nach dem Motto: Was dein ist, ist auch mein. Grundsätzlich stimmt das zwar, dennoch gibt die Erde jedem das, was für ihn bestimmt ist. Etwas dem anderen, ohne zu fragen, wegzunehmen, ist Gewalt, und es spielt dabei keine Rolle, ob es materielle oder geistige Güter sind. Der Kosmos an sich ist freundlich und will gebeten werden. Ein höflicher Umgang ist Voraussetzung. Die hier herrschende Klarheit schließt nicht aus, dass man fragt, ob man etwas darf. Oftmals ist es auch zu deinem eigenen Schutz, zumal du nicht alles weißt und insofern die Folgen nicht abschätzen kannst.

Die Zone des freien Willens bleibt bestehen, allerdings erhält sie ein neues Fundament der Brüderlichkeit, die geschützt und erhalten bleibt. Eine erneute Annektierung dieser Zone wird unterbunden. In den Anfängen des Experiments war man mehrheitlich davon ausgegangen, die Zone des freien Willens allen zugänglich zu machen. Das beinhaltet jedoch auch, dass ein Einzelner sie in Besitz nehmen kann und vorübergehend dem Einfluss anderer entzieht. Aufgrund des tiefen Falls, der geschehen ist und der nicht mehr geplant ist, sowie der Ausgrenzung der anderen Mitglieder dabei, wird so etwas nun von allen als Gewaltmonopol angesehen und nicht mehr geduldet. Sollte ein erneuter Versuch stattfinden, schreitet die Sternenflotte ein und isoliert den gewalttätigen Kern bis zur Läuterung. Das mag harmlos klingen, ist es aber nicht. Derjenige, der sein Potenzial nicht kontrollieren kann, weil sein Ego- und Emotionalbereich gestört ist, wird ein Holon erhalten, in dem er schon bei dem Gedanken an Gewalt körperlich und seelisch genau fühlt, was ein Anderer bei diesem geistigen Gewaltakt fühlen würde. Und das so lange, bis er geläutert ist. Dieses Holon hat eine kristalline Struktur und wird von der Sternenflotte mit Informationen gespeist. Die Einflüsse ändern sich erst, wenn derjenige einsichtig wird.

Frieden

Frieden bedeutet nicht stillhalten, und es bedeutet keinesfalls, dass man mit Friedfertigen machen kann, was man will. Es ist euch durch die Geschichte eurer friedlichen Meister, die man euch nur verlogen und verzerrt wiedergegeben hat, eingebläut worden, dass Friedfertigkeit etwas mit Fatalismus zu tun hat. Ganz und gar nicht. Den Frieden zu halten, bedeutet, ein klares „Nein“ sprechen zu können. Es bedeutet auch als Grundlage, erst einmal den inneren Frieden zu erlangen und mit dir selbst Frieden zu schließen. Diesen erlangst du nur, wenn du dein inneres Programm oder deinen Imprint veränderst, was dir nur gelingt, wenn du dich über das Tier erhebst und dir bewusst ist, dass du alles selbst veranlasst aus deinem Unterbewusstsein heraus. Ihr seid Säugetiere mit gewissen Trieben und Grundstrukturen, die durch die Manipulation der DNS-Stränge in den Vordergrund getreten sind, damit ihr euch in den Anfängen der Geschichte behaupten konntet. Diese gilt es zu kontrollieren und zu besiegen. Nur der Sieg, den du über dich selbst errungen hast, ist ein wahrer Sieg. Erhebe dich zu einem Lichtkrieger der Wahrheit und bitte Michael um das Schwert, damit du die Wahrheit von der Lüge trennst und dich damit nicht mehr belasten musst. Euer Meister Jesus hat auch den ganzen Händlerunrat aus seinem Tempel gejagt, und der Tempel seid ihr selbst. Normalerweise würdet ihr auch nicht jeden in eure Wohnung einlassen und zusehen, wie er dort haust und alles zerstört und den häuslichen Frieden zunichte macht. Genauso ist es mit eurem Tempel, über den ihr das Hoheitsrecht habt. Und ich frage euch erneut: „Wer ist eure Autorität? Wem überlasst ihr euch immer wieder? Wem drückt ihr eure Macht in die Hand? Wem gestattet ihr den Missbrauch eures Seins“?

Einer der Hauptgründe hierfür ist euer Mangel an Selbstbewusstsein, Selbstliebe, Achtung und Respekt euch und eurem inneren Licht gegenüber. Ein anderer Grund ist die Identifikation mit anderen. Aus Mangel an Klarheit über euer Unterbewusstsein übernehmt ihr Attribute, die nicht eure sind, aber dann von euch als eigene angenommen werden, oder ihr wertet euch über materielle Güter auf bis hin zum Machtmissbrauch. Ihr denkt, wenn ihr anderen Befehle erteilen könnt, seid ihr wer, habt ihr einen Sonderstatus, habt ihr was „zu sagen“. Wer gibt euch so etwas ein? Aus stellarer Sicht seid ihr einfach nur Gewalttäter, die den freien Willen des anderen unterdrücken oder missbrauchen. Bisher wurde dieses Spiel ausgiebig gespielt, und viele halten daran heute noch fest. Und wenn jemand Gelüste bei diesem Vorgehen hat, dann deshalb, weil genau dieses Vorgehen Angst ist. Angst will kontrollieren und unterdrücken, um das Gefühl der Sicherheit zu erlangen. Angst glaubt, dass die Knechtung anderer eine vermeintliche Kontrollierbarkeit erzeugt, und was kontrollierbar ist, kann die Angst überschauen und sich darauf einstellen. Ferner glaubt die Angst, dass das, was sie knechtet, sie nicht mehr angreifen kann. Die Welt, wie ihr sie aufgebaut habt, ist eine Welt der Kontrolle, die als Fundament die Angst hat. Und je mehr Kontrollen erfolgen, desto mehr Angst ist vorhanden, und diese wird dann ausufernd mit Aggressionen gelebt, weil Angst sich ständig angegriffen fühlt und glaubt, in den Kampf der Verteidigung ziehen zu müssen. Grundsätzlich gibt es keine Feinde, es sei denn, ihr erschafft sie euch selbst. Und dann seid ihr im Grunde genommen euer ärgster Feind.

Mit dem Fall von Atlantis existierte für euch immer mehr nur eine äußere Welt. Eure innere Welt habt ihr verschlossen, und davon übriggeblieben sind nur eure inneren Körperorgane, die ihr nicht einmal mehr wirklich kennt oder den universellen Einflüssen zuordnet. Diese innere Welt macht den meisten nur Angst, weil sie sie nicht mehr kennen. Ihr wisst nicht, was euch dort erwartet, deshalb geht ihr erst gar nicht hin. Und wenn ihr die Tür aufstoßt, so glaubt ihr, könnte euch dort ein Ungeheuer begegnen, und wenn ihr eines erzeugt habt, wird es so sein. Erkennt dann, dass es euer eigenes Ungeheuer ist, das ihr mit Liebe in die Friedfertigkeit führen könnt. Diese innere Welt gehört euch, und ihr solltet dort zu Hause sein und euch auch so fühlen. Hast du einmal den Kontakt hergestellt, willst du es nicht mehr missen. Deine geistigen Führer stehen bereit, um dir zu helfen. Bitte sie einfach darum. Hört auf, immer wieder den Abel zu erschlagen, weil er euch Angst macht, und verdrängt nicht länger die Wirklichkeit des Seins. Ihr habt diese Welt nicht allein erschaffen und müsst euch aber darin zurechtfinden. Eure Aufgabe ist es, die beiden Welten miteinander zu einer Einheit zu verbinden, denn es sind beides Wirklichkeiten. Wenn ihr euch dagegenstellt, ist das so, als ob ihr leugnet, dass es einen Tag und eine Nacht gäbe. Beides gehört zusammen und ist weder besser noch schlechter. Jedes erfüllt eine bestimmte Aufgabe, die dem Erhalt des Gesamten dient.

Feiert die neue Zeitqualität, feiert eure Erfahrungen, und gebt die, die ihr nicht mehr wollt, ab. Niemand zwingt euch ein ewig gleiches Spiel auf. Freut euch auf die unendlichen Möglichkeiten, die euch ab jetzt zur Verfügung stehen, nehmt diese an und heißt sie willkommen. Im gesamten Universum kommt nur das zu euch, was ihr willkommen heißt. Wir heißen euch willkommen ohne Wenn und Aber, ohne Zensur, ohne Vorwürfe oder Vorhaltungen. Wir lieben euch, wie ihr seid, und machen keine Vorgaben, wie ihr zu sein habt. Wollt ihr mit uns zusammensein, stellen wir die Bedingung der Liebe und des Friedens. Ansonsten lieben wir euch aus der Distanz heraus nicht weniger und warten ab, bis ihr diese Bereitschaft aufbringt. Wir haben kein Zeitproblem, weil wir Zeit nie zu einem Problem gemacht haben und uns vor allem keiner künstlichen Zeit unterworfen haben.

Das bisherige Experiment beruhte auf Trennung, und der Weg zurück ist Vereinigung. Vereinigung mit sich selbst und allen anderen. Vereinigung von Welten, mit sich selbst und allem, was ist. Es ist der Weg nach Hause, den alle einschlagen und daher den Wegweisern folgen, die aufgestellt wurden, damit sich niemand verlaufen kann. Aller Anfang ist in dir und beginnt mit dir und führt dich zurück. Atlantis ist deine Vergangenheit und deine Zukunft zugleich, denn die künstliche Zeit ist aufgehoben und du begegnest dir selbst. Die Parallelwelt wird zusammengeführt, damit du heil bist und ändern kannst, was du damals versäumt hast. Du bist somit in der Lage, die Vergangenheit zu ändern, und zugleich die mögliche Zukunft. Das alles gelingt dir aus der Gegenwart heraus. Und es wäre für dich schneller sichtbar, wenn du dich von der künstlichen Zeit verabschieden und dich wieder mit der biologischen Zeit zusammenschließen würdest. Gestatte dir wieder ein Gefühl der grenzenlosen Zeit und erinnere dich, dass du mit der Zeit spielen kannst, ihr eigene Qualitäten verleihen kannst. Welche Zeitqualität wählst du? Sicher die des materiellen Reichtums, damit du dich, da du dich immer noch als getrennt empfindest, in einer sogenannten Sicherheit der Versorgung und Wunscherfüllung empfinden kannst. Besser wäre es, du würdest die Liebe wählen, denn sie ist der einzige Faktor, der einerseits unermesslich vorhanden ist und andererseits sich selbst potenziert. Eine nie versiegende Quelle, die sich vermehren kann, je mehr du sie mit anderen teilst. Je mehr du dich selbst liebst, desto mehr kannst du andere lieben. Liebe ist der Impulsgeber der Veränderung, der Katalysator, der dein System wieder zündet. Liebe findet immer Liebe. Und wenn jemand deine Liebe zurückweisen sollte, liegt das nicht an dir, sondern es ist der andere, der damit ein Problem hat. Lasse diese Person und gehe deinen Weg unaufhaltsam. Sei ein Erfinder der neuen Welt und finde, was sie dir zu bieten hat. Dann freue dich und teile dein Wissen mit anderen. Damit bereicherst du die Bibliothek der Erde, und der gesamte Raum kann von dir und deiner Erfahrung lernen. Sei der Hüter der Erde und deines Schatzes und benimm dich wie der Herr im Haus, oder besser, setze die allmächtige kosmische, göttliche Instanz als Herr deines Hauses ein und lasse diese schalten und walten, denn sie ist immer auf dein Wohlergehen bedacht. Heißt die Liebe in euch willkommen und wendet euch von dem Verlangen ab, immer nur Liebe haben zu wollen, und verwechselt nicht länger Liebe mit Begierde. Liebe ist immer selbstlos, dennoch verschenkt oder verschwendet sie sich nicht. Sie hat viele Gesichter und eins davon ist Vertrauen.

Lernt euch wieder selbst kennen, damit ihr Vertrauen zu euch selbst habt und es nicht anderen antragt, die damit machen, was sie wollen. Sich zu trauen, ist ein Schritt weg von der Angst, die euch lähmte oder erstarren ließ.

Die Freiheit der Wahl aller vorhandenen Möglichkeiten liegt bei euch selbst. Wir machen euch keine Vorschriften, bitten euch aber, mit Bedacht zu wählen. Euren freien Willen tastet niemand an, die Frage ist, wie weit setzt ihr euch durch, und das nicht auf Kosten anderer. Ihr habt die Möglichkeit, mit uns zusammen neue Welten zu erschaffen, indem ihr euch dem Codex der Liebe unterwerft, was Bedingung ist. Überlegt euch, welche Bedingungen ihr stellt, wenn ihr überhaupt welche stellt. Bisher jedenfalls habt ihr es vermieden, bezüglich eurer Lebensqualität Bedingungen zu stellen. Ihr und wir sind eins. Wir waren es in der Vergangenheit, sind es in der Gegenwart, auch wenn wir aus der Zukunft zurückgekehrt sind. Zusammen gehen wir den gemeinsamen Weg, der sich, je höher du aufsteigst, zu einem schmalen Pfad wandelt, wo alle enger zusammenrücken. Wir verschmelzen sozusagen wieder. Was einst getrennt wurde, verbindet sich aufs Neue ganz bewusst. Also überlegt gut, mit wem oder was ihr euch verbindet oder verbündet. Die Zone des freien Willens bleibt ein geschützter

Bereich, in dem jeder seinen freien Willen leben kann. Das wird niemand antasten, auch wir nicht. Wir haben aber die Wahl, uns zurückzuziehen, wenn sich euer Wille gegen uns richtet, und gehen nur dorthin, wo wir willkommen sind. Das himmlische Schicksal erfüllt sich immer. In dem Fall müssten wir vielleicht eine neue Ehrenrunde drehen und weiter in die Zeit zurückgehen, wo es noch dunkler und der Schleier dichter war. Uns wäre es lieber, den bereits weggezogenen Schleier zu nutzen, wie auch die Qualität der Zeit, die sich zur Vereinigung anbietet. Wenn auch die Zeit linear knapp bemessen ist, braucht eine Entscheidung nur einen Moment von euch. Insofern ist es egal, wie viel Zeit noch verbleibt, bis die alte Qualität ganz gewichen ist. Wir sind auch nicht bereit, Fehler der Vergangenheit ständig zu wiederholen. Das, was ihr durchmacht, haben wir hinter uns gelassen, denn wir gehören zusammen. Daher wissen wir, wie wichtig es ist, eine richtige Entscheidung zu treffen, um das Leben wieder in lichtvolle Bahnen zu lenken. Einer der größten Fehler, den wir machten, war, unserer Ungeduld zu folgen. Diese Ungeduld bedingte, dass wir eine Reifung oder einen Reifungsprozess nicht duldeten. Wir griffen ein, denn wir wollten schnellstens Ergebnisse sehen. Aber im Leben geht es nicht immer darum, schnellstens Ergebnisse zu sehen, sondern Ergebnisse zu erhalten, mit denen alle bestens leben können. Ungeduld ist ein schlechter Ratgeber und das Ergebnis ist oft ungenießbar. Lernt euch kennen, aber wälzt euch dabei nicht in Elegien der Selbstverurteilung und hofiert nicht länger Unfähigkeiten. Kehrt dem Jammertal den Rücken und verlasst es.

Die Plejadier

Die Plejadier werden eine der ersten Familien sein, die sich wieder zeigen. Ihr Zeichen ist das geflügelte Pferd, das den meisten hinlänglich bekannt ist. Zwischenzeitlich waren sie schon oft hier, einige als Dauergäste, für euch nicht erkennbar. Die Zeit naht, wo sie wieder offen mit euch verkehren können. Sie helfen euch auf eurem spirituellen Weg, denn auch hier habt ihr eine Menge nachzuholen. Durch sie habt ihr damals einen Code in eurer DNS erhalten, der euch immer die Möglichkeit der spirituellen Anbindung ermöglichte, was für das Wassermannzeitalter und insgesamt für die Entwicklung des Menschen wichtig ist. Hättet ihr euer Leben mehr der Spiritualität gewidmet, wäret ihr heute weiter. Diesen kraftvollen Bereich haben jedoch seit langem wieder viele betreten und sind wieder so weit erwacht, anzuerkennen, dass neben der materiellen Welt auch eine geistige Welt existiert. Wir erinnern, dass alles geistig ist und einen geistigen Ursprung hat. Auch wenn noch viele diesen Bereich aussparen oder negieren, ist er dennoch vorhanden und lebendiger als je zuvor. Aufgabe ist es, euch mit eurem inneren geistigen Kern zu verbinden und in euch ebenfalls diese Einheit wiederherzustellen. Geht in euer Herz, dort findet ihr alles, was ihr braucht, und das meine ich wörtlich. Arbeitet direkt und intensiv mit eurem Geistführer zusammen, damit ihr immer den geraden Weg nehmt, denn der ist der kürzeste. Allein würdet ihr herumirren oder nicht die Wege einschlagen, die euch weiterbringen. Alkyone, die Sonne des plejadischen Systems, ist neu auf euch ausgerichtet, und die Erde pendelt sich auf Alkyone ein, um die Impulse direkt zu erhalten. Terra schwenkt auf eine neue Umlaufbahn ein, um den nachfolgenden Planeten Platz zu machen. Kein Grund zur Panik. Bisher habt ihr doch noch sehr wenig oder gar nichts von den Geschehnissen im Raum bemerkt. Wir haben euch vor vielen Gegebenheiten abgeschottet oder, wenn ihr so wollt, gerettet. Die Wenigsten haben die Heliumexplosion der Sonne bewusst miterlebt, was euch im bewussten Zustand vernichtet hätte. Durch den Schutzschirm, der um die Erde gelegt wurde, war euer Sein nur vorübergehend, für wenige Jahre unter unserer vollen Kontrolle. Und wir waren so gut, dass ihr es nicht bemerkt habt. Wir haben Kometen umgeleitet oder zerstört, die die Erde absolut vernichtet hätten, und ihr könnt uns ruhig glauben, wenn wir sagen, dass wir auf euer Wohlergehen bedacht sind. Dieser Schutzschirm wird nun langsam aufgelöst und die Einflüsse des gesamten Raumes gehen direkt auf euch über, wenn auch gemäßigt, damit eure Systeme keinen Schaden erleiden. Stellt euch das so vor, als wenn ihr ein Leben in einem dunklen Raum verbracht hättet und plötzlich in gleißendes Licht treten würdet. Ihr würdet es nicht ertragen und gesundheitlichen Schaden nehmen. Eurem Universum nähern sich neue Planeten, die Einflüsse für das Wassermannzeitalter für euch bereithalten. In allen Gewölben gilt für alle, immer mit den gegebenen Einflüssen friedvoll klarzukommen. Habt ihr die bisherigen Informationen integriert, kommen die neuen. Diese sollen euch vor Überheblichkeit warnen und euch immer wieder auf den realistischen Boden des Machbaren zurückbringen. Die wichtige Frage, die sich stellt, ist: „Wie bringe ich die Inspiration in eine Form der Erde"?

Das gelingt euch nur, wenn ihr mit der Erde intensiv zusammenlebt und mit ihr gemeinsam die inspirativen Einflüsse des Neuen verarbeitet. Oftmals müsst ihr dabei eurer Intuition folgen, was die Sache auch spannend macht. Damit jedoch habt ihr erst nach einer gewissen Eingewöhnungsphase zu tun, wenn ihr euch mit den neuen Gegebenheiten zurechtgefunden habt.

Bis auf die Haut- und Haarfarbe sieht euch das Volk der Plejadier sehr ähnlich, und sie sind insgesamt hervorragende Wissenschaftler. Ihr werdet viel Freude miteinander haben, wenn ihr euch den Wissenschaften in Kombination mit der Spiritualität zuwendet und sehr große Fortschritte in kurzer

Zeit erzielt. Sie sind Meister der Schlüssel, mit denen ihr neue Türen aufschließen könnt, um hinter die Geheimnisse des Lebens zu kommen. Das, was euch am meisten am Herzen liegt, ist das Manifestieren der eigenen Wünsche. Es ist sozusagen ein Mitbringsel aus der atlantischen Zeit, in der alle aktiv damit gearbeitet haben, allerdings ohne Rücksicht auf die Empfindungen derer, die letztendlich damit leben mussten. Der Intergalaktische Rat wird darüber wachen, dass die alten Probleme nicht zu neuen Problemen gemacht werden. Ihr habt den Vorteil, dass ihr an unserer Weisheit teilhaben könnt, und solltet diese Hinweise aufnehmen.

Da alles zusammenkommt, um sich zurück nach Hause zu begeben, und die allmächtige kosmische Intelligenz alles einsammelt, seid auch ihr angehalten einzusammeln, nämlich das, was zu euch gehört. In erster Linie sind es eure Anteile, die auf verschiedenen Ebenen verteilt sind und sich in eurem Herzen zusammenfinden müssen, um durch das Herzenstor den Weg in die Einheit zu gehen. Das ist der Ort, wo Himmel und Erde zusammenkommen und wo ihr den Frieden mit euch schließen könnt. Wählt euch eine Ebene, in der ihr euch einhakt, das ist wichtig. Erinnert euch an die Bilder an den Wänden ägyptischer Tempel. Oft sind dort bei Personen die Arme über der Brust gekreuzt, in einer Hand einen Haken haltend, in der anderen die Klapper. Einige bezeichnen sie als Geisel, wir bevorzugen Klapper, weil sie beim Aneinanderschlagen eine bestimmte Frequenz von sich gibt, die euer Unterbewusstsein öffnet. Ihr braucht nicht eine materielle Klapper dazu, ihr könnt das auch geistig vollziehen. Diese Frequenz wird das Grundprinzip freisetzen, auf dem ihr eure Ansichten aufgebaut habt. Es kann mit einer bestimmten Inkarnation zu tun haben, deren verletzte Empfindung sich durch eure gesamten Leben gezogen hat bis zum heutigen Tag. Nehmt an, was in euch emporsteigt, und setzt euch damit auseinander. Lasst es zu, ohne jegliche Zensur von euch. Eure Emotionen eröffnen euch genau die Weisheit, die jahrtausendelang verschollen war. Ihr habt zwar das verständliche Bedürfnis, sofort alles Neue und Schöne aufzunehmen, aber bitte sehr nur das Schöne, sonst geht ihr sofort in die Selbstverurteilung. Für das Neue braucht ihr ein klares Fundament in euch, und das muss sich jeder selbst erstellen. Den Frieden mit euch könnt nur ihr schließen, wie soll das sonst gehen? Wer soll vorbeikommen und den inneren Frieden herstellen, wenn ihr keine Bereitschaft dazu habt? Im Prinzip ist es einfach. Nehmt euch an, wie ihr seid. Auch das ist ein Gesicht der Liebe.

Eine weitere Frage, die euch auf der Seele brennt, ist: Was werden die Extraterristen mit uns machen? Werden sie wirklich friedlich sein und uns helfen oder knechten sie uns jetzt von oben? Nun, ich sagte euch, wir sind eine Familie, und ihr werdet euch sicherer fühlen, wenn ihr uns die Chance gebt, uns wieder kennenzulernen. Das wird geschehen, wenn unser Sender „Pyramiden-TV" durch den Äther zu euch dringt und sich viele Wesenheiten vorstellen werden. Das, was euch bisher irritiert, ist, dass die geistige Welt oder die Welt hinter dem Schleier nicht nur aus Erzengeln besteht, sondern Wesen dabei sind wie du und ich oder Wesenheiten, die sehr hohes Lichtbewusstsein verkörpern, deren direkte Strahlung du als Mensch nicht ertragen könntest. Sie alle werden sprechen und den Kontakt herstellen. Ihr könnt auch Wünsche äußern, wenn ihr euch zu bestimmten Wesen hingezogen fühlt. Ansonsten kommen ohnehin die Kontakte zustande, die zusammengehören. Durch diese TV-Serien werdet ihr einen Vorgeschmack davon erhalten, wie es ist, wenn ihr euren Geist für das Neue und Vorhandene öffnet.

Künftige Ereignisse

Lasst uns nun noch einen Blick auf das künftige Geschehen werfen. Einst war Nostradamus der Seher, der einen Blick auf die zukünftigen Ereignisse warf und sie zu seiner eigenen Sicherheit verschleiert in Versform aufschrieb. Was immer er gesehen hat, hat sich geändert dadurch, dass ihr euer Innerstes geändert habt. Insofern bleibt nur, eine neue Vorausschau zu tätigen.

Bis zum Ende der alten Zeitqualität werdet ihr mehrfach Wetter haben, die sich plötzlich stark ändern. Auf Wettervorhersagen könnt ihr euch nicht mehr verlassen. Die Übergänge der Wetter Frühling und Herbst scheiden und die polaren Fronten von Hitze und Kälte lösen sich ab. Viel Wasser geht auf die Erde nieder, das zur Reinigung erforderlich ist. Überschwemmungen werden euch weiterhin begleiten. Stürme sind damit verbunden, die in einigen Regionen äußerst kraftvoll sind und sich schnell zu Wirbelstürmen entwickeln. Ihr existiert in einem Universum der Halbspiralen. Das Grundprinzip der Spirale ist die Drehung, die in Bewegung versetzt, und genau das machen die Stürme. Sie drehen und setzen in Bewegung. Dreht euch mit ihnen im Kreis und helft ihnen.

Zurzeit rebellieren die Bewohner der östlichen Regionen wegen der bestehenden Unterdrückungen und Ungerechtigkeiten. Diese Rebellion wird sich westwärts ziehen und die Länder, die als Demokratien gelten, einholen. Die Freiheit des Wassermanns lässt keine Einengung oder Unterdrückung mehr zu, und das ist unabhängig von bestehenden Ordnungen. Und dass jemandem Vorschriften gemacht werden, wieviel er haben darf, was er machen darf, was er als Rentner haben darf und wieviel man jedem einfach wegnimmt, das hat ein Ende. Das einfache, gewalttätige Verfügen über den anderen hat ein abruptes Ende. Ein Beschleuniger wird der Verfall des Geldes sein, der durch einen Umstand eintritt, mit dem niemand rechnet. Die Beutejagd der Ausbeutung ist beendet. Die Machenschaften der Spekulanten, die sich noch in Sicherheit wähnen, fallen wie ein Kartenhaus zusammen, und sie stehen vor dem Nichts. Regierungen weltweit, die noch Banken und die Wirtschaft stützen wollen, werden nichts mehr haben, was sie euch wegnehmen können. Sämtliche Programme heben sich auf. Die Pleitegeier ziehen immer größere Kreise, auch wenn einige Wirtschaftszweige noch frohlocken.

Das Geld wurde erfunden, damit ihr gegeneinander kämpft, damit jeder mehr haben will als der andere, und dieses „Mehr" ist endlos. Die Ausbeutung der Erde und ihrer Lebewesen, ob Mensch oder Tier, wird mit einer Rücksichtslosigkeit betrieben, nur um ja immer mehr Profit und damit Macht zu erhalten. Diese Gier hat sich zu einem Monster entwickelt, das nicht gesättigt werden kann. Wir erinnern, dass Gier zur Angst gehört, nämlich der Angst, nicht genug zu haben. Und die Schockwelle wird sich ausbreiten und nicht zu verheimlichen sein. In den Anfängen wird man versuchen, euch zu beruhigen, und Lügen erzählen. Die ersten Überlegungen werden auch sein, dass man neues Geld erfinden will, eine neue Weltwährung sozusagen, die rein auf Zahlen beruhen soll, also spekulatives Geld, das nicht vorhanden ist und das man euch zuordnen will, um an den alten Strukturen festzuhalten. Zu diesem Zeitpunkt geht man noch davon aus, dass die restlichen Systeme weiterhin funktionieren und dass man etwas mit in die neue Zeitqualität hinübernehmen kann. Viele von euch werden dem Vorschlag nach geldalternativen Zahlen zustimmen, weil sie keine Vorstellung haben, wie es sonst laufen könnte. Die Frequenzhalter jedoch haben die Frequenz so erhöht, dass auch eine alternative Knechtung nicht stattfinden wird. Erinnert euch. Wenn ein Planet aufsteigt, dann wird nichts mitgenommen, was nicht aus der Liebe ist oder zu diesem Planeten gehört, also direkt von ihm in Reinheit stammt. Geld wird nicht geliebt. Es wird gejagt, es wird gehasst, es erzeugt Hass auf die, die es stehlen unter dem Deckmantel der Legalisierung, und ein weitaus größerer Hass und Neid entsteht bei denen, die nichts haben. Um dem Spiel des Geldes zu folgen, bleibt nur die Ausbeutung auch der Erde, was sonst will jemand anbieten! Viele Rohstoffe gibt die Erde nicht mehr her, auch das Öl wird knapp. Deshalb wird man euch keine Plastikkarten mehr anbieten. Die Regierungen wissen selbst nicht mehr, wie sie euch alle sättigen sollen und wo die Rohstoffe der Zukunft herkommen sollen. Sie machen Geschäfte mit Dingen und Lebewesen, die ihnen selbst nicht gehören.

Es ist das Geburtsrecht aller, das zum Leben zu haben, was jeder braucht oder wünscht. Und der Beruf des Händlers weicht dem eines Mittlers, der dafür sorgt, dass alle gut versorgt sind. Mit dem Wegfall des Gekkels wird jeder zu sich selbst finden und neue Prioritäten im Leben setzen, nämlich: Wo und wer ist mein Nächster und wie leben wir zusammen. Wenn ihr so wollt, ist das neue Zahlungsmittel die Liebe zum Nächsten und der Dienst der Weltendiener. Alle Systeme der Abhängigkeit zerfallen, es wird wie ein Dominoeffekt sein, der nicht aufzuhalten ist. Ihr hattet alle Systeme auf Geld aufgebaut, und wenn diese Basis weg ist, ist auch alles damit Verbundene weg. Alles Trennende bricht zusammen und alles Verbindende ersteht. Verbindlich hat mit Verbundenheit zu tun, und diese Verbundenheit sucht ihren Ausdruck im gesamten Sein.

Es wird also ein allgemeines Chaos eintreten auf allen Gebieten, das ausreichend Verwirrung stiften wird. Dieses Chaos ist die Grundlage für eine Neuordnung, die ihr nur schwerlich allein bewerkstelligen werdet. Wir stehen bereit, euch zu helfen.

Eure Kommunikationswege brechen zusammen und alles, was mit Strom zu tun hat. Stellt euch darauf ein. Auch Strom ist polarisiert und basiert auf Trennung. Ihr werdet eine neue Ruhe entdecken, die euch innerlich und äußerlich einnimmt, und ihr werdet sie nicht mehr missen wollen. Auch werdet ihr auf einmal Zeit haben, soviel ihr wollt, und ihr werdet sie neu nutzen. Die Zeit wird von euch ein neues Gesicht erhalten, und die Qualität, die sie bringt, werdet ihr lieben, denn sie ermöglicht euch, wahrhaftige Werte zu entdecken, Werte, die vor euch lagen und die ihr schon nicht mehr gesehen habt.

Eine neue Aufmerksamkeit wird die Formgebung erhalten. Ihr werdet darauf achten, dass alles eine harmonische Form aufweist, und werdet keine Ruhe geben, bis diese hergestellt ist. Die Harmonie der Formen wird wichtig und beinhaltet, dass die männlichen strengen Formen immer im Einklang mit der weiblichen runden Form stehen.

Ihr fallt mit der neuen Ebene und den neuen Strukturen nicht in ein mittelalterliches Leben zurück, dennoch wird die Natur einen übergeordneten Raum einnehmen. Einiges bleibt euch auch erhalten, sofern es zum Wohle aller eingesetzt wird. Aber das wird das Geringste sein.

Ihr werdet vorrangig euer Augenmerk darauf richten, dass Menschen versorgt sind, insbesondere Menschen, die alles verloren haben. Teilt mit ihnen. Und je mehr Freiheit ihr genießt, desto mehr breitet sie sich aus. Das Gefühl einer friedvollen Freiheit wird euch einnehmen und ein Glücksgefühl in euch erzeugen, das ihr früher einmal gekannt habt. Dennoch bedeutet Freiheit auch Ordnung und Disziplin, wobei ihr euch gern freiwillig an eine neue Ordnung halten werdet. Sie macht Sinn, ist allen verständlich und logisch.

Im Prinzip braucht ihr nur das Wichtige zu befolgen: „Liebe und bringe diese Liebe zum Ausdruck“! Ein neuer Beruf des

Formengebers wird entstehen, der künstlerisch dabei helfen wird. Es bedarf hierzu einer ausgeprägten Anbindung an die Gemeinschaft als Ganzes, denn der Ausdruck der Erde ist der Ausdruck des Gesamten, das sich in einer Form zeigt. Es gibt viele Erden im gesamten Raum, und ihr werdet euch inspirieren lassen und eure Ergebnisse weitergeben. Das Paralleluniversum ist schon nahe, und es wird ein Hinübergleiten geben von der einen Erde zu der anderen. Materie und Antimaterie werden sich verbinden, um Neues zu erschaffen. Und ihr werdet erwachen, während die Sonne des Morgens auf euch scheint.

Körperlich macht ihr jetzt schon große Veränderungen durch, insbesondere diejenigen, die sich schon länger mit der inneren Welt beschäftigen. Euch sei gesagt, ihr habt es geschafft. Wir stehen schon in den Startlöchern und sind mitten in den Vorbereitungen. Große Pläne sind entworfen, und wir sind gespannt, inwieweit ihr mit einsteigt. Viele Vorbereitungen sind von uns bereits getroffen worden. Alles läuft hier auf Hochtouren. Wir sind sozusagen in unserem Element, denn der Zeitsprung ist greifbar nahe. Uns fällt es manchmal schwer, uns zusammenzureißen und euch nicht zu überfordern, dennoch ist es eine Ungeduld zwischen Liebenden, die wissen, dass sie sich wiedersehen und so ein erregtes Kribbeln haben. Einige Termine stehen schon fest und geschehen in naher Zukunft, noch bevor die neue Qualität in vollem Umfang erreicht ist. Es gehört mit zu den Vorbereitungen, die einer trifft, wenn er einen Plan hat, und wir haben große Pläne.

Die gesamten Pyramiden der Erde sind seit längerem aktiviert, und deren gesamte Energie hat sich bereits mit den Pyramiden der höheren Ebenen verbunden. Dieses Energiepotenzial dringt ebenso tief in die Erde ein, da der Weg nach oben genauso nach unten geht. Die Erde selbst wird bis in die kleinste Zelle aktiviert, genau wie eure körperlichen Systeme. Alle Pyramiden stabilisieren die Erde auf ihrem Weg nach „oben“ und aktivieren die himmlische Rotation der Merkabah. Eure gesamte kristalline Struktur wird gereinigt und erhält neue Informationen, die der neuen Qualität der Liebe angemessen sind. Euer Gesicht wird mit dem Gesicht der Erde gemeinsam in eine Richtung blicken und die Ziele anvisieren, die zum höchsten Wohle aller beitragen. Das Streben nach Wohlergehen aller in höchster Potenz wird alle umfassend beschäftigen. Dabei werdet ihr feststellen, dass ihr nicht einmal die Hälfte dessen benötigt, was ihr jetzt in euren Wohnungen angesammelt habt und oftmals nicht mehr anseht. Der Sammeltrieb des Menschen wird weichen, weil sich niemand mehr belasten will. Freiheit beinhaltet auch, dass Materielles nicht mehr einengend wirkt. Vieles Neue wird gemeinsam genutzt, damit nicht jeder es sammeln muss. Natürlich werdet ihr auch Güter haben, die euch persönlich zur Verfügung stehen, aber alles wird einen anderen Charakter haben als bisher. Es wäre müßig, euch alle Möglichkeiten aufzulisten, die ihr habt. Ihr seid gefordert, selbst auf Entdeckungsreise zu gehen oder euch Hilfen zu holen. In eurem noch restlich vorhandenen eng begrenztem Zustand könnt ihr euch die Fülle der Möglichkeiten nicht vorstellen und fühlt euch relativ hilflos, wenn ich davon spreche. Viele Wünsche macht ihr auch von eurer derzeitigen Ausbildung abhängig und grenzt euch damit wieder ein. Stell dir einfach vor, alles ist möglich. Was willst du?

Ihr werdet euch neu erfahren und kennenlernen. Das ist wichtig im Hinblick auf den Umgang mit Extraterristen. Die neue Qualität ist die einer Erfahrung, die mit intensiven Gefühlen einhergeht. Durch diese Gefühle versteht ihr euch und die anderen sofort. Es wird keiner vieler Worte und Erklärungen bedürfen. Die vielen Wortgefechte, die ihr euch liefert und dabei in heilige Gewänder kleidet, damit die wahre Absicht verschleiert bleibt, und die meistens nichts aussagen, fallen weg. Sie machen keinen Sinn und langweilen den Rest der Anwesenden. Auch sind die bisherigen Wortgefechte eine Art Kriegsführung auf verbaler Basis, die entweder dazu dienen, den anderen zu verletzen und ihn kampfunfähig zu machen, oder sind Lüge, damit der andere missbraucht werden kann. Ihr werdet dazu übergehen, mit sehr viel Klarheit auch in Worten zu kommunizieren. Klarheit benötigt immer wenig. In eurer Erziehung wurde das bisher angekreidet und als unhöflich bezeichnet, während vieles, nutzloses Gerede als gesellschaftliche Unterhaltung deklariert wurde und angesehen war. Die Bigotterie der Sache ist eindeutig.

Wer nicht die Wahrheit sucht, wird sich auch nicht finden. Ihr werdet jedenfalls Wert auf die Wahrheit legen, denn das ist Klarheit und hilft euch, das höchste Wohl zu erreichen und das Ziel immer im Visier zu haben. Die Menschen werden Umwege meiden und stattdessen immer den geraden Weg gehen. Die neue Qualität wird sich in eurem Charakter zeigen. Auch hier werdet ihr großen Wert auf Reinheit legen, zumal alles andere sowieso sofort für alle sichtbar ist. Ihr erkennt, dass ihr euch letztlich nur selbst betrügen werdet, da sich niemand mehr für eure langweiligen Spiele hergeben wird. Das bedeutet nicht, dass ihr von einem Moment zum anderen perfekt sein werdet, so wie ihr es euch vorstellt, aber ihr seid auf dem Weg dahin, eine Vollkommenheit der Wahrhaftigkeit zu leben. Alle Hilfen hierzu stehen für euch bereit. Allein das fördert euren persönlichen Frieden, den ihr mit der Welt teilen könnt, denn Wahrheit erfordert keine Verteidigung. Wem es nicht passt, muss es nicht akzeptieren. Habt ihr je überlegt, wann eine Verteidigung beginnt? Sie beginnt immer, wenn ein Angriff stattfindet, der auch mit Worten erfolgen kann. Bisher habt ihr dem anderen oft nicht zugestanden, dass er anders ist, und einen Angriff gestartet, denn das Gleichmachen gab euch Sicherheit. Nun werdet ihr feststellen, dass absolut alles anders ist als euer bisher begrenzter Bereich. Eure kleine, illusionäre Welt wird aus den Angeln gehoben, und das im wahrsten Sinne des Wortes. Allein aus diesem Grund werdet ihr feststellen, dass alles möglich ist, und zu Toleranz und Offenheit übergehen. Ein gesundes Interesse wird euch dabei leiten. Und es geht sogar soweit, dass euch das Anderssein magisch anziehen wird, weil es euren Horizont erweitert und diese Erweiterung eines eurer Hauptbedürfnisse wird. Die Erweiterung, die sich von der Einengung löst, führt euch zur Entfaltung.

Die 2000 Jahre sind vorbei und ihr werdet eurem Christus begegnen, weil ihr ihn nicht mehr gefangen haltet. Das Kreuz war das mystische Kreuz der geometrischen Schöpfung und das Zeichen des Männlichen. Der Kreis darum wurde nun wiederhergestellt und geschlossen. Somit ist das Weibliche wieder voll aktiv. Sein Tod war der Tod der inneren Welt, damit die Auferstehung folgen kann. Und alle, die ihm gefolgt sind, haben diesen mystischen Tod erlebt, wie auch die Auferstehung, damit die Freiheit den Raum einnimmt. Der Antichrist weicht dem Christus, dessen Wesenheit sich mit dem kosmischen Christus verbindet und zu einer Einheit verschmilzt. Er lebt sich in euch und mit euch, wie ihr in ihm lebt und wirkt. Die Einheit macht vor nichts halt, und somit haben sich auch diese Worte erfüllt. Seine Freiheit ist eure Freiheit, und eure Freiheit ist seine Freiheit zur Einheit.

Ihr seid mutig durch die Illusion gegangen und habt erkannt, dass die Wahrheit immer Wahrheit bleibt und nicht durch eine Illusion verändert werden kann. Sie zeigt sich dennoch immer und überall und ist die einzige Sicherheit und Basis, die ihr habt. Deshalb werdet ihr großes Gewicht auf die Erhaltung der Wahrheit legen, die eure Stärke ist. Eure bisherigen Anschauungen über Schwäche und Stärke legt ihr ab, wie auch eure Zensur und Verurteilung darüber, da dies euch einengt. Ihr seid bestrebt, neue Räume zu eröffnen, euch auszuweiten, weil eure Sehnsucht euch vorantreiben wird. Die Sehnsucht nach zu Hause, nach euren Familien, nach der Einheit ist euer Licht, das ihr entfacht und das euch voranleuchtet auf eurem Weg. Ihr habt Grandioses geschafft, um das euch viele Sternengeschwister beneiden und bewundern. Nun geht es zum Endspurt. Der Mensch wird seiner inneren Stimme folgen, die er wieder dulden und auf die er wieder hören wird. Der inneren Stimme folgen, heißt, der eigenen Bestimmung zu folgen, also der Berufung. Denn der Ruf erschallt für jeden, ob er ihn hören will oder nicht. Damit einher geht euer Geburtsrecht, das Recht, wie ein Kind zu leben, in Sicherheit, Geborgenheit und der Freiheit, die Welten zu erkunden. Ein Kind macht sich keine Gedanken darüber, wie es versorgt wird, keine Gedanken an eine Zukunftsplanung, keine Gedanken, was alles sein könnte. Es lebt im Augenblick und ist deshalb in seiner Mitte und Stärke, dem Ausgangspunkt seines Seins, wo es mit offenen Augen die Welt betrachtet und alles Neue aufnimmt, um davon zu lernen und daran zu reifen.

Eure Kindheit hier war mit Sorgen beladen, die ihr jetzt fallen lasst, wie einen schweren Rucksack, den ihr abwerft. Eure Zeit ist nun die Zeit der Pubertät, wo sich eure Seelen und eure Körper verändern. Ihr tretet in das Stadium des Erwachsenen ein und übernehmt die Verantwortung für euer Tun. Ihr verabschiedet euch von der Kindheit und wendet euch einer neuen Entwicklung zu, mit neuen Aufgaben, die eurer Entwicklung gerecht werden. Eure Interessen verlagern sich, und dennoch erfahrt ihr euch als geborgen, denn ihr macht die Erfahrung, dass ihr nicht allein seid, auch wenn ihr euch bisher meist als allein empfunden habt. Ihr werdet euch neu wiederentdecken in den Augen eurer Geschwister und wieder das Licht in ihnen lodern sehen und des leuchtenden Aspekts der allmächtigen intelligenten, kosmischen Essenz gewahr werden. Nichts oder niemand war jemals getrennt. Das kann gar nicht sein, wenn alles miteinander verbunden ist und in ein und demselben kosmischen Raum existiert. Außerhalb dieses Raumes ist nichts. Also existiert alles in der Geborgenheit des Raumes, in sich selbst seiend.

Bisher habt ihr das, was ihr sehen wolltet, damit ihr euch kennenlernt, aus euch herausgestellt und in verschiedene Formen gebracht. Eure eigene Schöpfung sozusagen, die von und vor euch ist. Zum Beispiel habt ihr Kopfläuse erfunden, die außerhalb von euch existieren sollen, damit sie euch darauf hinweisen, dass ihr ständig alte Denkstrukturen lebt und dies letztendlich eine Qual bedeutet. Ihr wolltet in dem Moment nicht selbst die Kopflaus sein, deshalb steht sie außerhalb. Diese Erkenntnis dringt aber nicht in euer Bewusstsein, wenn ihr glaubt, dass eine höhere Macht dieses Bild hervorgebracht hat oder, unwirklicher noch, dass eine fremde Macht diese Laus erfand, um euch zu ärgern. Alles, was hier auf Erden ist, ist von euch, und alles, was von dieser Erde geht, ist nicht mehr erwünscht und wird nicht mehr erneuert. Es bleibt das, was euch weiterbringt und zu neuen Ufern trägt. Was ihr nun sehen wollt, sind neue Tiere, die mit der Spiritualität zusammenhängen und die euch hier im Zusammenleben voranbringen. Ihr werdet wieder mit den Sylphen, Undinen, Gnomen und Echsen zusammenarbeiten; Feen, Drachen und Einhörner wie auch geflügelte Pferde wieder um euch haben wollen – als Zeichen der Einheit und dass ihr bereit seid, von allen zu lernen, und nicht mehr in der kleinen Buddelkiste verbleiben wollt, wo ihr auf Sand gebaut habt.

Alles ist in allem enthalten, das Große im Kleinen und das Kleine im Großen. Somit ist auch alles in euch, was je existiert hat, existiert oder existieren wird. Auch ihr seid in allem enthalten als ein Teil des Gesamten. Daher ist alles mit allem verbunden, und die Weisheit des Einen ist die Weisheit aller, zu der alle den Zugang haben. Niemand enthält dir etwas vor, es sei denn, du bist es selbst. Also ist es die Zeit der Verantwortung, die euch die Möglichkeit einer neuen Gestaltung gibt. Ihr gebt gemeinsam der Erde ein neues Gesicht, individuell und kollektiv. Daher wird für alle diese Kreation erst vollkommen klar sein, wenn es soweit ist und sich zeigt. Wenn euch etwas daran nicht gefällt, könnt ihr es ändern. Auch in der neuen Qualität ist nichts für die Ewigkeit.

Erfahrt mehr über eure Lebendigkeit und eure Schöpferkraft und wählt mit Bedacht. Denkt immer daran, dass ihr auch dafür verantwortlich seid und mit eurer Schöpfung direkt verbunden bleibt. Es ist keine Frage der Distanz und niemand kann sich davonstehlen. Das erkennt ihr schon daran, dass wir alle hier sind und an eurem Aufstieg mitwirken. Wir haben euch zeitweise euch selbst überlassen, weil wir uns geschämt haben, nicht besser für euch gesorgt zu haben, geschämt, weil wir zur Zeit von Atlantis diese Schöpfung nicht mit Liebe kreiert haben, sondern rein vom Verstand her. Atlantis war wesentlich weiter, als ihr es heute seid, und ihr bräuchtet noch sehr lange, um diesen Stand zu erreichen. Aber darum geht es nicht. Technik von anderen zu erlernen, ist nicht schwer, und auch eure ganzen Erfinder haben von uns den Input erhalten. Die Genies, die ihr oft feiert, sind oben und nicht unten. Das soll nicht den Eifer schmälern, mit dem hier zu Werk gegangen wird. Jede Epoche oder Zeit hat ihre Blüte und ihren Untergang. Der Untergang beginnt immer, wenn eine Kultur ihre Moral verliert. Die Moral der Nächstenliebe ist der Kleber und Erhalter. Andere Kulturen sind einfach verschwunden. Sie sind nicht untergegangen, was einen langsamen Verfall bedeutet, sondern sie verschwanden plötzlich, weil sie auf eine andere Ebene ausgewichen sind. Sie gaben euch, was sie zu geben hatten aus Liebe und sind dann von euch gegangen.

Die Moral ist mit der Wahrheit verbunden und duldet nicht, dass diese missbraucht wird. Gestatte keinem, was du dir selbst nicht gestattest. Wenn du erlaubst, dass dich ein anderer schlecht behandelt, bist du es, der diesen Spiegel fordert und den anderen dazu benutzt. Deinem Gegenüber wäre ein freundliches Verhalten sicher auch lieber.

Eine neue Ära bricht an, die sich mit eurer DNS wieder in Harmonie befindet. Viel hat man euch von dem Tier mit der Zahl 666 erzählt. Erinnert euch an den Spiegel, wie innen so außen und wie oben so unten. Die Zahl der Ewigkeit ist die 9 und die 999 ist die Triade. Wenn ihr nun oben die 999 seht, habt ihr unten im Spiegel die 666, also die höchste Anbindung an das Geistige in kompletter Form. Man hat euch davor Angst gemacht, damit ihr euch nicht damit beschäftigen sollt und nicht in eure eigene Vollkommenheit und Selbstermächtigung geht. Lasst euch nicht immer gleich ins Bockshorn jagen, sondern trachtet nach der 999. Kein Teufel wird euch reiten, es sei denn, ihr erfindet einen, der dann bei euch bleiben darf. Sorgt gut für ihn, er wird es brauchen.

Allein durch die Wiederherstellung eurer kompletten DNS habt ihr eine neue Lebensqualität, die mit der neuen Zeitqualität in Einklang steht. Zahlenmäßig entsteht eine galaktische Reihe 414, wobei die 1 der Neubeginn ist und der Mensch die

Waage der Pole halten wird und somit die Harmonie. Eigenständige Menschen sind gefragt, die genau wissen, was sie wollen. Einiges ist euch über Indigo-Kinder erzählt worden, anderes über die Kristallkinder. Nun, die Kristallkinder sind längst hier. Die meisten sind nach dem letzten Weltkrieg geboren worden und kamen mit einem klaren Auftrag zur Erde. Sie waren größtenteils Schläfer, die durch Lichtimplosionen in gewissen Zeitabständen geweckt wurden. Sie sind es, die klar und rein sind, da sie ihre kristalline Struktur erneuert haben. Und sie sind es auch, die schon lange mit uns zusammenarbeiten. Niemand muss mehr auf sie warten, sie sind schon lange mitten unter euch. Es sind die, die ihr als „anders" empfunden und belächelt habt, weil sie nie Interesse daran hatten, an dem Spiel der Eminenzen teilzunehmen. Sie wussten schon mit ihrem Eintritt hier auf der Erde, dass sie eine bestimmte Aufgabe zu übernehmen hatten, und erledigten diese auch unter schwierigsten Umständen. Sie sind ihrer inneren Autorität gefolgt, was ihr Umfeld oft zur Verzweiflung gebracht und die Machtbesessenen so provoziert hat, dass sie oft zu üblen Mitteln gegriffen haben. Die kristallinen Wesen, die ihr im Prinzip alle seid, denn eure Struktur ist kristallin, sind auch die Helfer der ersten Stunde, die bereitstehen, um euch das zu geben, was ihr braucht. Vorrangig werden sie die spirituellen Anbindungen herstellen. Es sei allen gesagt, dass ihre Arbeit hier auf Erden für uns alle sehr wertvoll ist und sie unter unserem persönlichen Schutz stehen. Eure Zeit ist jetzt, beginnt also das große Werk.

Eine neue Idee wird Einzug halten auf Erden, nämlich die Idee intergalaktischen Ausmaßes, wie ein Zusammenleben hier am besten gestaltet werden kann. Wenn ihr euch dazu entschließen solltet, werdet ihr innerhalb kürzester Zeit die größten Fortschritte machen. Wir alle wären dann in der Lage, die optimalen

Werkzeuge hier zu etablieren, von deren Handhabung ihr profitieren würdet. Die Gruppe der Erbauer ist eine der wichtigsten Gruppen, denn sie ist dem Höchsten direkt unterstellt und arbeitet mit den Formgebern eng zusammen. Auf spiritueller und geistiger Ebene sind die Formgeber die Elohim, deren Gesang schon zur Erde dringt. Sie ist die Gruppe der Erneuerer, deren höchste Inspiration an die anderen Gruppen verteilt wird. Das heißt nicht, dass andere Gruppen nicht eigene Inspirationen oder Anleitungen erhalten werden, sondern es bedeutet, dass die höchsten Inspirationen nicht nur der Erde, sondern dem gesamten Kosmos zugutekommen. Die Gruppe der Erbauer wird auch eng mit Arcturus Dominion zusammenarbeiten, dem Verbund, dem die meisten intergalaktischen Mitglieder angehören. Ich sagte ja, dass sie die Spielgeber sind, und Ziel des neuen Spieles ist es, das Höchste und Reinste auf diese Erde zu bringen. Und hierbei sind natürlich das Wissen und die Weisheit der Altvorderen gefragt, die ihren Thron seit langem eingenommen haben. Erinnert euch, ihr habt alle Möglichkeiten. Die höchsten und machtvollsten Wesen stehen bereit, ihre Weisheit und Umsicht mit einzubringen. Von unserer Seite gab es noch nie so viele, die ihr Interesse bekundet haben, wie zu dieser Zeit, weil es eben eine Qualität noch nie dagewesenen Ausmaßes ist. Es gehen in dem galaktischen Zentrum große Mengen an Ideen und Vorschlägen ein, die die Lebensqualität aller um ein Vielfaches erhöhen. Wir jedenfalls sind dabei und hoffen, ihr seid es auch. Und diejenigen, die noch immer keine Entscheidung treffen wollen, bitten wir, beiseite zu treten und den Weg freizugeben für die Mitspieler, die sich für uns entschieden haben. Wir heißen euch willkommen.

Die Erbauer arbeiten intergalaktisch überregional zusammen. Ein Erbauer kann auch in der Gruppe der Formgeber, der Diplomaten, der Heiler oder jeder anderen Gruppe vertreten sein und dort Ideen einbringen. Es muss auch nicht bedeuten, dass die jeweiligen Gruppen eng zusammen wohnen, obwohl es oft der Fall sein wird, weil sie einfach das Bedürfnis danach verspüren.

Weltweit wird eine Massenbewegung stattfinden, die zum einen Ortswechsel vornehmen wird, was Länder übergreifend geschieht, zum anderen wird diese Massenbewegung dem inneren Antrieb folgen, die abgegebene Autorität zurückzufordern. Und das ist das Signal für uns, dass das Erwachen erfolgreich ist und wir zum direkten Einsatz kommen. Die Forderung nach der eigenen Autorität hat nichts mit Gewalt zu tun, ganz im Gegenteil, sondern mit dem Selbstwert und der Forderung nach einer Lebensqualität, die dem Goldenen Zeitalter entspricht. Es sind diejenigen, die ihre Selbstermächtigung wieder aktiviert haben und diese spontan leben. Es ist eine Selbstermächtigung der Unduldsamkeit gegenüber fremden, versklavenden Autoritäten und eine Förderung der Selbstliebe, die ihren neuen Ausdruck findet.

Astronomisch gesehen, erhaltet ihr dabei Hilfe von der Konstellation Pluto, Sonne und Uranus. Pluto in Verbindung mit Uranus bringt explosionsartig das Neue zum Vorschein und holt es aus den tiefsten Tiefen hervor, wobei die Sonne den Weg aufzeigt. Saturn und Neptun helfen und unterstützen. Neptun aktiviert die höhere Liebe, fördert die Spiritualität, und Saturn schafft ein neues Fundament, indem er die alten Strukturen zum Ende führt und die neuen Bausteine legt. Das, was explosionsartig geschieht, ist auf der Erde ganz plötzlich sichtbar, wie ein Erdbeben, das von einer zur anderen Minute ohne Vorwarnung ausbricht. Die Massen haben ihre Macht wiederentdeckt und erheben sich laut oder leise, aber dennoch genauso zielstrebig. Niemand kann das aufhalten, niemand kann sich dem Kosmos entgegenstellen. Und sollte einer der bisherigen Landesführer meinen, er müsse mit Gewalt vorgehen, wird er sich wundern, was geschieht. Wir fördern unsere Familienmitglieder und sorgen mit dafür, dass die Nächstenliebe Einzug hält und der Frieden gewahrt bleibt. Den Gewalttätern aller Nationen sei gesagt, dass das Zittern euren Körper ergreift und ihr euch nicht mehr auf den Beinen halten könnt. Ihr werdet am eigenen Leib spüren, was es heißt, jemanden zu verletzen oder zu morden. Dabei werdet ihr euch winden, und eure Schreie werden weit zu hören sein. Das gilt für Gewalttäter des Alltags ebenso wie für diejenigen, die sich Führer nennen.

Die neue Weltordnung ist bereits geschaffen und ihre Führer stehen schon fest. Es sind die Führer des Lichts der höheren Ebenen, die dafür sorgen, dass es allen wohl ergeht, und zwar ausnahmslos. Das bedeutet, dass *alle* viel haben dürfen und nicht nur wenige. *Fülle für alle* ist die Devise.

Ihr merkt selbst, dass die Erde keine Stoffe mehr freigibt. Das Erdöl geht zur Neige. Was macht ihr dann mit all den Autos, mit denen ihr die Straßen vollstopft und die Luft verpestet? Allein hierfür benötigt ihr Milliarden Tonnen von Öl. Ohne Öl wird vieles automatisch verschwinden, bis hin zu Medikamenten und Spielzeug oder Haushaltsartikeln, die auf dieser Basis erschaffen wurden. Überlegt euch schon mal, wie ihr eure Häuser heizen wollt.

Euer Hauptaugenmerk legt auf euer Trinkwasser. Wasser ist Leben und Trinkwasser oder Süßwasser wird in der Hauptsache von der Industrie genutzt, während andere einen erheblichen Mangel haben und verdursten. Die meisten Menschen haben nicht das Gefühl, dass sie leben, sondern nur noch funktionieren. Das zeigt sich im Außen. Das Wasser eurer Erde bedarf der besonderen Heilung, weil ihr es mit Atommüll bis hin zu Fäkalien anfüllt. In der Hauptsache sind es die Fäkalien als Spiegel des Denkens und des Handelns, das viele praktizieren. Das Wasser wird eine neue, große Rolle einnehmen, und ein weiterer neuer Beruf wird der Kristallreiniger sein. Es ist ein interessanter Beruf, der überall Anwendung findet, und viele werden diesen Beruf ergreifen.

Ihr werdet wieder mehr und mehr den Blick für die Natur erhalten, je enger ihr mit ihr zusammenlebt und in Kontakt seid. Bei den kleinsten Anzeichen werdet ihr einschreiten und anderen auch nicht gestatten, die Erde auszubeuten. Teile der Stoffe werdet ihr tauschen, aber wie gesagt, immer in vorheriger Rücksprache mit der Erde selbst. Sie ist es, die entscheidet, was wer machen darf und wo wer leben soll, um das Höchste und Beste aus allem zu kreieren und den Platz einzunehmen, wo er am besten dem Gesamten dienen kann. Die Göttin duldet keinen Ungehorsam mehr. Sie hat begonnen mit der Reinigung, setzt diese massiv fort und duldet nur noch ein Hand in Hand-Arbeiten und ein Zusammenleben in Frieden. Niemand wird sich ihr entgegenstellen. Die Natur hat Energie getankt und mehrt diese pausenlos, damit sie zum Einsatz kommt. Der Tempel der Sarah wurde verschmutzt und wird gereinigt und geheiligt, um zu sein, was er war, und zu werden, was er sein soll. Und ein jeder wird danach trachten, aus seinem Haus einen Tempel zu machen.

Wir sind es, die euch auf diesem Weg begleiten. Es ist zum einen unsere Aufgabe, der wir mit Freude nachkommen, zum anderen unsere Pflicht, denn wir gehören zusammen, sind eins und haben zur Vorzeit manipulativ eingegriffen. Jetzt erfolgt die Korrektur des Ganzen wieder hin zur Einheit, damit du dich als ein Individuum erkennst, das Teil des Ganzen ist. Diese Einheit ist in dir, wie du in der Einheit bist.

Freie Geister sind gefragt, die ihr Denken aus der Zwangsjacke der Vergangenheit und ihren Einschränkungen lösen und ihren Geist öffnen für die Inspiration, sodass noch nie Dagewesenes auf diese Erde kommen kann.

Eure Technologie, wie auch eure Computer sind ein absolut alter Hut, und es gab sie schon in grauer Vorzeit. Jede Fähigkeit, die ihr an eure Maschinen abgebt, habt ihr weggegeben auf eine recht unpersönliche Art, zu der ihr auch keinen Bezug mehr habt. Und somit auch alle anderen nicht, denn von euch bleibt nur ein winziges Teilchen übrig, das im Allgemeinen untergeht. Wenn früher jemand eine Schale oder einen silbernen Teller gefertigt hat, war das ein Unikat desjenigen, der seine ganze Kunst und sein Können wie auch seine Seele dahineingelegt hat. Seine Persönlichkeit floss in diese Arbeit ein und dadurch hattet ihr einen Bezug zueinander. Wenn du heute immer nur eine Schraube fertigst und noch nicht einmal weißt, wozu sie benötigt wird, fehlt jegliche persönliche Bindung an das Endprodukt. Der Handwerker der früheren Zeit hat seine Arbeit geliebt, ihr heute macht eure Arbeit mit Widerwillen, weil ihr euch gezwungen fühlt, einen einmal erlernten Beruf lebenslang auszuüben oder, noch schlimmer, gezwungenermaßen einem Beruf nachzugehen, den man euch aufoktroyiert hat, und sei es für einen Euro. Da man euch heute um eurer Geld auch noch betrügt, bleibt nur noch Abscheu übrig. Das alles geht in die Arbeit ein und auf den Käufer oder Nutzer über. Was früher reparabel war, wird heute nur noch im Ganzen auf dem Müll entsorgt, damit das Konsumrad pausenlos angetrieben wird, und der größte Müllproduzent der Erde, der Mensch heißt, hat das Maß überschritten. Ihr bereitet euch sozusagen selbst das Ende, weil die Ausbeutung der Ressourcen zugleich das Ende der Ausbeutung herbeiführt. Wo nichts ist, kann nichts mehr ausgebeutet werden. Euer Giftmüll stellt eine weitere Zeitbombe dar, mit der ihr euch selbst zumüllt. Als Spiegel dienen euch die Menschen, die jetzt schon in Müllhalden leben und deren Gestank ertragen müssen.

Die eleganteste Art, den gesamten Müll wie auch den Atommüll loszuwerden, ist, einfach auf die höhere Ebene zu gehen. Da jede Ebene ihre eigenen Qualitäten hat, hält sich dort dieses Müllkonsortium nicht. Es hat keinen Halt dort und einen auflösenden oder fallenden Charakter. Die Natur selbst hat ein ausgeklügeltes Verwertungssystem, sodass ein Produkt in allen seinen Teilen einer gesamten Kette dient. Die Natur hinterlässt keinen Müll.

Werdet ein kreativer Schöpfer eurer Dinge und arbeitet mit dem Gottespatent. Maschinen habt ihr aus Faulheit erfunden, weil ihr bestimmte Arbeiten nicht selbst machen wollt oder diese zu schwer ist, um sie durchzuführen. Was, glaubt ihr, wie die Pyramiden erbaut wurden? Wir haben mit den Kräften der Anziehung und Abstoßung gearbeitet, und niemand braucht wirklich zu glauben, dass unzählige Menschen Steine bearbeitet und geschleppt hätten. Große Meister dieser Welt können Berge versetzen, ohne diese zu berühren. Lernt, mit Bewusstsein statt mit Maschinen zu arbeiten, und hört auf, wertvolle Materialien in wesen- und geistlose Maschinen zu stecken. Hört auf, mit wesenlosen Maschinen zu arbeiten, denn sie dienen nur dazu, euch abzustumpfen, und abgestumpft seid ihr genug. Ihr seid gefordert, wieder zu eurer Lebendigkeit zurückzukehren. Und wenn ihr euch lebendigen Materialien zuwendet und mit Bewusstsein arbeitet, erzeugt ihr lebendiges Sein, das auch andere belebt. Wendet euch also von toten Materialien ab und geht zu lebendigen Materialien über. Aktiviert eure eigene Lebendigkeit und fühlt diese wieder. Ihr werdet sie nicht mehr missen wollen. Alle, die an den alten Handlungen festhalten, steuern auf einen Kollaps der Erde zu. Sie gehen dabei eiskalt vor und glauben, dass sie auf anderen Planeten fröhlich weiterleben, während ihr hier jämmerlich zugrunde geht. Denen sei gesagt, dass sie die Rechnung ohne den Wirt gemacht haben, denn sie wissen nicht, was sie mit dem Wechsel der Ebenen dort zu erwarten haben. Erinnert euch, alles steigt auf.

Die Gemeinschaften der Brüderlichkeit betrachten sich als familiär, auch wenn sie zu verschiedenen Seelenfamilien gehören. Die Seelenfamilien haben sich ursprünglich gefunden, weil sie ein gemeinsames Interesse an einer Sache hatten. Zum Beispiel hat sich die Familie der Schwerter zusammengefunden, weil sie für die Wahrhaftigkeit eintreten und die Lüge von der Wahrheit trennen wollte, wie die Illusion von der Wirklichkeit. Es ist die Familie, die schon seit längerem hier auf Erden am aktivsten ist. Sie lösen alte Anbindungen, die nicht mehr dienlich sind, und sind Wegbereiter, die eng mit der Familie der Kelche zusammenarbeiten. Als Mensch bist du auch ein Kelch, ein Gefäß, in das neues Bewusstsein einfließen kann und der Nektar zu Hause ist. Die Möglichkeiten einer Zusammenarbeit sind unbegrenzt. In der neuen Zeitqualität greift die Brüderlichkeit immer mehr, sodass der Bruder den Bruder und die Schwester die Schwester erkennt. Und niemand wird es fertigbringen, den anderen bewusst oder unbewusst zu verletzen, sei es mit Taten oder Worten. Große Meister auf Terra haben gelernt, ihren Körper bewusst zu steuern. Sie können einen todesähnlichen Zustand erzeugen oder ihren Körper auf Hochleistung bringen. Zu ihnen gehören auch Yoga-Meister, die Gift essen und dieses im Körper umwandeln können. Oft werden Meister bewundert, nur leider folgen ihnen die wenigsten nach. Wenn es darum geht, Blödsinn zu machen, erklären sich viele zur Nachahmung bereit. Wenn es aber darum geht, Fähigkeiten zu erlangen, erwarten die meisten, dass sie alles im

Schlaf erhalten, was vielleicht ein Grund ist, warum viele ihr Leben verschlafen. Bisher hat noch immer Übung den Meister gemacht, und das bedeutet Aktivität. Erinnert euch, dass kein Meister vom Himmel gefallen ist. Wenn es um Fähigkeiten auf Erden geht, sind viele nur zielstrebig, wenn es ums auswendig lernen geht. Das aktive Erfahren ist aber die neue Qualität, und der erste Schritt, den du auf diesem neuen Weg machst, prägt dich zu neuen Fähigkeiten. Warum setzt ihr euch nicht das Ziel, mit eurem Körper durch die Luft zu fliegen oder das zu manifestieren, was ihr wollt oder braucht. Fangt an zu üben und setzt euch Ziele, die eure Lebensqualität erhöhen. Geht dabei euren eigenen individuellen Weg und lasst euch helfen. Niemand muss alles alleine machen.

Bisher hat euch das Hässliche geschockt, aber auch fasziniert. Unter euch seid ihr schon streng mit euren Kriterien, mit anders aussehenden Wesen noch viel mehr. Das ist ein typisches Rudelverhalten, nach dem Motto: Gehörst du nicht zu meinem Rudel, dann beiß ich dich weg. Als Mensch ist es deine Aufgabe, dich über das Tier zu erheben und einen übergeordneten Blickwinkel einzunehmen. Vielleicht inspiriert dich ja ein anderes Wesen, deine körperlichen Systeme umzufunktionieren oder besser zu steuern? Lass dich überraschen und inspirieren. Es gibt viel, was ihr von den kosmischen Familien lernen könnt. Eure Drüsen ändern sich und eure Körpersysteme funktionieren auf höheren Ebenen anders als jetzt. Macht euch also darauf gefasst, dass sich körperlich viel ändert, inklusive der Funktionen, die ihr bisher gewohnt seid. Das, was ihr von eurem Unterleib her gewöhnt seid zu gebären, wird sich in den Mundbereich verlagern. Wenn ihr eure Nahrung verändert, verändert ihr euren Körper, und dem neuen Bewusstsein passt sich auch der Körper an. Sorgt dafür, dass ihr euch wohlfühlt, innerlich wie äußerlich. Beginnt euch darüber klar zu werden, was ihr wirklich wollt, und verändert eure Kommunikation. Viele Worte können oft nicht erklären, was in euch vorgeht. Lernt, mit Gefühlen und Gedanken zu kommunizieren, damit sendet ihr den Kern der Sache und der andere kann sofort verstehen, was euch mit Worten nicht zu übermitteln gelingt. Klarheit ist ein wichtiges Kriterium auf der neuen Ebene. Wenn du keine klare Vision deiner Ziele hast, erhältst du nur verschwommene, unfertige Ergebnisse, weil der Ursprung, der von dir ausgegangen ist, ebenfalls verschwommen war. Du erfährst dann schneller, wie konkret du vorgehst und was du verbessern kannst. Sitzt die Zeit bis 2012 nicht aus und wartet, bis irgendjemand vorbeikommt, um euch an die Hand zu nehmen und euer Leben zu regeln, sondern denkt daran, dass die Energie jetzt ist, und greift mit beiden Händen zu. Wenn ihr heiraten wollt, wartet ihr auch nicht, bis der Tag der Trauung naht, und beginnt fünf Minuten vorher mit der Vorbereitung. Nein, ihr fangt schon lange vorher an, eine Planung zu erstellen, Garderobe auszusuchen, Einladungen zu schreiben, Menüs zusammenzustellen und vieles mehr. Dann seid ihr aufgeregt vor Freude, weil die Zeit der Vermählung immer näher rückt. Verfahrt auch jetzt so.

Bei dem Kreuz ist der Mittelpunkt euer Platz der Mitte, wo eure Stärke liegt und wo alle Einflüsse zusammenkommen. Springt nicht immer in die Vergangenheit, um die Dramen noch dramatischer zu gestalten mit euch als Helden in der Hauptrolle, und blickt nicht nur in die Zukunft, wo ihr ein neues Heldenepos für euch aufbaut. Seid im Jetzt, dem Ort eurer Stärke, und nehmt euch so an, wie ihr seid. Das ist die Basis oder euer Ausgangspunkt, eure Mitte, in der ihr die Kraft sammelt. Trefft von hier aus die Entscheidung, wie es für euch weitergehen soll. Diese Entscheidung ist das Ende der Scheidung, die euch wieder zusammenbringt. Vereint hier eure Aspekte miteinander und seht, wie sie in euer Herz einziehen, wo ihr sie mit der violetten Flamme transformiert. Viele eurer Aspekte sehen körperlich auf anderen Ebenen unterschiedlich aus, trotzdem werdet ihr euch wiedererkennen. Nehmt euch in Liebe an, wie ihr seid, ohne Wenn und Aber. Hört auf zu nörgeln. Wendet euch euren Fähigkeiten zu und lernt diese kennen, denn um die habt ihr euch bisher wenig gekümmert. Das, was ihr am meisten abgelehnt habt, ist vielleicht euer größtes Talent. Macht all das, was ihr sonst nicht macht, traut euch ohne Rücksicht darauf, was andere sagen oder denken, die euch nur von diesem Weg mit ihrer Kritiksucht abbringen wollen, damit ihr nicht mehr erreicht als sie. Bisher habt ihr euch nur an das gehalten, was ihr einigermaßen beherrscht. Eure Fähigkeiten habt ihr seit Jahrtausenden in den Schlaf gelegt, wo sie verkümmert sind. Wenn ihr beginnt, alles das zu machen, was neu ist, was euch vielleicht schwerfällt oder wovor ihr euch gescheut habt, dann aktiviert ihr eure Fähigkeiten wieder.

Das eingetretene Chaos, der Vorbote des Neuen, lässt anderen sowieso nicht mehr die Zeit, viel über andere nachzudenken. Jeder wird mit sich selbst beschäftigt sein, das bringt das Chaos mit sich. Und nur, wenn du dich ausgiebig mit dir selbst beschäftigst, findest du, was du schon lange gesucht hast. Niemand wird es dir auf dem silbernen Tablett servieren. Wenn du nichts machst, kommt nichts, ganz klar. Die anderen werden sich nicht mehr aufhalten lassen.

Begebt euch schon mal im Geiste in die Lichtstädte, damit ihr diese Verbindungen herstellt. Das, was du im Geiste tust, ist getan. Frage in Gedanken nach deiner zugehörigen Lichtstadt, und du wirst sie sehen und wissen, wo du sie findest. Der Kontakt kann dann intensiviert werden, und deine geistigen Führer vermitteln die entsprechenden Kontakte oder Wesen kommen auf dich zu, die mit dir Kontakt wünschen. Es ist nicht einseitig, dass nur ihr wählt, ob ihr mit uns zusammen sein wollt, auch wir wählen uns Personen und Gruppen aus und fragen bei diesen an.

Wir haben Boten ausgesandt, die Kontakte herstellen und euch Nachrichten oder Gaben überbringen. Ihr werdet sie künftig treffen. Es sind die Vorboten, die wir benötigen, weil ihr noch nicht in vollem Umfang offen für die Liebe und das friedfertige Miteinander seid. Dennoch sind wir in anderer Form mit euch, die sehr direkt ist. Fragt diejenigen, bei denen es schon geschieht, und fragt sie auch, wie es ist, wenn man kosmisch gefragt ist. Glaubt nicht, dass wir diese Personen umschmeicheln, im Gegenteil, bei uns geht es klar zur Sache. Wir sind liebenswürdig, aber dennoch klar und halten damit nicht zurück. Seit Tausenden von Jahren haben Engel euch Geschichten erzählt, um euch zurück nach Hause zu führen. Es gibt von ihnen nichts Neues mehr zu berichten. Alles wisst ihr, also setzt es um. Da die Zeit der Klarheit ist, reden wir Klartext und beschönigen nichts. Wir sind direkt, weil wir wollen, dass ihr erwacht. Sprecht eure eigene Wahrheit und haltet nicht mehr damit hinter dem Berg. Es ist nicht die Angst vor dem anderen, die euch davon abhält, es zu tun, es ist die Angst vor euch selbst. Die größte Angst, die ihr inzwischen habt, ist die Angst vor euch selbst, weil ihr nicht mehr den Zugang zu euch habt, nicht mehr wisst, dass ihr alles selbst steuert, alles im Leben selbst inszeniert. Der Hass auf andere gibt euch die Illusion, dass die anderen etwas ändern müssen und ihr nicht, weil ihr unschuldig seid. Also geht in eure größten Ängste, taucht hinab in euer Bewusstsein und findet den Ort, wo ihr die Ursache eurer Dramen begraben habt. Geht in die Wurzel, wo ihr euer Schatzkästchen verborgen habt und all die Attribute lebt, die euch so zu schaffen machen. Dann wisst ihr, dass ihr es seid und nicht die anderen, und findet wieder in euer Vertrauen. Findet heraus, dass ihr der Steuermann eures Schiffes seid, und wechselt den Kurs in neue Gefilde. Der Kosmos ist groß und eröffnet immer neue Räume, die es zu ergründen gilt. Es gibt viel zu tun, nur wenn ihr ständig in euren Dramen verharrt, kommt ihr nicht voran. Niemand ist euer Richter außer ihr selbst. Begnadigt euch endlich, damit wir voranschreiten können.

Die weltweiten Eskalationen nehmen merkwürdige Formen an, und der egomane Wahnsinn wird euch manchmal beeindrucken. Die Führer eurer Länder werden immer mehr ihr wahres Gesicht zeigen, denn ein Wesenszug des Chaos ist es, dass nichts verborgen werden kann und alles ans Licht gezerrt wird. Offenheit ist die Devise des Chaos. Der Zusammenbruch der Wirtschaft, so wie ihr sie kennt, wird euch überrumpeln. Die Lügen, die euch bei Laune halten sollten, zerplatzen wie bunte Luftballons und ihr Knall wird weit zu hören sein. Einige werden fliehen wollen, ohne zu wissen wohin, denn eine Flucht wird nicht mehr möglich sein. Euer ganzes System wurde zum Platzen aufgebläht, inklusive vieler Menschen, die vor Wut auch platzen könnten. Die Individualseele wie auch die kosmische Seele sehnt sich nach ihrer eigentlichen Aufgabe, nach ihrem Leben, das sie führen will, und lässt sich nicht mehr einschüchtern. Die neuen Systeme werden mit der Solaren-Christo-Energie gespeist, die durch alte Möglichkeiten nicht abzuwehren ist. Und der Zeitpunkt steht kurz bevor, wo Menschen lieber sterben würden, als nach dem alten Schema weiter zu verfahren. Und genau hier ist der Punkt, wo jede Attacke von außen abprallt und das neue Ziel mit Vehemenz verfolgt wird. Niemand wird mehr in der Lage sein, Menschen mit alten Systemen zu beeindrucken. Und diejenigen, die sich heute noch über neues Spielzeug freuen, wie z. B. kleine, altmodische Taschencomputer, werden wieder den Kontakt zu Menschen suchen und sich in ihrer Kommunikation nicht mehr anonym hinter Maschinen verstecken.

Der weltweite Betrug hat ein abruptes Ende, denn das Denken, dass man andere betrügen muss, um selbst reich zu werden, ohne dafür arbeiten zu müssen, wird für alle zu einem bösen Erwachen führen. In der neuen Qualität geht es nicht mehr darum, arbeiten zu *müssen*, sondern in seiner Aufgabe aufzublühen und das Ergebnis mit Liebe an andere weiterzugeben und zu teilen. Im Vordergrund steht immer, was du bist. In dem alten System war das in den Hintergrund getreten, weil die Betrüger aus dem Verborgenen heraus agiert haben. Das heilige Chaos lässt das nicht mehr zu und zerrt sie ans Licht zur Betrachtung. Das betrifft alle ausnahmslos, seien es Politiker, Personen der Wirtschaft oder Öffentlichkeit bis hin zu Privatpersonen, die sich als Betrüger pflegen, mit oder ohne weiße Weste. Jemand betrügt andere nur, wenn er sich in seiner Arroganz über andere gestellt fühlt und diese verachtet. Und der Mensch ist der größte Selbstbetrüger geworden. Das, was ich wirklich liebe, betrüge ich nicht, denn es ist mir zu wertvoll. Im Gegenteil, ich wende jedweden Schaden von ihm ab, und das schon im Vorfeld. Und ein Dieb ist ein Dieb, auch wenn er eine weiße Weste trägt und sich als Dieb ermächtigt zu seinem Diebstahl, indem er plausible Argumente findet, warum er das darf. Nun, Freunde, niemand darf es, egal mit welchen Gründen er aufwartet. Betrug zieht sich durch das Kleinste bis hin zum Größten und weicht der Wahrheit, die das neue Fundament ist.

Eine der größten Sünden der Menschheit ist die Faulheit, was die Selbstbetrachtung angeht. Mit dem beständigen Blick auf andere habt ihr vergessen, auf euch selbst zu schauen. Erkennen solltet ihr, so war die Devise, erkannt habt ihr auch, aber das Resultat ausschließlich dem Anderen zugeschrieben, statt auf euch zu reflektieren. Wir haben die Masken schon lange abgesetzt und sprechen in aller Offenheit zu euch, und es ist an der Zeit, dass auch ihr die Masken fallen lasst, die ihr zu eurem Selbstschutz verwendet. Die Frage ist, was schützt ihr? Im Hauptaugenmerk dient der Schutz dazu, euch vor verletzten Gefühlen der Vergangenheit zu schützen. Ihr habt damals die Wahl getroffen, eine Erfahrung eines Rollenspieles zu machen, die ihr heute noch mit euch herumtragt. Sogar trotz der hypnotischen Verhältnisse könnt ihr klar erkennen, was der Lebensspiegel euch bietet, und das auf verschiedenen Ebenen. Erkenntnis geht nicht spurlos an euch vorbei. Macht euch immer wieder klar, nichts ist für die Ewigkeit und Leben ist ständige Veränderung. Die Zeitqualität gebietet ein klares Hinsehen, mit Klarheit zu erkennen: Welche Absicht habe ich, wenn ich etwas mache? Oftmals entschuldigt ihr euch damit, dass ihr behauptet, der andere hätte provoziert und wenn nicht von dem anderen eine Aufforderung ausginge, hättet ihr nicht reagiert. Aber so ist es nicht. Der Provokateur steckt in jedem, und die Programme sind unaufhaltsam. Nur ihr selbst könnt sie beenden, indem ihr selbst für euch klar beschließt, ein Leben in Liebe zu führen. Auch wenn sich eine gewisse Zeit danach noch alte Muster zeigen, dann deshalb, weil sie weggehen oder ihr selbst die Versuchung eingebaut habt, ob ihr wirklich bereit dazu seid. Die Bereitschaft sollte gefestigt aus dem Inneren kommen. Daher ist es wichtig, wieder eine klare Wurzel zu haben, die den Baum trägt, der die DNS beinhaltet. Die Wurzel speist den Baum des Lebens, dem ihr euch wieder zuwenden solltet. Verharrt nicht, sondern schreitet mutig voran. Ihr könnt nichts falsch machen.

Eine neue Gemeinschaft entsteht, die ein menschenwürdiges Miteinander lebt in Achtung und Respekt. Der Mut zur Wahrheit, für die niemand zensiert wird, hat Vorrang. Die Wahrheit ist nicht zu unterdrücken oder zu maskieren. Wahrheit bleibt immer Wahrheit, egal wie man sie auch umzingelt und zudeckt. Die Wahrheit bringt einen immer voran, denn niemand jagt mehr einer Täuschung oder Selbsttäuschung hinterher. Diese Gemeinschaften werden die Einflüsse des Universums verkörpern, jede auf ihre Art, und diese Einflüsse insgesamt gerade in solch einer Gemeinschaft zusammenführen, damit auch die neue Lebensqualität Bestand hat. Einige der Erbauer sind zwar ihrer Gruppe zugehörig, werden aber viel unterwegs sein und mit anderen zusammenwirken, wo immer es gerade notwendig ist. Die Gemeinschaften werden gemeinsam ihren Blick in eine Richtung auf die gesteckten Ziele richten und Hand in Hand zusammenarbeiten, damit diese auf dem geraden und direkten Weg erreicht werden.

Klare Ziele

Was sind nun die klaren Ziele, die es zu erreichen gilt? Allen voran steht die Brüderlichkeit, mit der ihr zurzeit noch Probleme habt, da ihr diese nur auf eure familiären Blutsbande bezieht. Aber hierbei geht es um die kosmische Familie und natürlich dazugehörend die Erdenfamilie. Es ist äußerst wichtig, dass ihr einen Zusammenhalt findet und erkennt, dass niemand mehr oder weniger ist als der andere. Es geht lediglich um verschiedene Rollenfunktionen, die ihr eingenommen habt. Diese Rollenfunktionen verändern sich in kürzester Zeit. Ihr werdet staunen.

Des Weiteren folgt die Liebenswürdigkeit, nämlich den anderen als würdig zu erachten, dass er geliebt ist und nicht ständig abgelehnt und verurteilt wird. Die ihr am meisten ablehnt, mit denen wart ihr vor eurer Inkarnation am innigsten verbunden und habt dieses Spiel vereinbart, damit sie euch als Mitspieler den Spiegel vorhalten.

Mit der Liebenswürdigkeit verbunden ist die Akzeptanz des Andersseins. Anderssein bedeutet keine Gefahr, lediglich ein Angepasstsein an den dazugehörigen Mutterplaneten. Die alte Matrix der Gewalt und Verteidigung war zur Zeit der Saurier für euer Überleben wichtig. Das ist vorbei und wird durch die neue friedvolle Matrix ersetzt. Die neue Matrix enthält auch eine Sperre, die euch signalisiert, dass ihr euch alles selbst antut. In dem Moment, wo ihr in ein altes Verhaltensmuster verfallen wollt, erhaltet ihr die Schau, dass ihr mal wieder euer eigener Provokateur seid.

Weiter geht es mit der Gültigkeit. Alles hat seine Gültigkeit und ist mit dem Sowohl- als-auch verbunden, weil alles eins ist und aus derselben Quelle stammt. Es gibt nichts, was nicht aus der All-einen Quelle stammt.

Jeder ist der Urheber seiner Dramen, und das Urheberrecht dieser Inszenierungen liegt bei euch, wie auch die damit verbundene Pflicht, etwas zu ändern. Keine Schuldzuweisungen an andere! Euer Tun setzt eine Kette von Folgen in Gang, die in diesem Moment für euch nicht überschaubar sind und mit denen ihr sozusagen ebenfalls verkettet seid, da ihr der Auslöser seid. Anders formuliert bedeutet das, dass ihr Ursache seid und mit der Wirkung, die auf Generationen übergehen kann, verbunden und mit verantwortlich seid. Wichtig ist die Lösung der Ursache, damit die Wirkungen begnadigt und für euch und die folgenden Generationen aufgehoben werden können.

Unwissenheit hat euch bisher als Schutz gedient. Das ist jetzt aufgehoben, weil ihr nur eurer inneren Führung zu folgen braucht. Es ist nicht Bedingung, alles zu wissen, um alles richtig zu machen. Wenn ihr eurer inneren Führung folgt, dann macht ihr alles richtig, auch wenn der Verstand dies in dem Moment nicht erklären kann. Die Klarheit kommt dann eben zu einem späteren Zeitpunkt, aber kommen wird sie in jedem Fall.

Freiheit, verbunden mit Ordnung und Verantwortung und der Erkenntnis, dass jeder ein Teil des Ganzen ist, der auch eine Wirkung auf das Ganze ausübt, wird das Verhalten eines jeden beeinflussen. Wohlergehen für alle ist die Devise, die es einzuhalten gilt. Das „Ich" weicht dem „Wir" in der Erkenntnis, dass wir alle zusammengehören. Und wenn auch nur einer leidet, muss das Gesamte mitleiden. In der neuen Zeitqualität wird das Gesamte sich dem Einzelnen entgegenstellen und ihn wieder zur Harmonie zurückführen.

Die Gewaltbereitschaft wird fallengelassen, auch wenn sich zurzeit die größten Auswirkungen auf Erden zeigen. Da Gewalt zur Angst gehört und die neue Matrix eine Matrix des Friedens ist, zeigt sich das Aufbäumen der Gewalttätigen nur kurz und heftig. Die Angst, die mit Gewalt verbunden ist, seht ihr schon daran, dass alle Gewalttätigen bei klarer Erkenntnis ihrer Machenschaften die Flucht nach vorn antreten und sich verstecken, wohl wissend, dass sie gegen die Gesetze des Lebens verstoßen haben. Hätten sie korrekt gehandelt, bräuchten sie sich nicht verstecken. Das Verteidigungsprinzip, das mit dem Angriff verbunden ist, wird fallengelassen. Gewalttäter jedweder Art zerstören sich selbst, wenn sie ihr Verhalten nicht ändern. Dabei ist es unerheblich, ob es sich um körperliche oder geistige Gewalt handelt.

Zuvorderst steht die neue Lebensqualität des Friedens und der Einheit, die allen neue Möglichkeiten des Zusammenlebens eröffnet. Der Frieden lässt die Rose erblühen, und nur im Frieden ist Wachstum möglich. Sich im Frieden mit dem anderen zu verbinden, schafft eine Ausdehnung, die euch neue Räume eröffnet.

Alte und langweilige Systeme, die euch nicht mehr dienen, werden verworfen, insbesondere beginnt es mit denen, die undurchsichtig für euch sind. Verwirrung fördert Angst, Klarheit räumt sie beiseite. Daher sorgt das heilige Chaos für eine neue Aufgeräumtheit, in der Überschaubarkeit vorherrscht. Überschaubarkeit beruhigt und sorgt ebenfalls für Frieden.

Die neue Matrix beinhaltet ein klares Vorgehen, was mit klaren Vereinbarungen einhergeht. Das bezieht sich auf zwischenmenschliche Verbindungen wie auch auf intergalaktische Verbindungen. Jeder, der bisher im trüben Wasser gefischt hat, ist aufgefordert, die Klarheit zu suchen. Klarheit geht mit der Reinheit Hand in Hand und löst Verunreinigungen ab. Verunreinigungen entstehen immer dann, wenn ich etwas vor mir herschiebe und mich nicht sofort an die Lösung begebe. Die aktive Vorgehensweise ist wichtig, damit niemand mehr ganze Berge vor sich herschiebt und nicht mehr erkennt, was hinter den Bergen verborgen ist.

Das Neue steht schon auf der sechsten Ebene für euch bereit, um auf die fünfte Ebene gebracht zu werden und als manifest zu erscheinen. Ihr werdet alle ausnahmslos beeindruckt sein von dem Schauspiel, das sich in der nächsten Zeit ereignen wird. Die Freude, die mit der neuen Qualität verbunden ist, wirkt wie ein großer Magnet und zieht wieder Freude an. Niemand wird mehr zulassen, dass dieses wunderbare Gefühl im Keim erstickt wird. Das alte Spiel ist beendet, das neue hat bereits begonnen, und viele sind schon dabei. Etliche werden noch hinzukommen und dem Rest wünschen wir unseren Segen.

Arcturus Dominion hat inzwischen für alle Mitspieler die neuen Regeln festgelegt und einen Zeitrahmen erstellt, sodass die getroffene Wahl greift. Der rote Planet hat in dieser Zeit einen besonderen Einfluss, den er sich vorbehält und den wir alle ihm gern einräumen. Die Unterdrücker treten beiseite und die Unterdrückten stehen aus der Asche auf und begeben sich zu neuen Ufern. In der alten Zeit war Arcturus der Vorreiter für neue Ideen und Verbindungen und ist es heute noch. Ab Mai 2011 fließt durch das Tor von Arcturus massive Energie ein als Impulsgeber und Beschleuniger zugleich. Das stiftet viel Verwirrung auf Terra, und ihr seid gut beraten, in dieser Phase in eurer Mitte zu sein. Stellt eure Atmung auf die ursprüngliche Licht- und Liebesatmung um, dann habt ihr es in der aufrüttelnden Zeit leichter, euren Weg zu finden. Da uns die Einmischung erlaubt wurde, mischen wir uns ein, und zwar auf unsere ganz eigentümliche Art und Weise. Habt Vertrauen zu uns, denn auch wir sorgen für euch.

Der Einflusswinkel des Lichts hat sich geändert, sodass die Art, in der die Lichtstrahlen bisher gebrochen wurden, verändert ist. Der neue Winkel erlaubt eine Schau aus der göttlichen Perspektive, die allumfassender ist, als es euch der bisherige Einflusswinkel erlaubt hat, was euch sehr zu schaffen machte. Neue Ringe um die Erde sind gelegt, die als Verstärker dienen und deren energetische Wirkung machtvoll ist. Die Göttin hat die neue Qualität stabilisiert, sodass eure kristalline Struktur mit der Merkabah rotieren kann, die um euch gelegt ist. Auch hier findet eine Erweiterung statt in die Merkivah, die euch zu den höchsten Höhen inspiriert. Ausdehnung und Aufstieg in die höchsten Höhen ist die Devise, die wirklich vorher in der gesamten alten Spielzeit noch nie so gegeben war, wie es zurzeit möglich ist. Verschmelzung ist Vereinigung und jeder sollte sie eingehen. Verlasst euer Denken der alten Zeit und erlaubt eurem Verstand nicht mehr, dort hineinzustapfen – in das Muster der Verteidigung des einsamen Wolfes. Die Verschmelzung findet zum einen mit eurem hohen und höchsten Selbst statt, eurem goldenen Engel, der euer Führer im Goldenen Zeitalter ist. Vertraut auf diese Führung, denn euer Denken setzt massiv aus in dieser Phase des Aufstiegs. Es hat wirklich ausgedient und ihr könnt daran nicht festhalten. Ihr werdet Momente haben, wo ihr keines klaren Gedankens fähig seid und euer Denken komplett eingestellt wird. Auch bei der größten Anstrengung werdet ihr keinen Gedanken fassen können. Das ist deshalb wichtig, damit die neuen Programme nicht gestört oder verunreinigt werden. Euer Denken wird dazu übergehen, sich dem kosmischen Geist zu unterwerfen, und wenn dieser Moment eingetreten ist, werdet ihr wahrhaft genial. Bei einigen funktioniert es schon und sie sind begeistert. Aus dem kleinen Oberstübchen wird eine kosmische Genialität, die die Inspiration aller aufnimmt und umsetzt. Diese Umsetzung erfolgt mit unserer Hilfe, und ihr werdet das Ergebnis schon sehr schnell sehen, insbesondere wenn unser „Orbit-TV“ startet, was in kurzer Zeit der Fall sein wird. Wir benutzen hierzu unsere eigenen Einrichtungen und blenden uns ein, sodass jeder die Möglichkeit hat, diese Sendungen zu sehen. Ihr braucht sie nicht suchen, sie kommt zu euch. Ihr braucht uns nicht zu suchen, wir sind schon lange hier. Wir sind bei unseren Familien, wo wir hingehören, wieder vereint mit euch, und können ein persönliches Treffen kaum erwarten. Groß ist unsere Sehnsucht nach unseren Anteilen, die einst auszogen, um bestimmte Erfahrungen zu machen. Wir sind froh, dass diese Zeit abgeschlossen und die Fahrt durch den kosmischen Tunnel beendet ist. Ihr wechselt damit das Universum, um in einem neuen Raum aufzuerstehen und euch weiterzuentwickeln. Das Einschwingen auf die neue Umlaufbahn geschieht, auch wenn es euch anfangs etwas wackelig vorkommt. Die Beruhigung folgt, und ihr alle werdet es fühlen und sehen können. Die Brise der Freiheit eines neuen Seins weht euch ins Gesicht, damit ihr der neuen Zeit ebenfalls ein Gesicht gebt. Das, was ein Gesicht hat, ist lebendig, deshalb haben wir jedem Planeten ein Gesicht aus Stein gegeben, damit er unverwüstbar sein soll. Das neue Gesicht steht ebenfalls schon bereit und wird iniziiert. Es lächelt euch bereits zu und heißt euch willkommen. Die Göttin fordert in dem neuen Areal den Frieden, den auch ihr zu geben und zu wahren bereit sein müsst. Das Gewölbe der goldenen Kinder ist erreicht und ihr werdet mit uns euren Fuß auf goldenen Boden setzen. Die Glocken der Freiheit läuten schon seit langem und niemand klopft vergebens an die Löwenpforte. Wir stehen bereit, euch in die neuen Möglichkeiten einzuweisen, und wollen das tun, was wir schon lange hätten tun sollen, nämlich uns um euch kümmern mit aller Fürsorge und Anleitung. Wir haben es damals versäumt und euch mit eurer Entwicklung allein gelassen, um in gewissen Zeitabständen nach euch zu sehen. Diesmal bleiben wir so lange, bis ihr uns nicht mehr braucht und euren Weg allein gehen könnt. Wir waren schlechte Eltern, die ihre Kinder sich selbst überlassen haben, und das wollen wir wieder gut machen. Es geschieht auf unsere Art und der neuen Frequenz angemessen, und wir bitten euch um Vergebung für die Lieblosigkeit der Vergangenheit. Ihr seid eine Spezies, die einzigartig ist auf ihre Art und eine der vielseitigsten und interessantesten ist. Euer Sein inspiriert uns und wärmt unser Herz und wir bedauern die Zeiten, in denen wir nicht innig mit euch zusammen waren. Wie ich schon sagte, haben auch wir Fehler gemacht und uns weiterentwickelt, jedoch ist uns wichtig, dass ihr wisst, wie sehr wir eurem Charme erlegen sind. Wir sehen bereits die Blüte in euch, die sich zur Ewigkeit entfaltet und die ihren Duft verströmt. Der Blick auf das Allumfassende zeigt uns im Akasha, welche Möglichkeiten der Entwicklung uns gemeinsam offenstehen, deshalb sind wir ganz wild darauf, gemeinsam mit euch voranzuschreiten. Wir sind innig mit euch verbunden in einer besonderen Art der Einmischung, und diese Symbiose wirkt wie ein gegenseitiger Katalysator. Im Nachhinein hat sich das Vorgehen als Geniestreich erwiesen, was uns anfangs selbst nicht so bewusst war. Unendlich lichtvoll entwickelt sich dieser Planet und setzt seine Reise durch den Raum als kosmisches Bewusstsein weiter fort. Es ist eine Bibliothek ungeheuren Ausmaßes, die beständig erweitert wird und jetzt auch noch kosmisch durch die Urzentralsonne gespeist wird. Die kristalline Speicherkapazität wird sich mit der Lichtkapazität vereinigen und Träger des Höchsten werden. Ein absolut genialer Schachzug der höchsten kosmischen Intelligenz, die ihre Anteile speist! Sie geht eine Vereinigung mit allen bestehenden Anteilen ein, diesmal auf eine direkte und besondere Art. Ihr erfahrt dadurch die lebendige Anbindung an diese kosmische Intelligenz, die euch leiten wird. Alle, die hier im Raum versammelt sind, beneiden euch um diese Erfahrung, auch wenn euch die Übergänge zu schaffen machen. Eure Körper stellen sich um, damit sie die neue Energie aufnehmen und umsetzen können. Das ermüdet euch oftmals oder lässt euch resignieren, weil ihr glaubt, kraftlos zu sein oder auf der Stelle zu treten. Aber das geht vorüber und ist nur ein Teil der Umstellung, die ihr durchlebt. Bis zum Jahresende 2011 haben es die Frequenzhalter geschafft und erfahren einen Aufwind, der sie zu ungeahnten Höhen beflügelt, und das im wahrsten Sinne des Wortes. Ihr werdet wieder eure Flügel nutzen und wirklich abheben. Es ist ein Geschenk von uns an euch. Je intensiver wir mit euch zusammen sind, desto besser können wir ermessen, was ihr tatsächlich durchgemacht habt, und wir haben große Hochachtung vor dieser Wahl. Leicht gemacht habt ihr es euch dabei wahrlich nicht. Umso mehr danken wir denen, die sich uns übergeben haben, denn sie haben erkannt, dass sie so am schnellsten vorankommen, da wir den besseren Überblick haben und die Geschicke gelenkt haben, damit es weitergeht und niemand im Morast stecken bleibt.

Wir lassen schon die Sektkorken knallen und decken den Tisch, denn wir beginnen zu feiern. Ein Freudentaumel ist bei uns schon ausgebrochen, denn Sieger haben Sieger gefunden und die Familienzusammenführung findet statt. Wir jedenfalls sind stolz auf unsere Familien über das Geschaffene und die erbrachten Leistungen. Wir sind stolz auf eure Großartigkeit, mit der ihr vorgeht. Noch im Jahr 1960 hätten wir uns das nicht träumen lassen, was uns ab 1987 möglich wurde. Für uns wird ein Traum wahr, aus dem wir gern erwachen, um ihn zu verwirklichen und mit euch gemeinsam zu erleben. Ein Traum der bedingungslosen Liebe, des friedvollen Miteinanders, wo Meister mit Meistern arbeiten, vereint mit dem höchsten kosmischen Geist auf dem Weg in die Genialität des Alltags. Eine Wirklichkeit, wo Räume überbrückt und Gewölbe durchschritten werden und ein Licht andere Lichter entfacht. Wir haben von euch gelernt, dass nichts die Wahrheit aufhalten kann, dass nichts das Licht verhüllen kann, dass nichts den Aufstieg hemmen kann. Ihr habt uns auch gelehrt, dass Genialität im Simplen mit dem kleinsten gesetzten Reiz eine große Wirkung erzielt und das Gesamte beeinflusst. Wir sind schwer beeindruckt und haben die Absicht, euch auch zu verwöhnen. Wir erklären uns bereit, euch etliches an Arbeit abzunehmen, damit ihr schneller in die Aufbauphase und somit in eure Stärke kommt. Das Experiment, das ihr mit uns eingegangen seid, ist geglückt und hat viele Neider erzeugt. Mögen sie inspiriert sein, ein eigenes Spiel einzuleiten mit weniger Missgeschicken, als wir sie durchlaufen mussten. Es war der tiefste Fall in der Geschichte der Schöpfung und wird der größte und schnellste Aufstieg werden. Es sind keine Klimmzüge mehr notwendig. Ab jetzt läuft alles wie geschmiert. Freut euch mit uns und feiert das intergalaktische Fest der Vereinigung, die nach Tausenden von Jahren wieder zustande kommt. Wir lieben euch hemmungslos und machen keinen Hehl daraus.

Es ist eine wirklich goldene Ära, die euch und uns erwartet, die einen besonderen Stabilisator enthält. Einzigartig in der Schöpfungsgeschichte und ohne erlaubte Einmischung nicht denkbar. Kümmert euch um eure Wurzeln, damit ihr die Flügel erhaltet, um euch emporzuschwingen in einen neuen Bereich. Verlasst das langweilige, eintönige Spiel und folgt den Klängen des Seelenliedes in die Vielfalt des Seins. Wir haben den Gesang schon angestimmt, sodass ihr euch nur noch einzustimmen braucht. Euer Sein ist unser Sein und wir sind eins. Wir reichen euch unsere Hände zu einem neuen Bund der Liebe, der in Ewigkeit halten soll.

Nachwort

Ich habe die Worte des P'taah an euch so weitergegeben, wie ich sie erhalten habe, und ich hoffe, dass seine Frequenz und Anwesenheit auch euch berührt hat. Seine Art ist wie ein sanftes Hin- und Herschütteln, das alle aufwecken soll. Wenn ihr Interesse habt, eure Wurzeln wiederzuerlangen, damit ihr Flügel erhaltet, Interesse an neuen Mustern und Heilung habt und erwachen wollt, findet ihr mich unter

www.ptaah-tempel.de

Die Autorin

Gabriele Müller ist beruflich im öffentlichen Dienst tätig.

Als Medium arbeitet Gabriele mit großen Wesen, wie z. B. P'taah, Michael Melchisedek, Thoth und Immanuel zusammen, um den Menschen Botschaften zu übermitteln, die ihnen auf dem lichtvollen Weg helfen sollen, ihre Fähigkeiten zu verbessern und das neue Bewusstsein für das Goldene Zeitalter zu beschleunigen. Viele Auslandsaufenthalte erweiterten ihr spirituelles Potenzial, insbesondere die Initiationsreise nach Ägypten, die von P'taah vorherbestimmt und als Vorbereitung gedacht war, um bald darauf seine Bücher und CDs empfangen zu können. Er sorgt in spannender Weise dafür, dass die Menschen schneller erwachen und sich in der neuen Zeitqualität von 2012 zurechtfinden.

In Seminaren bietet Gabriele den Menschen verschiedene Möglichkeiten zur Weiterentwicklung an, die mit Botschaften geistiger Wesen einhergehen, bis hin zum Erlernen des Channelns und der Telepathie. Das Wichtigste aus ihrer Sicht ist hier **Shen-Abu** (das heißt: Wurzeln geben), ohne die es für den Menschen keine Weiterentwicklung geben kann. *Shen* bedeutet Wurzel und *Abu* bedeutet Vater und ist auf die Urquellexistenzebene ausgerichtet, wo die Trennung aufgehoben und der Mensch wieder bewusst die ihm zustehende Einheit leben kann.

In Ägypten hat Gabriele außerdem von Thoth, dem Atlanter, ein Verfahren erhalten, mit dem er die Menschen von ihren alten Programmen erlöst, damit sie nicht immer wieder dieselben Problematiken durchleben müssen und frei für die neue Zeitqualität sein können.

Ihre Vorträge und medialen Einzelsitzungen unterstützen die Menschen auf dem Weg zurück zur Einheit.

Glossar

Adam-Kadmon-Körper:	wieder vollaktivierter Lichtkörper des aufgestiegenen Menschen
Akasha:	Lebensprinzip, das sich aus astralen und himmlischen Lichtern zusammensetzt und die Anima Mundi, den Geist und die Seele des Menschen bildet.
Akul:	die heiligen Altvorderen
Anch:	altägyptisches Lebenszeichen, das zur Heilung benutzt wird
Auge des Horus:	altägyptische Mysterienschule Durch das Auge des Horus sieht man die Wahrheit hinter der Illusion, die Wahrheit, die sich hinter der Materie oder auch der Unwahrheit verbirgt. linkes Auge: weiblich rechtes Auge: männlich
Behedeti:	Himmelsherrscher
Galabia:	Kleidungsstück, Kleid, Kaftan
Gekkel:	Das Gekkel ist die Bezeichnung für die ersten Wertgegenstände, die als „Zahlungsmittel“ verwendet wurden, weit vor unserer Zeitrechnung. Der Begriff stammt von einer Wesenheit,

	deren Name nicht mehr genannt wird, damit diese Unseligkeit keinen Nährstoff mehr erhält und das damit auf die Erde gebrachte Unheil nicht weiter geschürt wird.
Gewölbe:	der Himmelsraum über einem Universum
Giza:	Stadtteil von Kairo
Holon:	ein eigener Erfahrungsraum; ähnlich einem Hologramm
KA-Körper:	ätherischer Zwilling, das Doppel, energetischer Körper, auch Pranakörper genannt, der auf Reisen gehen kann und eine eigene Signatur hat, die sich durch den Tod verändert. KA wird mit der Ätherenergie gleichgesetzt.
Kamaloka:	eine der Ebenen, die eine Person nach dem Tod betritt, wo alle Begierden losgelassen werden müssen
Kumara/s:	Elemente oder ein Titel für einen Beherrscher der Elemente, einen König oder Meister
Mantra:	Wort, das aus einer energetischen Buchstabenfolge besteht und eine bestimmte Wirkung erzielt, die von der Buchstabenfolge abhängig ist.
Merkabah:	Mer = Licht, Ka = Geist, Ba = Seele, eine kristalline heilige Struktur, die Thronwagen genannt wird und von jedem selbst aktiviert und zur Rotation gebracht werden kann.

Merkivah:	die Erweiterung der Merkabah, ein anderer kristalliner Schliff
Neter:	Bewohner von Nibiru
Neter-Therapie:	Personifizierung von Krankheiten, die befragt wurden, was die Krankheit für die Person bedeutet und wie sie geheilt wird.
P'taah:	das aktive, männliche Schöpferprinzip. P'taah ist einer der mächtigsten Triadengötter, auch „Behedeti“ genannt – „der Leben einhaucht“.
Shekina:	weiblicher göttlicher Aspekt, Transformationskraft, die die Berichtigung zur Wahrheit wiederherstellt, Taube, Heiliger Geist
Sobots:	die kleinen Grauen
SOL:	Solare-Omniverselle-Lichtenergie, eine kosmische Maßeinheit
Tempelschlaf:	leichte Hypnose, die zur Heilung von Krankheiten diente
Vril:	energetischer Schutzmechanismus

P'taah schreibt durch Gabriele Müller
einen Folgeband zu diesem Buch.
Sein Titel lautet:

Was Ihr wissen solltet!
– Aktuelles zum Aufstieg –

ISBN 978-3-89568-233-9

In diesem kommenden Buch wird er über die aktuellen Veränderungen in den einzelnen Ländern sprechen, die sich aufgrund des bevorstehenden Aufstiegs ereignen, und uns die Schlüssel an die Hand geben, wie wir den Zugang zum Neuen Zeitalter durch unser Bewusstsein finden können.

ch. falk-verlag

Bitte umblättern...

2012 im ch. falk-verlag

Der Aufstieg der Erde 2012 in die fünfte Dimension
978-3-89568-109-7

2012 und danach
978-3-89568-211-7

Reihe: Aufstieg und Leben in der 5. Dimension

Die Gesellschaft 2015 (Bd. 1)
978-3-89568-216-2

Die Erde, ein neuer Stern (Bd. 2)
978-3-89568-217-9

Die Heilung, die dir zusteht (Bd. 3)
978-3-89568-224-7

Die Rückkehr ins Paradies (Bd. 4)
978-3-89568-225-4

Babajis Anleitungen für die Neue Zeit
978-3-89568-215-5

Lichter des Aufstiegs
978-3-89568-208-7

Saint Germain spricht
978-3-89568-207-0

Das Tor zum Goldenen Zeitalter
978-3-89568-135-6

Die Schlüssel fürs Tor zum Goldenen Zeitalter
978-3-89568-177-6

Das Tor zur körperlichen Transformation
978-3-89568-137-0

Das Tor zur partnerschaftlichen Liebe
978-3-89568-145-5

Das Licht Gottes versagt nie 978-3-89568-128-8

Aufbruch in das neue Jahrtausend
978-3-89568-073-1

ohne Ticket in andere Dimensionen …
978-3-89568-158-5

Die Seele in den Meisterjahren 978-3-89568-127-1

CD Die neuen Wege der Liebe 978-3-89568-163-9

CD Das Tor der Gnade 978-3-89568-169-1

CD Christuspräsenz u. Allmacht 978-3-89568-131-8

CD Lichtsäulen-Clearing 978-3-89568-157-8

CD Die Krönung 978-3-89568-174-5

Jesus – wenn er wiederkäme… 978-3-89568-203-2

Lichtbotschaften des Aufgestiegenen Meisters Hilarion
978-3-89568-116-5

Neue Lichtbotschaften 978-3-89568-138-7

Meister Hilarion beantwortet Lebensfragen
978-3-89568-161-5

Hilarions himmlischer Ratgeber
978-3-89568-194-3

Werkzeuge der Schöpfung 978-3-89568-134-9

Herzensbildung Teil 1 und 2
978-3-89568-146-2 und -179-0

Das New Life Manifest 978-3-89568-080-9

Grenzenlos leben 978-3-89568-031-1